村山俊太郎　教育思想の形成と実践

村山士郎　著

本の泉社

若き日の村山俊太郎

目次

＊本論文中『著作集』と記してあるのは、『村山俊太郎著作集　一巻〜三巻』（百合出版、一九六八年）を指している。『著作集』からの引用は、文中に入れてある。たとえば、（一―二三四）は、一巻の二三四頁である。
＊村山俊太郎《としたろう》は、本来、村山と表記すべきであるが、筆者も村山なので、混同を避けるために、俊太郎で統一する。

序章　村山俊太郎研究の魅力

1　俊太郎のおいたちと教師時代の時期区分

村山俊太郎は、一九〇五年（明治三八年）七月一五日、福島県須賀川町（現須賀川市）で、父村山乙松、母リンの長男として生まれた。これまで、『村山俊太郎著作集　全三巻』（百合出版、以下『著作集』とする）の年譜などでは、俊太郎一歳の時、一家は、山形県北村山郡山口村原崎《ばらさき》（現天童市山口）に転居したと伝えられてきた。しかし、近年の梶村光郎氏の研究では、俊太郎は、父母が山口村に転居した後も須賀川に残り、父母のいる山口に行くのは、小学校に入学する前のことであった。俊太郎は、「心境点景」（『帝国教育』第七二三号、一九三九年）において、「私が七歳まで育った福島県の山の間の祖母の家の裏には、大竹藪があってその大竹藪の中に白く浮かんでいた白い花が目の前にちらつくのである」と回想している。

なぜ、俊太郎だけが七歳まで祖母のもとに残ったのか、その理由は定かではない。俊太郎の弟、村山俊壽の長男である村山壽一氏は、「須賀川に住んでいたということはしりませんでした。須賀川という言葉は一度も聞いたことないが、祖母は福島県で生まれ育ったことは本人がしばしば言っていました。須賀川ということばは一度も聞いたことがないが、二本松ということばはよく耳にしました」と記憶している。この証言は一考に価する。なぜなら、壽一氏は、乙松とリンが同居していた家に孫として生まれ、幼小時代から大学を卒業して家を離れるまで生活を共にしており、折々におばあさん（リン）からいろんな話を聞いたと思われるからである。その壽一氏が、二本松ということばはよく聞いたが「須賀川ということばは一度も聞いたことがない」と言っているのである。俊太郎は新しく発見された前出「心境点景」では、「私が七歳まで育った福島県の山の間の祖母の家」と書いているが、そこがリンが育った二本松だったのかしれない。

俊太郎の父、乙松は、山口村原崎で一八八四年（明治一七）年二月一一日に村山家の長男として生まれている。一八九六年（明治二九年）に山口尋常小学校を卒業している。母リンは、明治二〇年四月一五日、福島に生まれ育った。二人がどこで出会ったのか、いつ結婚したのかは定かではない。

今でこそ、原崎は、新幹線駅天童をおりてタクシーに乗れば、一五分もあればついてしまうが、宮城県に続く関山街道沿いにあり、ＪＲ天童駅から約四キロほどあった。まわりはたんぼで主に農業を営む小さな集落であった。

俊太郎は、一九一二（明治四五）年、七歳で山口村尋常小学校に入学している。『著作集一巻』年譜によれば、一九一二年の欄に「父乙松は菓子店を開く」とある。長男である俊太郎が家をでたあと、家を継いだ弟俊壽の長男である村山壽一氏の記憶である。

「お菓子屋をやっていたのは確かなようです。菓子をつくる器具がいろいろありました。おもちゃにして遊んだ記憶があります。道路に面した奥の部屋は店と呼んでいました。私が物心ついた頃は菓子屋はやっていませんでした。乙松は山口村の農協に勤めていたそうですが、私が物心ついた頃は、それもやめて一日中家にいました。どこか身体が悪かったのか、朝起きるのが遅かったです」

これによると、いわゆる駄菓子店のようなものではなく、家でお菓子を作って売っていたようである。俊太郎は、甘いお菓子が大好きだったそうであるが、そのもとは、小さい時に父にお菓子の手伝いなどをさせられて、その味を知ったのかもしれない。

母リンは、裁縫ができ、地域の人たちからの縫い物の注文を受けて仕事をし、地域の若い娘たちに裁縫を教えていた。

一九一八年（大正七年）、一二歳、俊太郎は、山口村尋常小学校を卒業する。「品行方正学業優秀身体強健」につき北村山郡役所より賞状と記念品を受けている。

一九一八年四月、山口村尋常高等小学校、高等科に入学する。

一九二〇年(大正九年)、三月、一四歳で山口村尋常高等小学校高等科二年を修了している。ここでも、「品行方正学業優秀身体強健」で賞状と記念品を受けている。『著作集一巻』の年譜には、「級長代表として学校を助け、このころ学校に常備雨傘をそろえるためしばしば級長会を開き成功する」とある。同年、四月、東村山郡天童町尋常高等小学校、高等科三年(当時、山口村尋常高等科は二年までしかなかった)に入学している。

そして、翌、一九二一年一月八日、一六歳、天童尋常高等小学校高等科三学年を二学期で修了する。当時は飛び級的な扱いがあったのか定かではないが、同年一月六日付けで山口村尋常高等小学校准訓導心得(代用教員)となっている。その後の俊太郎の簡単な時期区分を示しておきたい。

●第一期　代用教員から訓導に——一九二一年(大正九)一六歳～一九二五年(大正一五年)三月、一九歳

俊太郎は、一九二一年一月、天童尋常高等小学校高等科第三学年二学期修了ののち、山口村尋常高等小学校准訓導心得(代用教員)となっている。一六歳であった。その年に検定試験で小学校准教員免許状を取得し、一九二四年、一九歳で尋常小学校本科正教員の免許を取得している。

この時期は、短歌・詩・童謡の創作に熱中し、童謡集『ひばりの唄』、童謡集『昼の三日月』、詩歌集『空に鳴る音』などを出している。

●第二期　師範学校時代——一九二五年(大正一五年)一九歳～一九二八年(昭和三)二二歳

一九二五年、俊太郎は、師範学校本科二部に入学し、二六年三月に卒業、本科正社員の免許状を得る。四月、ふたたび山口村尋常小学校の教師として戻り、八月に一年の短期現役兵として現地演習を行う。

一九二七年四月、山形師範学校専攻科に入学する。二八年三月に卒業、二二歳であった。師範学校での生活は二年間であった。

この時期も俊太郎は、鈴木三重吉の雑誌『赤い鳥』や北原白秋、西条八〇、野口雨情などに学んでいる。自分でも童謡づくりに力を入れ、山形童謡協会をつくり、雑誌『童謡』を発刊している。一九二七年には『日刊山形新聞』に「本県の童謡について」「童謡とは何をいうか」などを連載している。

●第三期　附属小学校時代から検挙まで——一九二八年（昭和三）二三歳〜一九三二年（昭和七）二六歳

一九二八年、俊太郎は、三月に師範学校専攻科を修了して、四月より山形師範学校代用付属東沢尋常小学校（山形市）に勤務する。二三歳の春であった。この時期、世界的な恐慌が起こり、東北の農村は疲弊し、小作争議が頻発していた。

二九年一〇月に雑誌『綴方生活』が創刊され、同一二月には『綴方生活』同人主催で「新興綴方講習会」（東京）が開かれる。俊太郎は「綴方生活に自照文を」のレポートを携えてここに参加する。そこで、小砂丘忠義、野村芳兵衛、上田庄三郎、今井誉次郎らを知る。この『綴方生活』同人たちとの出会いが、俊太郎の教育観・綴方実践観を大きく変えていくことになる。三〇年一二月にも再び「新興綴方講習会」に参加している。

この時期、俊太郎は童謡的実践から生活教育・綴方教育への転換をはかり、「調べた綴方」に取り組んでいく。他方、マルクス主義の学習と社会運動に目を開き、活動をはじめ、自己の世界観を大きく組み替えていった時期でもある。

俊太郎は、三〇年に結成されたプロレタリア教育の研究をめざした「新興教育研究所」にも関心を示し、同年一一月七日には、七名の仲間とともに「日本教育労働者組合」の山形支部を結成する。一一月七日はロシア革命の記念日であった。

三二年三月、卒業写真撮影中に山形県教育労働組合結成の理由で検挙され、免職となる。検挙された時、俊太郎は二六歳。この時期の教師生活は、わずか四年であった。

●第四期　『日刊山形新聞』記者時代――一九三二年（昭和七）二六歳～一九三六年（昭和一一）三一歳

俊太郎は免職になるが起訴猶予処分となり、実家の山口村に戻る。教師としては浪人時代である。三三年一月からは、『日刊山形新聞』の記者となる。翌三四年には学芸部長になっている。また、『山形詩人』の編集に携わり、詩の投稿者であった荒木ひでと知り合い、三三年四月に結婚している。

綴方教育の分野では、勝俊夫、島木和男のペンネームで精力的に発表する。この時期の論文で、二つのことを特筆しておきたい。

一つは、生活教育・綴方教育に転じて以降、俊太郎は当時の科学的綴方、調べた綴方の実践に取り組むが、三三年、三四年に至るころ、調べた綴方、科学的綴方への反省・批判に転じる。その反省・批判は、リアリズムとは何か、ありのままとは何かという生活綴方の本質論を形成していくうえできわめて重要なものであった。

もう一つは、東北の仲間との交流が進み、いわゆる北方の生活台に立脚した生活綴方、国語教育運動を進めていることである。一九三四年一一月、山形の自宅に秋田から佐々木昂、加藤周四郎らが集まり、「北日本国語教育連結成準備会」の相談を行っている。三五年一月、北日本国語教育連盟が結成され、同年八月の第二回大会に記者として参加している。

一九三六年に出版された『生活童詩の理論と実践』は、俊太郎のこの時期の生活綴方実践理論の一つの到達点を示すものであった。このとき三一歳であった。

俊太郎は現場復帰の希望が強く、三六年八月、日本精神文化研究所の赤化教員再教育講習（色上げ講習）に参加している。

●第五期　再び教壇に――一九三七年（昭和一二年）三一歳～一九四〇年（昭和一五年）二月三四歳

一九三七年一月、山形第三尋常高等小学校に復職する（三一歳）。この時期の著作は、教室実践に集中している。別の見方をすれば、教育の軍国主義的な統制が一段と強められていくなかで、教師を続けるためには教室の中に活動の場が制限されていったと見ることができる。しかし、三七年四月から担任した五年生、六年生への実践は、俊太郎の最も興味深いものとなっている。三九年八月、東京の法政大学で開かれた第一回「教育科学研究会全国集会」に参加している。

しかし、日本の戦時体制と教育の軍国主義化は、良心的な生活綴方実践をも許さなかった。俊太郎は、一九四〇年二月六日、山形市第八尋常小学校の宿直室にて検挙される。三四歳であった。いわゆる生活綴方事件である。同年『生活童詩の理論と実践』が発売禁止処分になる。この間の教師生活は三年間であった。

●第六章　弾圧のなかで――一九四〇年（昭和一五）三四歳～一九四五年（昭和二〇）四〇歳

一九四〇年、新庄、米沢の警察をたらい回しにされ、四一年五月「治安維持法」の改悪で警察の留置場より未解決取調中のまま、山形刑務所に投獄される。面会禁止。獄中にて「プロレタリア教育の理論」と「自叙伝」を書いたといわれるが、実物は未発見である。四一年一二月、病気のために保釈される。

四二年、治安維持法違反で実刑五年の判決をうけるが、健康上の理由（結核）で入獄を延期し続ける。四三年、四四年と特高警察の監視のもとで療養生活を送る。

●第七期　戦後民主化のなかで――一九四五年（昭和二〇）四〇歳～一九四八年（昭和二三年）四三歳

一九四五年八月、敗戦をむかえる。四〇歳のときであった。四六年四月、連合軍の命令で天童小学校に復職している。ただちに、東村山郡教員組合委員長となり、六月には山形県教員組合副委員長になっている。四七年、二・一ストを闘うために山形の教育会館に泊まり込み、指導する。その後、再び結核が悪化して床につく。その後、山形県教組の闘争による校長公選に当選するが、病状の悪化のために校長の職には就けなかった。一九四八年七月、大量喀血し、同年、一二月九日生涯を終わる。四三歳であった。

※この時期区分は、『村山俊太郎　生活綴方と教師の仕事』（桐書房、二〇〇四年）に収録したものに加筆修正を加えたものである。

俊太郎が教壇に立っていたのは、戦前は代用教員時代を含めて一二年間、戦後は復職したものの、組合運動のため教室に立ったことは記録に残っていない。

2　俊太郎が今も語りかけてくるもの

今日、俊太郎が今もなお語りかけてくるものとは何か。その探究こそ、今日あらためて村山俊太郎を研究する課題であろう。

その一つは、大前提であるが、俊太郎の全貌を明らかにすることである。全貌とは、俊太郎がどのような人生を送ったのか、どのような教師生活を送ったのか、どのような思想形成と教育実践を創造しようとしたのか、何をどう学んでいたか、などである。その全貌は、必ずしも明らかにされてきたわけではない。かなり俊太郎を学んだという人でも、俊太郎《としたろう》を「しゅんたろう」とよんでいる人は少なくないし、二度の検挙にあっていることを知らない人も少なくない。先行研究にも、俊太郎のある一時期のある実践を捉えて、俊太郎の歴史評価を下している論文も少なからず見受けられる。

私自身、この作業を進めながら、新たに知った事実も多くあった。たとえば、俊太郎が戦後、校長公選（教員による選挙）に当選していたという事実である。四七年四月以降も健康であったら、校長としてどのような学校づくりに取り組んだのだろう。

第二は、俊太郎は、一般的に生活綴方の実践者であったと捉えられているが、彼の実践構想はあくまでも生活教育実践の一環としての生活綴方であった。その背景には、マルクス主義教育の実践思想の構築が志されていた。そうした全体の実践構造を捉える中で、逆に俊太郎の生活綴方論や児童詩論の特徴が捉えられるのだろう。

そして、俊太郎は、マルクス主義の教育実践論の構築をめざしたがゆえに、手痛い誤りをも犯したのである。俊太郎は、一九三〇年代当時の日本に紹介されていたソビエト型マルクス主義の理論的限界をそのまま体現していた時期もあり、俊太郎の誤りを含めて理論的成長をたどっておく必要がある。本稿では、戦前の教育実践論に影響を与えたソビエト型マルクス主義哲学や文学理論の機械主義・教条主義を明らかにし、その影響を俊太郎ももろにかぶっていたことを実証していきたい。

第三は、綴方実践（児童詩実践）論において、構築しようとしていた綴方における「生き方の指導」論やリアリズム論は、俊太郎においては独自の発展をとげており、その「俊太郎的『生き方』論」や「俊太郎的リアリズム論」の特徴を明らかにしていきたい。北方性教育運動に参加した実践者たちは、理論的にも実践的にもそれぞれ固有の論理をもっており、同質ではなかった。

また、俊太郎の各分野的な研究――たとえば、児童詩論、生活綴方論など――はあるが、俊太郎の教室実践の全体構想を捉えようとした研究は少ない。本研究では、俊太郎が復職後に展開した一九三七年～三九年の尋常小学校五・六年生への実践を復元する試みをおこなっている。そこに、時代に制約されながらも俊太郎が展開しようとしていた教室実践の一部が再現されるだろう。

第四は、俊太郎は、教労・新教運動、『綴方生活』誌の運動、北方性教育運動、戦後の教員組合運動などの運動に参加してきた。その諸運動との関わりで、俊太郎は、教育実践論、教育運動論などで論争的な関係を持ってきていた。本稿では、それらの諸運動、諸実践の先行研究とのかかわりでの俊太郎の教育運動論や教育実践論を論じている部分がある。それは、俊太郎研究をとおして日本の教育実践論・教育運動論の歴史的に解明されなければならない課題を析出することにつながっている。

第五は、俊太郎の教師としての活動は、日本の治安維持法下での苦難なかでの展開であり、弾圧によって窒息させられた活動であった。また、前後も占領軍の支配下における教育運動であった。その苦難なかで、俊太郎が小さな可能性をみつけて取り組んだ実践と理論活動は、今日の教師たちの活動にとってきわめて示唆に富んでいるのではないだろうか。今日の日本の教師たちが自由な活動を制限され、多忙化のなかで多くの困難に突き当たっているとき、戦前戦後の俊太郎やその仲間たちの繰り広げた実践と運動には今日も貴重な教訓が埋もれている。

本研究では、俊太郎は、子どもたちとの教室にこだわり、教育実践にこだわってきたことに注目しておきたい。教師の活動を教育実践の視点から捉えるということは、教師の活動を子どもの視点から評価していくということでもある。ともすれば、教師の困難をならべて今日の教育情勢を語っている報告や論考を目にするが、その現実の向こうに子どもたちがいることが一向に見えてこない報告や論考にでくわすことも少なくない。教育実践とは、教師の仕事を子どもの目線で子どもが生きているという事実で捉え返す仕事でもあるのだ。

3　いくつもの俊太郎像というとらえ方

村山俊太郎という一人の教師の思想形成と教育実践を研究していく場合、どうすればその波乱に満ちた一生をありのままに捉えていくことができるのだろうか。歴史を語る時、したがって、人物史においても、間違いのない正しい発展史として描いて行く事を「正史主義」とするならば、筆者は、俊太郎研究において「正史主義」はとらない。「正史主義」は、しばしば「無謬主義」と連動する。人物史における「無謬主義」は、リアルな人物像を描くことにはつながらない。

一人の人物の思想史、実践史を語る場合、何がその人物の思想であったかは、その人物の発展史において見ていかなければならない。それは、時として前向きの発展史としてではなく、後退・屈折の歴史としてもみていかなければならない。そして、ある人物の歴史において何を発展と見るかは評価の別れる所でもある。その際に大切なのは「事実」であろう。

俊太郎の思想や実践研究において、その人物の発展史において捉えていくということは、俊太郎像は一つではなく、いくつもの俊太郎像が折り重なって存在していることを意味している。その折り重なったいくつもの俊太郎像を描きながら、全体として一人の生きた人間像が浮かびあがってくる。

ある人物の思想史・実践史において、ライフヒストリーは幾重にも層をなしているのであり、思想史・実践史の発展があるという場合、ある段階から別の段階への移行は、それを発展・深化と見ていくことができる場合もあるが、前の段階の否定のように見えながら、否定しつつその前段の思想を組み込んだ重層構造的な進化をとげていくのではないだろうか。もちろん、その逆もあり得る。

一人の人物において、ある時期にそれ以前の思想や実践を否定的に総括していても、その否定したものが完全に消えていくのではなく、新しい思想と実践の底流に組み込まれて流れていることもあるだろう。その発展史には、時代の政治や社会の影響があり、人物をとりまく人間関係があり、その時代に読んださまざまな文学、哲学、教育書などの影響がある。

俊太郎研究において、重要視したのは「いくつもの俊太郎像という捉え方」である。

第一章
「童心《わらべごころ》」への開眼から生活者としての子どもへ

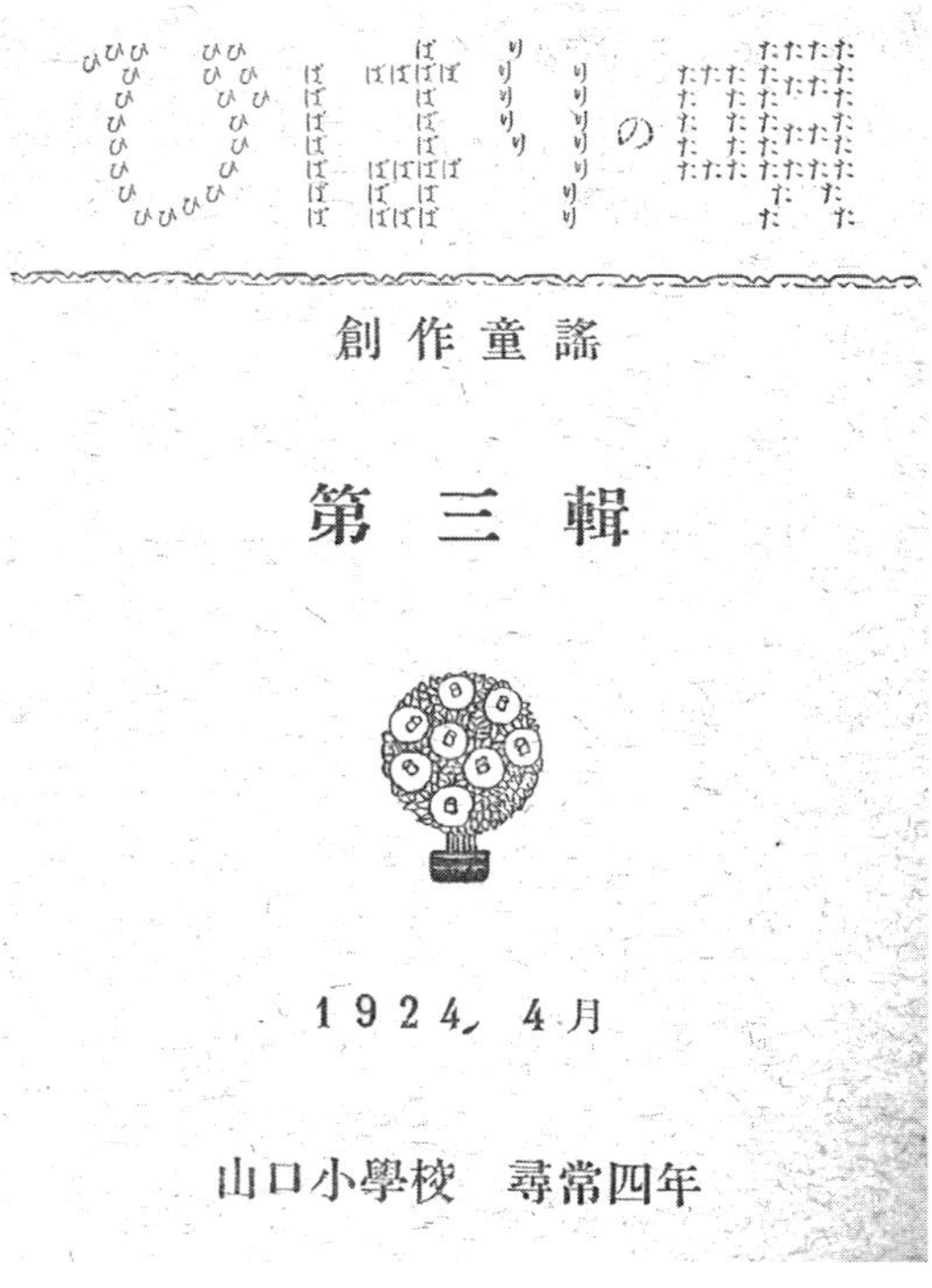

童謡集「ひばりの唄」1924年、4年生の童謡集。生徒の書いた童謡に曲をつけて歌っていた。

1　「童心《わらべごころ》」への開眼

（1）教師への夢、出発は一六歳の代用教員

俊太郎は、一九二一年一月八日付けで天童尋常高等小学校高等科三学年を二学期で修了し、同年一月六日付けで山口村尋常高等小学校准訓導心得（代用教員）となっている。一六歳であった。高等科を二学期で修了していることについては、その事情をつたえている資料はみつからない。

この章では、一六歳で代用教員になってから、師範学校をへて山形市の小学校に勤務しはじめた一九三〇年ごろまでをとりあげる。この時期の俊太郎の年譜を三つに区分できる。

第一期、山口小学校時代

俊太郎は、一九二一年（大正一〇年、一六歳）一月六日付で山口村尋常高等小学校准訓導心得（代用教員）となっている。月俸一五円、八月より一八円であった。

同年、一二月には、修身科、教育科、国語科、算術科、日本歴史科、地理科、理科、図画科、唱歌科、体操科、の小学校准教員免許状を検定試験によって取得している。こうして、一九二二年二月には、山口尋常高等小学校准訓導となり、二五円の給料を得るようになる。一七歳であった。

一九二四年（大正一三年、一九歳）には、検定試験を受けて尋常小学校本科正教員の免許状を取得している。本科正教員の免許状を取得したことで、一九二五年（大正一四年、二〇歳）には山口村尋常高等小学校の准訓導（代用教員）から訓導となっている。

第二期、師範学校時代

俊太郎の旺盛な学習欲は、訓導となった二五年の五月、山形県師範学校本科二部への入学にむかわせている。一九二六年（大正一五年、二一歳）三月、山形県師範学校本科二部を卒業した俊太郎は、本科正教員の免許状を受け、四月から山口村尋常小学校教師にもどっている。

時代は、普通選挙法とともに治安維持法（一九二五年）が議会を通過し、戦時体制が進行していた。

俊太郎はさらに、一九二七年（昭和二年、二二歳）四月、山形師範学校専攻科に入学、翌二八年（昭和三年、二三歳）三月、山形師範学校専攻科（第一類歴史部）を卒業する。俊太郎は、二一年から二四年までの約四年間を、検定試験の学習におわれ、その後に師範学校での学生生活をおくっている。こうした経緯から、俊太郎はきわめて向学心にもえた青年であった。しかし、師範学校での学習は決して満足させてくれるものではなかったようだ。俊太郎は、師範学校時代を次のように振り返っている。

「教える位置から学ぶものへ――師範学校というものは至極退屈なものだと思った。自分が刻苦して読み返した教育学をまたも復習させられ、教科書を型通りに詰めこむ教育の仕方からは『生きた教育』の情熱などは求められなかった」（二一二四七）

次のようにも回想している。

「私は学校に行って講義をきくのが不快でたまらない。ことに好きでもない講義を圧制的に頭からあびせられることはたまらなく不快である。それといってサボルのも好きではない。まじめなんだろう」（一一一三八）

師範学校の退屈な学習に満足できなかった俊太郎は、山形県の歌人、結城哀草果に師事（後に前田夕暮の詩歌に転じている）し、短歌を学び、童謡創作に熱中するなど文学青年時代を過ごしたと回想している。

師範学校生活は、退屈だといいながらも、友人たちとのたのしい学生生活もあった。俊太郎は、一九二七年五月、専攻科時代に学友・教師ら一四名と岩手の平泉に旅行している。その旅行記「平泉紀行」を『日刊山形』に寄稿している。当時は山形から奥羽山脈の笹谷峠を徒歩でこえて宮城県に入り、明石から仙台まで電車を使い、仙台に一泊し平泉に行くまで二泊三日を要している。平泉では義経に興味があったようで、次のように書いている。

「ああ、平泉の山河よ、この山川草木一つとして生きた歴史の宿さぬものはなく、みななつかしい、しかも美しい武人の夢を宿しているのだ。あの美しい源氏の大将義経も、ここに眠っている。」（一－一三六）

第三期、附属小学校時代

師範学校を修了した俊太郎は、一九二八年四月からは山形市内の山形師範学校代用付属東沢尋常小学校に勤務することとなる。俊太郎は、後に「五・六年女の複式学級に私は教育のほんとうのあるべき姿態を探求すべく情熱を燃焼させた。」（二－二四八）と書きしるしている。

この年、共産党への全国的大検挙が行われ（一九二八・三・一五）、中国大陸では関東軍による列車爆破で張作霖が爆死するきな臭い事件が勃発している。

一九二九年一二月、俊太郎は、「綴方生活」同人主催の「新興綴方講習会」（東京）に出席している。この講習会への参加は、俊太郎にとって運命を変える大きな転機となった。

（2）童謡との出会いと童謡創作

文学青年であった俊太郎は、この時期、童謡に傾倒していた。『村山俊太郎著作集　一巻』には、俊太郎の若き時代の童謡・短歌・詩が数多く収録されている。

俊太郎が童謡に傾倒していったのは、当時多くの読者に広がりを見せていた『赤い鳥』『金の船（後の『金の星』）』との出会いが大きかったのだろう。

『赤い鳥』は、一九一八年（大正七年）鈴木三重吉によって創刊（七月）された[1]。俊太郎一三歳、尋常高等小学校の高等科に入学した年の夏である。創刊後、五・六年で発行数が数万部に達したと言われている。『金の星』は、一九一九年（大正八年）に『金の船』として創刊され、一九二〇年から童謡欄の選者を野口雨情が担当している。

この時期は、大正デモクラシーの高揚期にあたり、西欧の自由主義的文化や思想が日本にも紹介されていた。一九〇〇年（明治三三年）に書かれたエレン・ケイ『児童の世紀』が日本に最初に翻訳されたのは一九〇六年のことである。新教育の最初の実験学校である成城小学校が設立されたのは一九一七年（大正六年）四月である。池袋児童の村小学校は、一九二四年（大正一三年）に開設されている。新教育の理念である児童の個性を尊重し、創造性をのばす自由教育は理論的にも実践的にも広がりを見せていった時期である。

俊太郎は、小学校時代の童謡の思い出を次のように書いている。

「初めて転任してきた若い先生から初めて童謡曲を教えられた。その後、西条氏の『かなりや』や北原氏の『あわて床屋[2]』などをたくさん教えられて、好んで歌を面白く唄ったものだ。」（一ー七五）あの頃、よく学校の往復などに「あわて床屋」などを唄ったことを記憶している。

山形県の田舎の学校でも子どもたちは童謡を新鮮に受け止め歌い始めていたほど、童謡は子どもの間にもひろがっていたことをうかがい知る事ができる。

俊太郎は、個性と人間性を尊重し、芸術的創造を重視する大正自由教育の空気を感じつつ育っている。

俊太郎の文学活動は一九二四年（大正一三年）ごろにはじまっている。短歌というより童謡に情熱をかたむけていた。代用教員時代に「白秋、八十、雨情らにひそかに私淑し、みずからも作するように」(一ー四二五) なったと俊太郎は語っている。[3]

俊太郎の自作による童謡集『ひばりの唄(一九二三年・一八歳) が残されている。『ひばりの唄 第三号』(一九二四年四月) には、表紙に「創作童話 山口小学校尋常四年」と書き込まれている。活版刷り二四頁の薄いものであるが、俊太郎の作品と子どもたちの作品が集められている。その「はじめに」には、「去年七月に『夢の花園』十二月に『花をたづねて』を出しましたね」(一ー一八) とあるように、俊太郎の童謡創作は一九二三年ころには、童謡集をつくるほど熱が入っていた。

童謡集『ひばりの唄』(一九二四年) には、花、風、海、星、鳥などをテーマにしたロマンチックでセンチメンタルな作品が並んでいる。

春風

春の風が
窓からそよそよ
オルガン弾く手にそよそよ
唄ふ少女の黒髪にもそよそよ
春の風がそよそよ ※

私と花

花は　花ゆえ　さみしいから
おまどで 私をよんでます。
私は　ひとりで　さみしいから
お窓に　よって花をみる
風も　ないのに　一ひらの ※※

※雀の胸毛もそよそよ
高くあがるボールにも
木の間からそよそよ
（一九二三年、一一―一八）

※※花は　お窓に　ちりました
花と私は　この窓で
春は　ゆくよと　知りました。
（一九二四年、一一―二〇）

『ひばりの唄　三号』は、山口尋常小学校の四年生を担任している時の編集で、「はじめに」には、「またはるがめぐってきて、のんびりした時節になりました。木の葉がこれからめざめるように私たちの心もめざめてきましょう」「私たちは『うた』をつくることによってもっとも正しいほんとうの人間になりましょう」と子どもたちに呼びかけている。

のちに触れるが、この時期に、俊太郎は、野口雨情の「童謡は子供の世界の宗教である。何故かといえば童謡は子どもの生活を、もっとも正しく導いてくれるものだからです。」を引用していることに注目しておきたい(4)。

俊太郎は、一九二五年には、童謡集『昼の三日月』、二六年には詩歌集『空に鳴る音』と精力的に童謡を作っている。

一九二五年（大正一四年）一二月、『鑑賞文選』が創刊され、小砂丘忠義を知ったことが俊太郎のひとつの転機であった。二七年七月に「日暮れの踏切」、九月に「港」（二作品とも一九二五年のもの）などの童謡を発表している。

日暮れの踏切

赤い空です、日暮れです
踏切番です、赤い旗
お馬も、車も、私も
だまって待っている、汽車ぽっぽ

シグナルかたりと、おりました
もう、それ　来るぞ汽車ぽっぽ

踏切番です、赤い旗
夕やけ空です、日暮れです

おつかい

野原は　霜がれ
さむいな
チョッ　チョッ　とぶのは
しぎの子か
霜やけ　いたうて
ふところ手
おつかい　おつかい
まだとおい

この時期になると、花、風、海、星、鳥などを題材とすることから、「踏切番」や「おつかい」という生活的題材を取り上げてはいるが、その生活感は感傷的なものであった。俊太郎自身、後に、この童謡は、「いちじるしく白秋の影響を受けた作品」とし、「かくして私のロマンチック時代は文芸至上主義のなかに過ぎて行った。さて、この甘夢を呼びさます契機はなんであったろうか」（二－二四八）と自己評価している。俊太郎は、「このあたりから白秋氏の叡智性よりも野口雨情氏の野性にひかれ雨情氏師事することにした」（二－二四七）と書いている。一九二七年には、俊太郎は、友人らと「山形童謡協会」を結成し、同年二月には機関誌も発行している。

藤田圭雄は、論文「『金の星』と村山俊太郎」において、俊太郎の童謡は、一九二六年（大正一五年）六月から、一九二八年（昭和三年）三月号まで『金の星』に八編が掲載されているとしている。『金の星』は一九一八年に『金の船』として発刊された子ども向けの雑誌で、一九二〇年から野口雨情が童謡の選者になっている。

藤田は、俊太郎の具体的な作品をあげながら、それらの作品を「概念的な、野口雨情選の『金の星』童謡の典型的なもので、よいところはまったくない」、「童謡としてまとまっていない」、「小鳥、夢、月、おしゃれ狐などと、お定まりの小道具で組み立てた、きまりきった童謡」、「とくに取り上げて論じるような作品はない[5]」などと酷評している。藤田は、結論として「村山にとってこれらの童謡は、若い一時の情熱の余波ともいえよう。今日、掘り出して世に示す価値はうすいかもしれない。しかしすべての人は、こうしたいろいろの時期を経て次の時代へと飛躍していくのだ。そういう意味からこれらの童謡も、村山の成長にとって何かの糧になった[6]」のではないかと締めくくっている。しかし、それが「どのような糧」だったのか、について一言も述べていないのは残念である。

俊太郎が青年期にどれほど童謡に打ち込んだのかは、『著作集一巻』には五〇頁にわたり、一二三篇の童謡作品が収録されていることでも理解できる。それは、「村山の成長にとってどのような糧になった」のだろうか。

（3）教室での童謡・自由詩実践

俊太郎は、自分で童謡をつくっていただけでなく、教室で子どもたちにも童謡を指導していた。俊太郎は、初期においては、童謡実践としていたが、後に、自由詩実践としている。

芸術至上の夢　――山口小学校時代――

俊太郎は、先に紹介した山口小学校時代の「ひばりの唄　第三集」に、四年男子の三〇篇あまりの童謡と自由詩を収録している。

青い影　　４年　瀧口吉夫

月夜に
お庭に出てみたら
ちょろりちょろり
ちょろりちょろり
青い影
ちょろり
何かとよってみりゃ
ちょろりちょろりにげた
小さい影が
かきねの外へ行っちゃった

この「青い影」は、樋口䎵影という人の作曲で、「ほたる」という作品の楽譜とともに、巻頭に収録している。この時期、子どもの書いた作品に曲をつけて教室でうたっていたことを示す貴重な記録となっている。「ひばりの唄」には子どもたちの多くの自由詩が収録されている。

ゆめ　　尋４　大山久治郎

ゆめをみて
さめた朝
何もなかった ※

吹雪　　尋４　瀧口助治

吹雪が
向こうの山に
あばれこんだ ※※

※電気が
　赤く光っていた
　　　　　　　　　　　※※炭やきじいさんの家が
　　　　　　　　　　　　気にかかる

いずれの作品も生活に題材を求めているのだが、その生活のとらえ方は表面的な観察にとどまっている。俊太郎は、「今考えると実に幼稚な作品であるが、一八、九歳の文学青年盛りの私にとってはすばらしい熱のあげ方であったのだ」（二−二四六）と回想している。こうした実践が山形の師範学校の諸先生に励ましを受けていたようである。

俊太郎は、この活動を「そうとういいしごとをしたと思っていた」と述懐し、「私はそうした環境にあってすべてを美しく眺め、借金の累積に悩む自分の家すら頭のなかにはなく芸術至上の夢に酔い、文学を読み、詩歌創作に耽《ふけ》っていた」「かくして私のロマンチック時代は文芸至上の甘夢のなかに過ぎて行った。さてこの甘夢を呼びさます契機はなんであったろうか」（二−二四七〜二四八）と結んでいる。

俊太郎は、農村の生活の危機的な状況を感じていなかったわけではない。しかし、童謡の世界に酔いながら、一九二五年（大正一四年）師範学校に入学していく。

夢を捨てて現実へ　――師範学校卒業後の実践――

一九二八年、師範学校専攻科を終えて、俊太郎は、山形師範代用附属小学校に勤めることになる。五、六年の女子の複式学級を担任している。そこで、先に引用したように、「夢をすてて現実の子どもへ」と転換を意識している。その転換はどのようにすすめられたのだろうか。

俊太郎は、この時期の童詩実践は、「自然詩の完成」に向けられたとのべている。

菊　尋5　女

田んぼにさいている
きいろい大菊
しずかにゆれて
明るい日暮れ

俊太郎は、「菊」のような自然を観照――対象を主観を交えずに冷静にみつめること、直感的認識を重視――した詩から、次の「星の花」のような自然を華やかにえがく作品傾向への開拓と、次の「朝」のような観察の豊かな作品へと発展させたと自己分析している。そして、それらの作品に俊太郎は、これまでの作品との質的ちがいを見出し、それを発展と捉えていた。

星の花　尋6女

高い高い大空に
一ぱいならんだ星の花よ
みんな下をむいて美しいね
星の花よ
毎ばん毎ばん私たちを
見下しているのね
夜道を歩く人をも見下ろしている
しずかにねんねする私たちを ※

朝　尋6女

雪をかきわけて
ふと、見つけたつりがね草の葉
水々しいみどり
伸びようとするみどり
すばらしい力だ
雪をおしのけて伸びる力だ
私は明るくなって
雪を掃きはじめた　（二―二四九～二五〇）

※星の花よ
　みていて下さいね
　　　　　　　　　　　　　　　つりがね草　――　ホタルブクロ

俊太郎は、この二つの発展方向に違いを見出し、次のような選択をしている。「『星の花』に流れている華麗な生命探求と『朝』のなかに共感している作者の生命力とは自ら異なる方向にあることを知る。そして、私は、『朝』のもつ自然共感の態度をより育てようとした。そして、第二の童詩採掘工作へと進んだ」（二―二五〇）

二つの作品のちがいを「華麗なる生命探求」と「自然共感の態度」に見出し、実践方向を「自然共感の態度」の重視にむけている。しかし、俊太郎は、この「自然共感への態度」を重視する自由詩の実践方向も、自分の教え子たちの生活現実とはかけ離れているのではないかとの疑問を持ち始めていた。「（自分の勤めている学校の地域における――筆者）農業、日雇い、工女、職工、商業、植木屋、事務員、大工、馬車輓《ひき》業、製糸業、賃家業、木挽《こびき》使丁という複雑な子どもの環境は、その生活現実を観察すればするほど、自分のこれまでの師範学校という殿堂によって育てられた観念との間にギャップが見えてきて、まず私の第一の苦悶がここに生じてきた」（二―二四八～二四九）

童謡・自由詩からの脱却は、決して平坦ではなかった。

最初の実践報告は「唱歌科」であった

『著作集一巻』には、「唱歌科について」が収録されている。唱歌科の目的、方法、教材、基本的練習についてくわしく述べたものである。『著作集』の「解説」では、「唱歌科について」が単独の論文として書かれたように説明しているが、この文は、俊太郎が編集した手づくりの冊子『童謡曲集』（一九二四年四月）の巻末にのせたものである。冊子『童謡曲集』の目次をみると、中学年以下が七一曲、中学年程度二九曲、中学年以上が二〇曲、あわせて一二〇曲の童謡の譜面と歌詞を集めた教室で使う教材集である。雨情の「シャボン玉」、白秋の「砂山」など今日まで伝わっている童謡もあるが、私たちの知らない作品も数多く収録されていて、俊太郎の力の入れ方が伝わってくる。カーボン紙を使って書かれているので、何冊か作ったものと思われる。俊太郎、一八歳の仕事である。

このようにみてくると、「唱歌科について」は、一二〇曲を集めて自主編成教材にした『童謡曲集』とその指導論として、一体のものとして見ていく必要があるだろう。

「唱歌科について」には、「童謡曲を取り扱って見て」という項目がある。

「私は童謡曲を取り扱って見てつぎのことを感じました。

1　取り扱いやすいこと
2　児童も教師もともに感じやすいこと。
3　曲譜の中に流れている情緒をくみとりやすい。つまり真に歌曲の生命にふれやすいこと＝興味がわく
4　児童が好むこと。
5　鑑賞しやすいこと。
6　材料の選択によほど注意しなければならぬこと。
7　高学年には一時好まれるが、すぐにあきられること（鑑賞教材としては大いに可なり）

つぎになぜ童謡曲が好まれるかを考えて見ました。もちろん私ひとりの考えだから間違いもあろう。

1　音階施法などの児童的になっていること。
2　歌詞が児童心理の発達段階に沿うていること。

この二つであろうかと思われます。ことに中山晋平氏の童謡が好まれるのは、たしかに氏の施法は多く、童謡施法を取り入れてあるためだと思います」（一－七〇）

そして、「童謡は取り扱いやすいからやる、ではだめだ。よくよくその曲なり詩なりを研究して自分のものにして・・・その曲想や詩想を、自分の頭に入れて・・・取り扱わなければならぬと思う」（一－七二）と述べている。

俊太郎は、「鑑賞材料を多くとって味わせて創作教授の一助としたい」（同前）と述べているように、この童謡指導を通して、子どもたちが童謡を書くことにつなげていく構想を持っていた。俊太郎の自由詩実践は、「ひばりの唄」の巻頭にのせた子どもの作品に曲をつけたもの、また、『童謡歌集』をつくりそれを子どもたちと一緒に歌ったことに見るように、ことばや表現のリズム・メロディーの音声表現と一体的に構想されていたといえる。

『童謡歌集』と同じ時期に作られた童謡創作『ひばりの唄　第三号』（一九二四年四月、山口小学校、尋常四年）が残されている。これは、クラスの子どもたちが書いた童謡と新聞などに掲載された童謡とを収録した今日の文集のようなものである。その巻頭に、「青い影」と「ほたる」が楽譜付きで載っている。「ほたる」の歌詞は、「あれ、あれ、たんぼが火事だ／みんなで行って消そよ／水でもかけて消そよ」であるが、曲を弾ける友人に聞いてみると、のどかなテンポで、「かっこー」のようでもあり、「シャボン玉」のようでもあるという。これを教室で歌っていたのだろう。

（4）「子どもへの開眼」としての童謡論

俊太郎にとって代用教員時代から童謡を創作し、子どもたちに童謡や自由詩を指導していったことは、どのような意味があったのであろう。

一九二五年、俊太郎は師範学校に入り、活動の場が山口村（現天童市）から山形市になる。そして、新しい多くの人々との交流が生まれる。俊太郎は、この時期、「街路樹」詩社同人となり、童謡と共に詩作に励んでいる。一九二七年（昭和二年）二月、白秋門下の山口喜市らと「山形童謡協会」を結成、機関誌「童謡」を刊行する。二七年、四月には、師範学校の専攻科に進み、二一歳にして『日刊山形』新聞などに童謡についての論考を次々と発表している。

・「本県の童謡について」（一九二七年、『日刊山形』新聞　三回連載）
・「童謡とは何をいうか」（一九二七年、『日刊山形』新聞　四回連載）
・「この村に唄われる童謡」（一九二七年、『日刊山形』新聞　二回連載）
・「この村に唄われる手毬歌や遊戯歌」（一九二七年、『日刊山形』新聞　二回連載）
・「郷土伝説　童謡物語」（一九二七年、『日刊山形』新聞　三回連載）。

そこには、自らも童謡を書く文学青年、子どもたちにも童謡・自由詩を書かせている実践家としての俊太郎とはちがった、理論家としての俊太郎を見ることができる。

俊太郎は、「本県の童謡について」において、山形県で童謡が歌われるようになったのは一〇年まえくらいからで、鈴木三重吉の雑誌『赤い鳥』の刊行以後であるとする。俊太郎は、童謡の出現は「その頃盛んに唱えられていた自由教育の風潮などの影響を受けたことは争えない事実」であるとし、「かのエレン・ケイ女史のいった二〇世紀は児童の世紀である――の言葉の貴さがわが国にも自覚的に感ぜられたのである」（一－七四）とのべている。俊太郎の童謡への傾斜は、教育論においては、新教育の流れに強く惹かれていたことが理解できる。

俊太郎は、雨情の「児童の宗教としての童謡」にたいして、「ここで私が物足りなく感ずるのは、小学校の先生方があまりにも無理解なことである」として、次のように述べている。

「小学校教育というものが、子ども相手であるかぎり、その研究対象の過半は子どもそのもの研究にあらねばなるまいに、土地の性質を知らないで、いいぐあいに肥料を施し、種を播くようなものだ。童謡はその対象が子どもの心である。童心である。私たちは童謡を研究することによって、味わうことによって、創作することによって『児童性』を失わないようにしなければいけない」（一ー七六）

俊太郎は、「童謡は子どもの心そのものである」とし、教師として子どもそのものの研究、とりわけ、童心、児童性の把握が不可欠であるとしている。俊太郎にとって、童謡は子どもの世界への入り口のようなものであった。

俊太郎は、この時期、村に残る童謡の収集に取り組み始めている。論考「この村に唄われる童謡」（一九二七年）、「わが村に唄われる手毬唄や遊戯唄」（一九二七年）では、郷土の童謡を集めている。郷土で歌い継がれてきた童謡に子どもの「無邪気さ、純真さを見出したい」（一ー八三）という思いからであった。

郷土の童謡を集めることは、子どもたちの生活場面をていねいにとらえていくことでもある。夕暮れに鳥たちが帰っていくさま、蛍狩り、雨の日・雨上がりの日にかえるの声を聞く、そうしたなかに子どもの子どもらしさをとらえている。

「日当たりの良い庭先や、縁先で、小さな手で、唄に合わせて手毬つきをする女の子を見るたびに、私も一しょに交わって遊びたくなる。口から、すらすらと自然のリズムを唄う子の可愛らしさ、いじらしさに庭先の梅ものぞき見をする」（一ー八六）

「夕方になって、田んぼから人がそろそろかえるころ、小さい社の前や庭先に女の子が集まると定まったように独特な遊戯をやる」（一ー八七）

手毬唄や遊戯唄も同じように子どもたちの生活への共感が読み取れる。村に残された手毬唄や遊戯唄などの童謡は、そのまま子どもの生活文化でもあったのではないだろうか。
「何百年もの間、飽かれもせず、全国の子どもたちの口にうたいつづけられているところをみると、いかに子どもたちに親しみのおおいものであるかが伺われる。これはそうした童謡がいかに子どもの生活に即しているか、いかに的確に子どもの思想を表現しているかを証明しているものといえよう。」（一一八二）

俊太郎は、その子どもたちの生活や遊びへの共感は村の教師にとって子どもと出会う不可欠のものと思えたのであろう。

野口雨情の教育論と俊太郎

俊太郎は、童謡論において野口雨情に強く影響を受けたといわれる。俊太郎自身も、「白秋氏の叡智性よりも野口雨情氏の野性にひかれ雨情氏に師事することにした」（二一―二四八）と述べており、雨情から多くを学んでいたことは事実であろう。(7) 俊太郎は、雨情の童謡論だけでなく、子ども観・教育観にも深く共感していたのではないか。

俊太郎は、野口雨情『童謡教育論』（米本書店、一九二三年）が発売されると間もなく読んでいる。野口はその中で、「（童謡は）将に児童の世界の宗教である」という信念のもとに、「童謡とは童心を通してみたる事物の生活を音楽的旋律のある今日の言葉で言ひあらわされた芸文である」、「かくて現代の児童は、日に日に暗い深淵へと、不知不識の中に、辷《すべ》り込んで行って居る」(8)

野口は、「子どもに宗教を与える」ことが必要であり、その宗教が童謡教育であるとしたのである。

俊太郎にとって雨情の本が出版された二三年といえば、二一年に代用教員になり、検定試験を受けて准訓導になったのが二二年であり、二四年には検定を受けて正教員となった時期である。このまさに、教師になることを夢に見て、旺盛に学んでいた時期に、野口の本に出会っている。俊太郎にとって、雨情との出会いは、童謡の師であるだけでなく、個性と自由の子ども観・教育観に目を開かせてくれるものであったのだろう。

その第一は、先にふれた「童謡は子供の世界の宗教である」に含まれた子ども観である。

野口は、「『お前は駄目だ、頭が悪いから偉い人間にはなれない。』と云って頭の悪い子を別物扱いにすることは、本質的に童謡教育では出来ない沙汰であります。誰も彼も一所に唄い、そして自然の心にかえり、自分の持っているだけのものを自由に伸ばして行く」ことに童謡教育の本質を見出している。つまり「偉い人」ではなく「『人間らしい人間』となれと教え導くことが必要」という人間観、子ども観を持っていた。

野口の人間観・子ども観には、当時の「偉い人となるには、その素質からして、先天的に偉くなるべきものを所有していなければなりません。（略）頭の悪い子は、先天的に頭のよい子供には、到底かなわないのであります[9]」という素質決定論的見解への痛烈な批判がふくまれていた。

野口が子どもの「自然な儘な、自由な、童心」こそが大切であり、その「童心を通してみたる事物の生活」を表現することに共感していたのであろう。それは俊太郎にとって、「子どもへの開眼」だったのだろう。この野口の子ども観への共感は、教室における子どものとらえ方の転換につながっていったのではないだろうか。

第二は、当時の学校をおおっていた忠君愛国主義への野口の批判に強い刺激を受けたのではないだろうか。そして雨情の修身教育批判に共感していたのではないだろうか。

野口は修身教育を「時代後れものであり、如何に益なきものであるか」と断じて、痛烈に批判している。少し長くなるが野口の実に生き生きとした批判を紹介しておきたい。

「これは児童教育にたづさはつておいでの小学校の先生方は、痛切に感ぜられ居らるることでありませうが、現代の修身教育なるものが、如何に時代後れのものであり、如何に益なきものであるかを知ることが出来ます。

先づ、先生が教壇に立って生徒達にこう訊ねます。

『皆さんは君（天皇――筆者）に対して如何なる心をもっていますか？』

すると生徒達は、我勝ちに手を挙げて、一斉に答へます。

『忠義！』

『親には？』……『孝行！』

『さうだ、君には忠義、親には孝行！　よろしい。山田お前はいくら教へても覚えが悪い、今度はもう覚えただらう。君には忠、親には孝と、起立して、大きな声で云ってごらん』

山田少年は、おづおづとして、先生の叱責を避けようと起き上ります。

『さア、黙っていないで大きな声で云って見ろ。』

『君には・・・忠・・・、親には・・・』

『まだ覚えてゐない、山田は日本臣民ではないと見える・・・』

ところが如何でせう。吾勝ちにと手を挙げて、『君には忠、親には孝、』と答へた少年少女達は果してその内容を理解して居りませうか、彼等は家に帰って、どんな行をしているでしょう、恐らく答へることは出来なかった。所謂日本臣民でないところの山田少年と同様、親に孝行どころではなく、親の云ひつけも守らず、親に心配ばかりかけている子のほうが多いではありますまいか。

開題とすべきものは、この際、『親には孝行、君には忠義』という慣用句を口にすることが出来る出来ないにあるのではありません。その内容を理解しているか、いないかにあるのであります。(10)」

野口は、修身教育の教育観と童謡の教育観の違いを次のように論じている。

「童謡はこの内容理解から入って、児童の心を導いて行くことが出来ます。単に修身教育に於ける、慣用句の押しつけとは違ひます。童謡の力は内容的に、児童の心を導いて行くことが出来ますから、単に慣用句を押しつけて、それを口にすることが出来る、出来ないによって、児童の良、不良を判断するやうな形式的なものではありません。[11]」

野口は、このあと「七つの子」と引用し、次のように語る。

「問題は忠君愛国から離れますが、この童謡を児童に唄わせて御覧なさい。唄っているうちに、自然と児童の心が湧いて来る、烏に対する愛情、自然に対する愛の感情は、決して『烏を愛せよ』と云って、外部から押しつけて云って湧く感情ではありえません。湧く感情というよりは、寧ろ、児童の心の中に眠っていたものを目覚ましめる感情と云った方が適切であるかも知れません[12]」

ここには、当時の学校における形式的な教育実践への痛烈な批判が具体的に展開されている。こうした雨情の批判精神の影響によって、若き俊太郎は自己の教育思想や教育実践観を組みかえていったのではなかっただろうか。

第三は、模範学校批判から新しい自由な学校、自由な教育への夢を開かせられたのではなか。野口は、同じ本の別のところで「殺伐たる軍国主義 —— 云いかえれば、暗に戦争を奨励する様な歌詞などを平常好んで歌わせているものが少なくないのですから寒心にたへません[13]」とのべている。当時の教育の根幹をなしていた修身教育批判と軍国主義批判は俊太郎の思想形成に大きな影響を与えたのではないか。

野口は、理想に方向付けられた人間教育を目指すはずの模範学校へのするどい観察を怠らなかった。

「(模範学校)は単に当局の指定された、時間とか規律とか形式とか、いずれも外面的なものばかりを遵守していて、内容的には乏しい、空虚な(と云うよりは寧ろ愚かな)ことばかりに熱中しているものが多いのではありませんか。」と述べ、「是は官僚式教育方法の大なる弊害の暴露であり、同時に無能の表白でもあります[14]」と批判している。

野口は、童謡を学校の一教科とすべきことを提唱している。

「童謡は、児童教科目の中に含まれた、主要な位置を占むべき一科目とすべきものであります。他の種々の科目の欠点を補ひ、主として情操陶冶の上に最も効果があるのであります[15]」

俊太郎は、野口の当時の模範的な学校の形式的官僚的体質への批判に同感し、その突破口として童謡に熱中していったと見ることができる。俊太郎にとって、童謡は単なる文学好きの青年が趣味的に熱中していたものではなく、野口の子ども観、教育観、学校観でみたように、当時の教育・教育実践、学校への批判を通して、子どもと教師への仕事に目を開かせてくれる意味を持っていた[16]。

生活現実から乖離した観念的教育学、そして、学校教育の子ども観の童謡や自由詩の生きた子ども像からの乖離、俊太郎はその矛盾に正面から向かっていくことになる。

俊太郎は、「文芸的な散歩」(『日刊山形』一九二七年七月)のなかで、この時期の子ども観を次のようにのべている。

「私は、歌に知識とか学問とかが加わってはいけないと思う。自然に生まれいずる心のさけびであり、魂の口ずさみでありたいと思う。(略)こうした立場から私は子どもに学ぶべきだと思う。子どもを受け持って、わかることであるが、その真剣な、自由なそして端的な表現はわれわれの模範とすべきではないでしょうか。私はここでも『童心』というものの貴さをしりたい、童心を持つ人は知識や学問を超越し得る。子どもは幸福である。童心味を持つ人は幸福である」(一—一三七〜一三八)

童心の探究、それは、俊太郎の初心であり、また、生涯の仕事になっていく。

「童心主義」と「童心《わらべごころ》」

俊太郎の童謡・自由詩への熱中、すなわち、「童心」を中心とした教育活動をどうみるか。それは、「童心」及び「童心主義」概念の形成とその意味をどう捉えるかでもある。

戦後、菅忠道は、「童心主義」を規定して次のように述べている。

「童心主義を歴史の流れのなかでみるとき、疑いもなく進歩の役割を果たしているといえる。子どもに人間性を認め、子どもの心に自由で創造的な成長を期待するというのは、封建的な児童観や古い教育観に対するアンチ・テーゼである。（略）だが、童心主義として、子どもの心の特殊性を絶対化し、ばあいによってそれを神秘化してさえいたところに、主観性があった。（略）しかも、社会的現実のなかで子どもがとらえずに、児童心理の特殊性だけを抽象的にとりだす弱さもあった[17]」

周東美材『童謡の近代』（岩波書店、二〇一五年）では、白秋の童謡論にふれながら次のようにのべている。

「子どもに還ることが目指されたのは、大人のうちなる『無邪気』の境地へと至り、子どもが世界を観るように、世界を異化し『清新で驚きに満ち』たものとして感じるためであった。それは、単なる感傷や退行願望ではなかった[18]」

菅や周東においては、「童心」を「童心主義」と同一化して批判的に葬り去るだけでなく、「童心」のもつ積極的意味を引き取ろうとしている。

横須賀薫「『童心』的児童観の研究」は、「童心主義」概念の形成過程をていねいに追っている。横須賀は、「童心」と「童心主義」は、歴史的には重なりながらも同じ意味ではなく、これまで、区別して使われてこなかったことを指摘し、「童心系譜」を探究している。それによれば、「童心」の語源は古く、「純真なる子供の心」であり、中国の一般用語であった。日本では禅僧の生き方を象徴する語として用いられるようになった。その禅僧とは、桃水和尚（一六〇五～一六八三年）や良寛和尚（一七五八～一八三一年）らである。彼らは「聖心《ひじりごころ》は童心《わらべごころ》である」とし、「童心《どうしん》」を「童心《わらべごころ》」とよんでいた。

横須賀は、「童心」の語源を探りながら、「日本においては『童心』の語は儒家の詩文などを通して中国から伝わったとしても、それが内実をもって使用され、教育思想と交流するようになるのは、禅僧の生き方を慕う文人たちの手によってであったと言うことができる。[19]」としている。そして、その時期は、教育にかかわる人々の間ではほとんど使用されていなかったとしている。

「童心」が教育の世界で用いられていくのは、『赤い鳥』（一九一八年）の時期である。「童心」という語を直接使っていないが、『赤い鳥』の発刊の標榜語《モットウ》には「子供の純性を保全開発するために」とあり、童話・童謡のなかに「童心」を見いだそうとしていた。とりわけ、白秋は『赤い鳥』以前から「童心」に注目し、「聖心は童心を源とする」「童の心に帰れ」などと短歌制作の心を展開していた。横須賀は、白秋の「童心」の源を次のように論じている。

「『童心』をもって短歌制作の源点とするという歌論が白秋一人のものであるかどうか不明であるが、白秋の『童心』が詩歌制作の体験をつきつめていったなかから、祈りのようにしてうまれてきたものであることは確かである。決して現実の子どもの観察からうまれたものでなく、自分の心をはぎとって、はぎとって裸の心にまで持ち来すバネとして『童心』が言われているのである[20]」

俊太郎においてはどうだったのだろうか。

俊太郎にとって、童謡との出会いは、「わらべごころ」としての「童心」との出会いであり、その「わらべごころ」は、彼にとっての子ども観の転換であり、教師として子どもに向き合う原点になったものであろう。と同時に、俊太郎がであった『赤い鳥』の「童心」は、現実の子どもの生活から遊離したロマンチシズムや感傷主義を色濃く持つものであった。

俊太郎はその「童心主義」の克服に苦悶していく。童謡・自由詩実践を展開していた時期から一〇年を経た一九三六年になって、俊太郎は、「綴方教育における童心主義の復活 ―― 童心主義綴方・童詩の止揚と生活主義綴方の大衆化のために」（『工程』三六年一一月号）を書いている。これは、北原白秋の『提言』（『綴り方倶楽部』六月）をめぐる議論に絡んでいく。

俊太郎の結論は次のようなものであった。

「ここで童心主義とは芸術至上観のうえに立って子どもの心をいたずらに純真無垢なもの、神聖なものとみるイズムであって、私たちの立場からいえば子どもにはそうした面もあるが、より生物学的立場に立つ野生面もあり、社会的教育的立場からは、より科学的に生活人として組織しなければならない。したがって童心万能主義や、童心礼讃主義によって感覚至上的な感傷と、哀愁の中に子どもを育てていこうとする童心主義は、今日の新しい児童観、教育観、社会観からは当然否定されなければならないものである。」（二一一九七）

〈注〉

（1）『赤い鳥』創刊号には「『赤い鳥』の標榜語《モットウ》」が六つ掲げられていた。

「現在世間に流行している子供の読物の最も多くは、その俗悪な表紙が多面的に象徴している如く、種々の意味に於いて、いかにも下劣極まるものである。こんなものが子供の真純を侵害しつつあるということは、単に思考するだけでも恐ろしい」

「『赤い鳥』は世俗的な下劣な子供の読物を排除して、子供の純性を保全開発するために、現代第一流の芸術家の真摯なる努力を集め、兼て、若き子供のための創作家の出現を迎える、一大画期的運動の先駆である。」

そして賛同する作家として芥川龍之介、島崎藤村、泉鏡花、徳田秋声、北原白秋などをあげている。芥川の「蜘蛛の糸」は『赤い鳥』創刊号に創作されたものである。

『赤い鳥』や『金の星』の影響の広がりは、俊太郎の童謡集『昼の三日月』（一九二五年）の「はじめに」の執筆代表が「山口学校・二葉会」と記されているように、東北の田舎の小さな学校にも同人の集まりができていたことでもうかがい知ることができる。

俊太郎は後に、この時期を後に次のように特徴づけている。

「こうして日本の教育史にエポックを画した芸術教育時代の誕生を見たのである。綴方教育における写生主義から文芸主義への展開があり、個性を尊重せよ、人間性を深めよ、生命の進展をはかれ、生活の芸術化をなせと叫ばれ、方法としても童謡童話が流行し、個性表現を求め、想像を重視し、鑑賞を尊重した。」（二ー二四五）
（2）「かなりや」は、作詞 西条八十、作曲 成田為三、一九一九年楽譜といっしょに『赤い鳥』に掲載、二〇年にレコードが発売された。「あわて床屋」は、作詞 北原白秋、作曲 山田耕筰。一九一九年『赤い鳥』に発表。
（3）須藤克三は、『著作集一巻』の「解説」において、俊太郎の童謡は、一九二三年（大正一二年）～一九三〇年（昭和五年）を前期作品、一九三〇年（昭和五年）以降を後期作品に分けている。
俊太郎自身は、『生活童詩の理論と実践』（一九三六年）の「苦悶の実践 —— 生活詩の夜明け前を歩いたささやかな私の記録 ——」において、自己の教育実践を時期区分して、二八年を転機として、「生活詩以前（一九二四年ころから）」と「生活詩の実践」にわけている。

「私は一九二八年三月、師範専攻科を出ると山形師範代用付属校に勤めることとなった。五、六年の複式学級に私のほんとうのあるべき姿態を探求すべく情熱を燃焼させた。伊藤清助、伊藤喜吉、今野正の三校長からそれぞれ人間的に深い感化を受けた。そして、『夢をすてて現実の子どもへ』と目が展開した」（二一―二四八）

俊太郎の時期区分は、須藤の時期区分とは異なっている。しかし、これは、童謡創作の区分ではなく、童謡・自由詩実践の時期区分であるので、一概に須藤の解説を否定することはできない。俊太郎の教育思想や実践の展開からすると、二八年ごろ、転換の意識が自覚されていたと見ることができる。

（4）須藤克三は、『著作集一巻』の「解説」で、俊太郎は論文「本県の童謡について」（一九二七年）のなかで「児童の宗教である童謡」と書いており、師範学校生時代に、雨情が山形県での講演（年月日不明）で「童謡は子どもの世界における唯一の宗教である」と話したことを聞き、論文に引用したのだろうと推測している。

これは須藤の誤解である。須藤が解説を書くために読んだはずの『著作集一巻』には、一九二三年の童謡集「ひばりの唄」の「はじめに」が収録されている。そこには雨情のことばとして「童謡は子供の世界の宗教である、何故かといえば童謡は子供の生活を、最も正しく導いてくれるものだからです」が引用されている（一―八）。俊太郎が師範学校に入るのは一九二四年だから、その後に雨情の講演会を聞いて「童謡は子供の宗教である」にふれたわけではない。

（5）藤田圭雄「『金の星』と村山俊太郎」（『作文と教育』一九六七年九月号）九六～九九頁

（6）同前、九九頁

（7）雨情の孫、野口不二子の書いた『野口雨情伝』（講談社、二〇一二年）は、研究書ではないが野口家を継いで、資料を守ってきたものしか書けない史実が豊富に盛り込まれている。不二子は、雨情の詩や童謡には直接あらわれていない雨情の思想形成について記述している。

雨情は、一八九六年（明治二九年）東京数学院中学校に入学、一九〇一年（明治三四年）には東京専門学校高等予科文学科（早稲田大学の前身）に進学し、伯父野口勝一（雨情の父量平の兄、勝一は野口家の跡取りであったが、弟に家督を譲り政治家となり、衆議院議員を三期務めた）の家に身を寄せていた。その勝一の長男茂吉は雨情の一歳年下で、兄弟のように気があって、「キリスト教的人道主義者である内村鑑三の講演なども良く聞きに行った」、「また、幸徳秋水など社会主義者といわれる人々にも出会い、そのイデオロギーを自由に論議し合う」（『野口雨情伝』三一頁）。不二子は、雨情の作品に流れている思想の一端を次のように書いている。

「初期の雨情の作品には『村の平和』『砂金採』（明治三五年発表）など社会主義への傾向がうかがえるものもあります。日露戦争前の開戦論が沸き立つなかで、民衆や弱者への視点から書かれており、それはのちの雨情の詩にも一貫しているものです。雨情は内村鑑三により、形式に囚われない新しい世界の見方を知ったのではないでしょうか」（『野口雨情伝』三一頁）

雨情は、東京専門学校で坪内逍遙と出会う。しかし、一年あまりで退学する（一九〇二年）。そして、一九〇四年に父量平が急死している。この時期に、雨情は、北原白秋、三木露風、小川未明などと知り合っている。

「小川未明は雨情と同年で、新潟県生まれでした。お互いに地方出身ということで気があったのでしょう。未明とは自然主義全盛期を迎えても新浪漫派の作風を守り、人道主義的社会主義の立場をとりました。未明とは早稲田の同輩であると共に、生涯の友として二人は切磋琢磨しながら民衆の文学を引っ張っていくのです」（『野口雨情伝』三九頁）

未明は、ロシア文学を愛読し、ナロードニキ思想に傾斜していた。野口はそこからも影響を受けている。さらに、雨情は、北海道の記者時代に石川啄木と出会う。啄木との交流もまた、雨情の思想形成に影響をもたらしたであろう。

一九一八年、雨情は中里つると再婚し、水戸に出る。そのころ東京では鈴木三重吉が『赤い鳥』を発刊し（一九一八年七月創刊）、童謡運動をおこし、北原白秋、三木露風、西條八十らが活躍していた。「もともと雨情は童謡に深い関心を持ち、明治四〇年（一九〇七年）三月に出した民謡詩集『朝花夜花』には『日傘《ひがらかさ》』やのちの童謡『七つの子』の原型になった『山烏』が収められています。

烏なぜなくの
烏は山に
可愛い七つの
子があれば

これらの童心の世界をうたった作品は一部の人たちから童心歌と呼ばれていましたが、まだ童謡が迎えられるには時代が早く、注目されることなく終わっていました。しかし、雨情は伝統のわらべ唄の心を踏まえて、そこに子どもの生活感情を盛り込んだ、新しいわらべ唄の創造を唱えており、雨情の童謡の土台はここにありました」（『野口雨情伝』、一〇五〜一〇六頁）

（8）『定本　野口雨情　第七巻』（未来社、一九八六年）、二七四〜二七六頁
（9）野口前掲書、二九六〜二九七頁
（10）野口前掲書、二七八〜二七九頁
（11）野口前掲書、二七九頁
（12）野口前掲書、二八〇頁

(13)野口前掲書、二八三頁
(14)野口前掲書、三〇八頁
(15)野口前掲書、二七七頁
(16)『定本　野口雨情　第七巻』(未来社、一九八六年)の解説は、住井すゑが書いている。

住井は、令息野口存彌『野口雨情　回想と研究』(昭和五七年、あい書林)から「個人的な性格を表現の上から極度にまで消去したところに成り立っている」「作品は自分のために書いたのではない」(四七)を引きつつ、野口の作品観を語っている。

戦争が駆け寄ってきて、「戦争詩だけが受け入れられる時代」に、存彌は、「晩年雨情は童謡を書くことに苦渋を感じていたようだ」と書いているように、表現の場も限定されていく。一九四三年発病している。雨情は、常々「童謡は作《こしらえ》るものではなく、心の底から自然に生まれてくるものである」(四七九)と述べていたが、この時代背景のもとでは、雨情は「『童謡を作る人』に変身しなければならなかった。そんな童謡は作りたくなかった。しかし、作らねばならなかった。くにの要請(命令)だったからである」(四七九―四八〇)と住井は書いている。

一九四〇年、紀元二千六百年に際して次のようなうたを作らなければならなかった。住井は、「命に服すしかなかったにちがいない」と書いている。

二千六百年

けふは たのしい／お正月／一年 二年 と／かぞえたら／二千六百／ありました
紀元の 年の／はじめから／ことしは／二千六百年／日本の 国は／ふるいです。

(四八〇〜四八一頁)

住井は、「詩を生むことを禁じられ、ウタならぬウタをこしらえるしかなかった雨情氏の憾《うら》みとなげきが、私の胸を刺し貫く」（四八一頁）と同時代を生きてきた雨情の苦悩に心を寄せている。

（17）菅忠道『日本の児童文学』（大月書店、一九六六年）、一〇六～一〇七頁
『児童文学事典』（東京書籍、一九八八年）では、「童心」を次のように定義している。
「童心とは、子どもの純真多感な心の状態をさす。童話作家や詩人たちは、子どもには大人とちがった独自の心の領域があることを発見し、これを童心ととらえた。童心主義には子どもの内面をうたい、語るというプラスの側面があった反面、大人の郷愁としての童心に閉鎖的に籠もる傾向があり、現実逃避の観念論に陥って昭和初期には時代の転換とともに急速に衰退した。現在では、子どもを単純にかわいい存在として描いた真実感の乏しい甘い童話を『これは童心主義だ』というように、童心主義という語は形骸化したそのマイナス面においてのみ使われることが多い」（『児童文学事典』東京書籍、一九八八年、九一頁）
　川原和枝は、童心主義批判は、「大正末期に勃興したプロレタリア児童文学で、子どもを生まれながらに天使のような『童心』をもつ存在であると考えるのは、階級意識の欠如した子ども観であるという論点からの批判」がなされた。戦後の新しい児童文学運動も「童心主義」に批判的な立場をとり、「今日では『童心主義』の評価は、観念的な童心礼賛への批判を中心として、文学史上ほぼ決着のついた問題であると考えられている」と概括している。そして、「しかし、大正期の『童心主義』は決して児童文学の領域だけにとどまる事柄ではなかった。それは一種の『時代精神』でもあり、したがって、児童文学の領域での評価を離れて、広く社会・文化的な文脈において検討されるべきものなのである」（川原和枝『子ども観の近代』中央公論社、一九八八年、一五八頁）
（18）周東美材『童謡の近代』（岩波書店、二〇一五年）四七頁

(19) 横須賀薫「『童心』的児童館の研究」(『一橋論叢』、一九九三年)三九九頁
(20) 横須賀前掲論文、四〇一頁

2 「生活者としての子ども」観への転換

はじめに

ここでは、一九二八年三月、俊太郎が師範学校の専攻科を卒業して、同年四月に山形師範学校代用付属東沢尋常小学校に勤務する。そして、子ども観、生活観を大きく変えていく。二三歳から二九歳の時期である。

俊太郎は、文学や童謡をとおして子どもの「童心《わらべごころ》」に開眼し、新しい時代の教育に目覚めていった。しかし、「童心」としての子ども観と勤務し始めた地域の勤労者、職人、農民の現実生活との矛盾に突き当たり、苦悶する。その「苦悶」を後になって次のように分析している。

「ロマンチックな自然写生詩の実践のなかで、私は教育現実の相貌と、子どもの頭のなかにつぎつぎと構成されていく観念の姿に私は幾度か戦慄した。生活と観念との矛盾のなかに私の抱いていた詩人らしい調和感が分裂をはじめたのである。なまぬるい、低調な、非生活的な低徊趣味と遊戯性から脱けなければならなかったのだ」(二一―二五〇)

この時期、俊太郎は教育実践においても、自己の世界観においても大転換をとげていく。それは、俊太郎の「三段跳び」ともいえる飛躍であった。

第一は、「土の綴方」への共感に代表されるように童謡との決別である。

第二は、雑誌『綴方生活』と出会い、「生活者としての子ども」観にたち、生活教育を実践の柱にしていくことである。

第三は、マルクス主義の本格的学習とその実践としての労働組合の結成への参加である。

そして、実践的には「調べる綴方」に傾斜していく。

俊太郎の生活教育への転換は、その後、一気に社会への目をひらかせ、階級的社会の分析とそこでの教育の役割に関心を深めていき、新興教育運動や教労運動に参加していく。

時代は、軍国主義にひたすら邁進していった。一九二八年六月には、治安維持法が改正され、死刑・無期懲役が追加された。学術・思想・文化への統制・弾圧が強められていった。二九年には、旧労働農民党の代議士山本宣治が刺殺されている。一九三一年九月、柳條溝の満州鉄道線路の事件を口実に、関東軍は軍事行動を開始し、いわゆる満州事変の勃発である。戦火は拡大されていった。

(1) 童謡・自由詩からの決別

俊太郎が自ら語っていることであるが、生活教育へ転身していくうえで、強い影響を受けたのは、富原《ふはら》義徳『土の綴方』(一九二八・一〇月)である。

富原は、綴方の主張の骨格は次の点にある。

「(多くの綴方論は ―― 筆者) いずれもが都会児を中心研究対象としてのそれであり、或る意味では温室的な仮設的な教育場でしかないと言ったような方面の述作の氾濫であって、(略) 土の生い立つ我々の土の児童の、もっともっと生々した地上の威勢や感情の颯爽《さっそう》さを観ることの出来ない点などはすぐにも心内に崛起《くっき》する不満であった(1)」

さらに、「綴り方の全系統のなかに徒に都会的な模倣のみ瞳を放っていて、すぐ脚下にいる土の児童達を生活環境に覚醒せしめようとしない無気力と怠慢はどうしたことであろう[2]」と批判する。そして「土の綴方」を提唱する。

「田園児は土に生活する。田園児の創作はあくまで素朴、純真、荒彫で線が太くて土臭のあることがよいのである。野性美のあることがのぞましくさへある。」「今こそ綴り方教育の視野に、農民の、田園の、自然の、汗の、土の、泥まみれの、太陽と清泉の、風と樹木の、小鳥と花の、田園児の創作が、個性の独自な尊厳のために、一つの正しい位置を要求しやがて占むるであろう。私はそれを切に祈願する[3]」

農村に育ち、農村の子どもたちと共に学校生活を送ってきた俊太郎にとって、富原の主張は生活実感的に共感できたのだろう。それは、自ら童謡を創作し、子どもたちにも童謡や自由詩を書かせてきた俊太郎にとって、子どもたちは村の生活の健康な価値に目覚めさせてくれたのであった。俊太郎が富原の土の生活とそこで生きる子どもたちのとらえ方が一面的礼賛に止まっていることへの批判意識が欠落していたことに気づくのには、もう少し時間が必要であった。

俊太郎の生活綴方論の出発にあたる論文「綴方に於ける鑑賞指導」（一九二九年四月『教育研究録』十号、山形師範学校附属小学校編）において、明確に童謡的世界から決別しようとしている。俊太郎は、その時期の綴方教育学者への批判を書いている。

田上新吉『綴方指導原論』（一九二七年）から次の作品をとりあげている。

うさぎ　（三年女）

お家の中の小うさぎが

お耳をたおしてやすんでた
おくらのやねからいたずら雀
ちゅんちゅんちゅんとおどかせば
すやすやねてた小うさぎは
お耳をたててぴょんとおきた。

「（この作品は）いったいどこがいいのだろう。この童謡のもつ生命は『薄っぺらな小細工』である。何らの感動もない。（略）どこに溌剌とした児童の感情があろう。『うふふ』と言わせるより外仕方のない童謡である。こんな童謡に、純真さとか、無邪気さとかを見いだす教師こそ、ほんとうに無邪気な教師といわねばならぬ」（一ー一八七）

次に田中豊太郎『生活創造綴方の教育』（一九二四年）で秀作と評価されている童謡への批判である。

芋の葉
雨のふった朝
野菜畑の　芋の葉に
銀の小人が　おどっている。
風のふくたび　おどっている。
下では　蛙が
御見物

俊太郎は、この作品を田中が「なんと無邪気なんでしょう」と評していることをとらえ、「私はこの童謡の示す気持ちが『無邪気』という気持ちであるとしたら、今度は無邪気ということばの意味に迷うしだいである。私からみれば、これはたんなる『笑わせの童謡』である。（略）新鮮な芋の葉にたまった露の玉、それ自身に児童の驚異はある。そのはっとした感情に、想像の世界とはいえ、わざわざ銀の小人や蛙の御見物をもってこなくともよいわけである。」（一－一八八）

師範学校の専攻科をおえた無名のひとりの青年教師にとって、綴方教育学の甘ったるい童謡主義はかつての自分をみる思いであったのかもしれない。こうして、俊太郎は童謡主義から決別している。しかし、俊太郎は、この時期、田上新吉や田中豊太郎の童謡主義を徹底して批判しながら、童謡詩と完全に決別していたわけではなかった。

「児童文の処理問題」（一九二九年九月『教育研究録』一一号）では、子どもが書くことを芸術的創作活動とみなし、子どもの作品を一種の芸術作品とみている。

「綴方は児童の芸術である。教師の芸術への体験こそ何よりの武器である。創作の喜びを味わったことのない指導者に於いては、児童の創作の歓喜を汲めないであろう。」「実に綴方に於ける作品処理の本質は、児童文そのものへの理解であり、芸術そのものへの理解であろう。」「綴方科の本質が、文字による自己の表現であると見たならばその文章は純然たる創作であり、それに対する批評もその究極の標準はやはり文芸上の批評の標準に他ならない」[4]（一－一九〇～一九二）

童謡・自由詩を追求してきた俊太郎は、この時期、子どもの作品を芸術としてとらえ、その活動を創作活動と見ていた。子どもたちが童謡・自由詩を作る表現活動の中に「芸術的創作活動」を見出し、「創作することが喜びである」ことは大人が文芸を書くことと変わらない側面を持っており、その批評において教師は「文芸上の批評の標準」が求められるとしたのである。

俊太郎は、童謡主義と決別しながら、綴方を芸術創作活動とみなし、作品を芸術としてとらえる芸術主義的偏向を色濃く残していた。それは、一概に誤りではない。綴方を書く表現活動に内在する創作の喜びが子どもを純粋にしていくことの意味を大切にし、後に、表現活動そのものに内在する事物や体験を自分の生活の視点から捉え返すこと（意味化）につながる生活綴方表現の本質につながる論理を内包していた。子どもにとっての童詩の持っていた表現的意味を全部捨て去るのではなく、この表現活動を芸術性という捉えることによって、後の「調べた綴方」の表現の質（ものの捉え方の質）の機械性の批判を可能にしていったと思われる。

(2) 生活教育への転身
――『綴方生活』との出会いと新綴方研究講習大会への参加――

『綴方生活』の創刊と俊太郎

俊太郎の子ども観と教育実践観の転換に大きな影響を与えたのは、雑誌『綴方生活』との出会いであった。雑誌『綴方生活』の創刊号は、一九二九年一〇月である。俊太郎は、東沢尋常小学校に勤めて二年目の秋である。創刊号巻頭には「我等の使命」が掲載されていた。

『綴方生活』は綴方教育の現状にあきたらずして生まれた。いな単に綴方教育の一分野のみでない。現代教育の全野に於いて満たされぬ多くのものを見出すが故に、微力を顧みず敢えて出発する。綴方生活は新興の精神に基き常に精神溌剌たる理性と情熱とを以て斯界の革新建設を企画する。その目ざす所は教育生活の新建設にあるが、その手段としては常に綴方教育の事実に即せん事を期する。

『綴方生活』は教育に於ける「生活」の重要性を主張する。生活重視は実に我等のスローガンである。[5]

俊太郎と同年代の野口茂夫は、創刊号を手に取った時の感動を次のように語っている。

「ぼくら現場教師は、創刊号を手にして、まず巻頭言の『我等の使命』に感動したわけです。『生活重視は実に我等のスローガンである』という、この言葉にね。まったくそうでなけりゃならんと、当時のぼくの気持ちにぴったりときたんですよ[6]」

俊太郎も同じような感動をもって雑誌を手にしたのだろう。

「巻頭言」の新鮮な問題提起に較べると、千葉春雄、野村芳兵衛、峰地光重らの論文には、率直に言って綴方実践にかかわって新鮮な問題提起がなされていたわけではなかった。しかも、子どもの生活そのものへの追求は決してするどいものでもなかった。その中で、俊太郎は、上田庄三郎と小砂丘忠義の論文に惹かれたのではなかったか。

上田は「児童は蓄音機のレコードではない」と書き出し、「児童の綴り方は、何よりも先ず、児童の偽らざる生命の直接表現でなければならない」とする。そのうえで、当時の日本に於いて当局によって十数種類の雑誌が発禁処分になっていることを指摘し「当局は之を以て国民思想を善導するものと自惚れている」とし、次のようにのべている。

「綴り方教育上に於ける『児童の生活指導』がこの『国民の思想善導』と気脈相通ずる金看板だというのではないが、綴方教育界の有名な大家の生活指導論の中にも、とりわけ実際綴方指導の上にも、生活指導ではなく、生活の圧迫であり、生活悪導であり、児童の作品に対して発禁に代わるような無理解横暴な悪親切を盡しているものがある[7]」

創刊号で当時の当局の思想弾圧にふれたのは、この上田の論文のみである。そのうえで上田は、綴方教育の欠点として「児童の生活が指導されないことであるよりも、あまりにも完全無比に児童の生活が指導されている点にある」と皮肉っている。そしてこうした国策的善導を目的として行われる綴方を上田は「教師への降伏状としての綴り方」[8]と評したのである。

小砂丘は、「培《つちか》いを忘れた綴方」論を展開している。

「すぐれた植木師は枝を作るばかりを能とはしない。まず根を培いはらせて徐に伸びる力、堪える力を養う。枝ぶり葉ぶりは要するに仕事の末端である。今日の綴方で最も遺憾に思われるのは、この植木師の心づかいのないことである。まず生活を豊富旺盛にしてやることを忘れて、表現の指導に没頭している傾きがないとはいえない」

「今日の綴方の立ち直るべき道はただ一つ。子供は子供の世界に自由にはねまわり、思うさまあばれちらしていいという約束をまづ認めねばならない。（略）物を見、物を聞いた時、はつらつとして動く心、ピチピチと感動する心、それが第一に培れなければなるまい[9]」

しかし、上田、小砂丘の論文といえども、全体のトーンは、子どもの生活の解放に主眼があり、俊太郎が直面していた山形の子どもたちの現実生活と『綴方生活』創刊号が追求している子どもの表現との間にはずれを感じていたのではないだろうか。

新綴方研究講習大会

俊太郎がこの『綴方生活』創刊号で関心を持ったと思われるは、巻末の「新綴方研究講習大会予告」の記事であったろう。一九二九年一二月二五日から四日間東京で開かれる案内がでている。講師には、佐々木秀一、北原白秋、千葉春雄、奥野庄太郎、志垣寛がならんでいる。『綴方生活』二号には、より煮詰まった案内がでているが、その意見交換に「一人十分以内に於いて意見を発表す。発表希望者は予め要項を具して本会へ申出られたし」との案内がのっている。俊太郎は、早速、「意見交換」に希望を出したか、あるいは、準備会から依頼されたかは定かではないが、『綴方生活』三号の広告の意見発表者には、山形師範訓導村山俊太郎の名前が川口半平、野村芳兵衛、峰地光重、上田庄三郎、小砂丘忠義、門脇英鎮等の名とならんで入っている。

二九年一二月、俊太郎は、「新綴方研究講習大会」に「綴方生活に自照文を」と題する報告をもって参加している。

俊太郎が新綴方研究講習大会でおこなった発表の内容は、「綴方生活に自照文を」(『綴方生活』一九三〇年二月号)に掲載されている。俊太郎二五歳の冬である。俊太郎の自照文への課題意識は、『著作集一巻』の解説によれば、二八年専攻科卒業論文「自照文学について」の問題意識を継続したものとされている。この自照文の精神を綴方生活、国語教育に吹き込もうというのがこの論文の主張となっている。

「小学校における綴方生活の中に、自照文をもっと強く認めて、人間精神の内面的深化を求め、また児童の創作本能を自照的方向にむけ、そして綴方生活を小学校卒業後まで価値づけたいとおもうための一つの試論である」(一―一九八)

俊太郎の言わんとするところは次の点であろう。

「(自照文は――筆者)平凡な無技巧的人生記録に過ぎない。しかしそこには人間という真実さから生まれた純一さがあり、人工ならぬつつましやかな純真さと野趣味と素朴さと自然さがある。内から内への呼びかけの声となってあらわれる忠実な自己批評であり、個性の全一的直接表現である。(略)もっとも主観的な、もっとも現実的な、回想的な、思索的なもの、これが自照文である。」(一―一九八〜一九九)

俊太郎は、論文を「児童の魂の中に自照的精神をもっともっと強く吹き込んでいこうではないか。綴方教育に於いて。国語教育に於いて。」（同）と結んでいる。

俊太郎の妻、ひでが戦後、息子の私に語ったことだが、俊太郎は結婚後、この新綴方研究講習大会で「綴方生活に自照文を」を報告したことについて、自分の綴方観が時代に遅れていると感じて帰って来たと話していたという。

新綴方研究講習大会には、一八〇名の参加があった。

『綴方生活』復刻版月報№２（一九七八年七月）では、新綴方研究講習大会に参加していた野口茂夫と井野川潔の対談が掲載されている。野口は、「講師の話はその著書を読めばわかることなので、つまんなかった。」「あのときの地方教師の発表はよかったね。印象的で、さわやかな感じがした」と回想している。井野川は、少しちがって、『綴方生活』の同人と地方教師の発表では質的に段違いだったとのべ、「山形の村山君なんか生真面目な国文学教師で、まだ、マルクス主義以前の幼若な思想に低迷していたし、ぼくも（井野川）文学左派であっても教育はロマン主義に停滞していて、リアリズム綴方に徹するまでは到っていなかった」とのべている。井野川が俊太郎を「生真面目な国文学教師」「マルクス主義以前の幼若な思想」ととらえていたことは的確であったと思われる。

代用教員時代から、また師範学校時代から中心思想をなしていた童謡と自照文という二つの歯車のうち、表現活動に内在する「内から内への呼びかけの声」としての「自照」は、俊太郎において、この時期に一度否定されながら、後のリアリズム論の展開において生かされている。

（3）子どものプロレタリア意識をどう指導するか

俊太郎は、自分の報告「綴方生活に自照文を」と大会で話題になった「子どものプロレタリア意識」

の議論の間に、時代とのズレを感じて帰ったと思われる。[10]

俊太郎がマルクス主義に本格的に接近したのは、一九二九年一二月の新綴方研究講習大会以降ではなかったかと考えられる。それ以前も、マルクス主義関係の本は教養としては読んでいたかも知れない。しかし、自己の世界観の変革課題として、子どもの捉え方、地域の生活現実の捉え方の方法論としてマルクス主義を本格的に学び始めたのは新綴方研究講習大会に参加して強烈な刺激を受けたからではなかったのだろうか。

三日間の新綴方研究講習大会が終わったあと、参加者からの希望で三つの部会が持たれた。「1．綴方とプロレタリア意識について、2．指導系統案について、3．実際教授上の細かい問題について」である。「綴方とプロレタリア意識」の部会への参加者が「断然、圧倒的に多数」であったとされている。参加者たちが、「綴方とプロレタリア意識について」にいかに深い関心を持っていたかが分かる。これは、全体会で上田庄三郎が社会の不平等について書いた作品を「驚異的な傑作」と絶賛したのに対して、野村芳兵衛がそれは「大人の受け売り」に過ぎないと反論したことや香川の三谷寿夫が子どもの作品に階級的イデオロギーが出てきた場合にどのように指導すべきかという問題提起が参加者の関心をよんだこととも関係していたのだろう。[11]はたして、俊太郎は、その部会に出ていたのだろうか。

この大会の全容は、『綴方生活』（一九三〇年、四号）に収録されている。そこに、香川県の三谷寿夫の問題提起「綴方教師の悩み」が掲載されている。

三谷は、「私が今自分では新しいと思っている、階級意識の表れたる綴方は、之を如何に指導して行くかについて多分の悩みを持っているのでございます。」と問題を切り出している。

三谷は「児童は階級的イデオロギーを持っているか」と問い、「一部分には不完全ながらまだよく消化せられていない形で階級的イデオロギーは持っていると思います[12]」と答えている。

「児童に小部分なりとも階級的イデオロギーがまだ完成せられぬ形で潜在しているとすれば、何時かの機会を利用して言行なり、文になり表現せらるるに違いないのです。

或いは小作争議とか工場争議とか彼等をめぐる上長の環境が反抗にもえた場合等にはとくによく表現形式をとるであろうと思います。私達がかかる文に直面して如何に彼等のイデオロギーを指導すべきでしょうか。

ここに新しい時代の綴方教師としての悩みがある様な気が致します。

このイデオロギーを彼等の流るるままにまかしておけばよいのでしょうか。或は教育的だと今考えている正しい方向に導いたらよいのでしょうか。私の芸術的な良心は前者を是とし人間的良心は後者を是とする様な気がします。(13)」

俊太郎は、三谷報告「綴方とプロレタリア意識について」の提起に大きな関心を寄せ、参加者達の熱い議論を受け止めて帰ったのではないだろうか。『綴方生活』誌は三〇年代なって、プロレタリア意識にかかわっての論文がいくつか見られる。熱心な読者であった俊太郎は注目して読んだのだろう。

俊太郎は、ノートを残していたわけではないが、この時期、『綴方生活』の諸論文では、子どものプロレタリア意識をどう捉えようとしたか探ってみたい。

峰地光重「地方児童の綴方とその指導」は、次のように述べている。

「子供達に無産階級のイデオロギーをもてというのではない。いやもってもいい。持つとかもたぬとかということにこだわらないで、自由に自分の思想体系を伸ばしていって、事毎に、それを深めてゆかせる必要がある(14)」

『綴方生活』（三〇年三月号）に座談会「綴方教育を如何に打開すべきか」が収録されている。そこでも、「プロ意識とブル意識」を話題にしている。発言をひろってみよう。

中重信「ブルジョア意識とかプロレタリア意識とかいうが、その何れに偏向しても悪い。ブルジョア意識は勿論問題にならぬが、プロレタリア意識を高揚してそちらにしむけることも綴方教育としてはまづい」

上田庄三郎「これまでの綴方が芸術至上主義に向かって居たことが大いに欠陥であるとすれば、現在プロレタリア文学の行方は全然あやまりがないとは云えぬが、その方向に綴方を向けることはいいことだと思う」

池田種生「プロレタリア意識でいけばいいのではないか」

野村芳兵衛「今のプロレタリア文学は大人のもので子供の心持ちはそれと違う」「固定したものから出てきたプロレタリア意識を、未だ出来上らぬ子供に適用することは当たらないと思う」

門脇英鎮「綴方の方向は、新しいプロレタリア道徳の完成に向かうことになりますか。僕はそうは思わない」「僕は、綴方は矢張り自然発生的なものだと思う」(15)

この座談会での発言を読む限り、子どもたちが階級的意識を持った作品を書いて来た場合、どう対処するかはそれぞれにおいて異なっており、ある方向性が確認されていたわけではないことがわかる。子どものプロレタリア意識をどう指導していくべきかに関して、上田・池田と野村・門脇の方向性は対立している。俊太郎はどちらの立場に立って読んだのだろうか。

『綴方生活』三〇年七号は、「新文学運動と綴方教育」を特集としてくみ、再び階級と教育の問題を取り上げている。

巻頭言では次のように問題を提起している。

「利害相反する二つの階級が、截然《せつぜん》(区別がはっきりした様 ―― 村山)と相対立する時、教育はそのいずれの側に帰属すべきであろうか。(略)子供たちがその環境のすなおなる刺激によって階級心の萌芽を表はし来った場合、親や教師はいかに対処すべきであるか。(16)」

志垣寛「階級の対立と教育の位置」では、教育は、一党一派に偏ることなく、階級闘争の外に位置するという考えに対し、事実は、一党一派に利用され、階級支配の道具にされているとしている。志垣は、レーニンから「吾等は教育を以て階級戦の武器とする、教育は闘士養成の為に行われ、宣伝の為に行うものである」を引いて、「教育は宣伝であり、政策であることは一そう明瞭になる」と結論している。そして、「父兄、保護者の階級的自覚につれ、その子弟の生活上にも、階級意識の芽生が表れてくる。それが不知不識の間に綴方作品や道徳意識の上に表れて来るとき、教師はそれに対していかなる態度をとればいいのか」と問い、「それは充分に研究され、用意されねばならない問題」としながらも、「教育者よ。思想的に目ざめよ。生活的に立て。吾等は果たして何れの側に立つものであるのか[17]」と呼びかけた。

ここには、教育を宣伝（プロパガンダ）の手段を考える当時のソビエトの文化理論がそのまま引き写されている。

上田庄三郎「童心至上主義の崩壊性――綴り方教育に於ける中間意識の清算――」は、「教育に階級意識や社会主義は禁物であるというような常識は、今や全然非常識となってしまった」と書き始めている。上田は、教師は階級的には中間階級的イデオロギーをもっており、その社会的基盤そのものが崩壊の危機にさらされていると説く。その一つの例として「綴方教育に於て清算すべき中間意識とは何ぞや。是を私は童心至上主義に指摘する。」そして、「世界のいかなる対立よりも大なる階級的対立の前に、綴方を通して大人と子供とは共同戦線を張るべきだ。そこには何よりも、大人と子供との一元的視点から、その無階級的中間性を放棄したい。かくして綴方教育は、教育者にとって面倒な事務ではなく、それを通して、新興社会を闘いとるための、熱き同胞的握手となるだろう[18]」という呼びかけで終わっている。「綴方を通して大人と子供の共同戦線」という勇ましい呼びかけも、具体的にはどのような運動なのかは語られなかった。むしろ、教師に階級的な目覚めを呼びかけるものであった。

上田庄三郎は、文園社から郷土社に移った『綴方生活』三〇年一〇月号に、「偶像崩壊覚え書」をよせ、ブルジョア文化、ブルジョア教育の崩壊は「必然の社会的趨勢」にあるとし、「綴方教育に於て先ず吾々ははっきりとプロレタリア教育を闘い取らねばならない事を確信する」とのべている。そこから次のような批判を展開している。

「『綴方は生活の表現である』に異存はない。だが『それは結局内なる生活を凝視してそこに流るる心の動きを、あるがままに言葉（文章）の形に於いて捉える事の謂に外ならない』とは一体いかなる意味であろうか。人間の生活に元来、内なる生活だの外なる生活だのが、二重に存在するのかしら」「自己の内なる心の動きを言葉の形で捕える――などというのは全く当世では綴方教育の一つのお伽噺だ」[19]

上田のマルクス主義理解は、「大人と子どもの共同戦線」といい、「人間の内なる心の動き」を否定する人間観といい、きわめて乱暴・粗雑なものであった。この上田の立論を俊太郎は、「自照文」から脱却したとはいえ、「内なる生活」を大切に考えてきた実践者としてどう読んだのであろうか。

峰地光重「文芸思想の鳥瞰と明日の綴方教育」（『綴方生活』三〇年七月号）は、プロレタリア文学と綴方の関係を次のようにとらえている。

「プロレタリア文学は、綴方教育に直ちにその影響を及ぼすものである。その影響は、綴方に於て、或意味に於て迎えていいと思う。児童の綴方製作の態度の上にも、取材の上にも明らかにプロレタリア文学は、綴方教育の内容を豊富にしてくれるものである。」さらに、峰地は「では綴方教育は、マルクス主義に看板をぬり替えなくてはならないだろうか」と問い、「マルクス主義に綴方は新しい部面を教えられることはよい。しかし根本的に看板を塗り替える必要は認めない。何故なれば綴方教育は児童を対象とするものであり、教育独自に立つものであるからである。」[20]

峰地においては、プロレタリア文学が綴方を豊かにしてくれると言いながらその具体的内容については述べられておらず、子どもを対象とする教育の独自性を守るという結論になっている。

俊太郎は、子どものプロレタリア意識を綴方実践でどう扱っていくかについての志垣、上田、峰地の立論を読んで、だれに一番近いと思っていたのだろうか。

『綴方生活』編集部は、三〇年七号で、作品に於けるプロレタリア意識を議論するための一つの提起として、編集部が書いた児童の作品「世の中」を載せて、その作品への批評をのせている。

世の中　　尋六　　女児

世の中は、次第に開けてきた　しかし世の中には、金持と貧乏人とあり、金持では、ぜいたくに暮らしても、金という物はなくならない。

今の世の中は、不景気でありながら、ぜいたくに暮らすとは、全くもったいないと思う。貧乏人ではいくら働いても働いても金という物は出て来ない。

働いて金が出なくて働かないでも金が出るとは、誰でも不思議に思いませんか、私は不思議でたまりません。金持ちでは、金という物で人を使う為に、其の家の人たちは皆くさぼになってしまう。学問する時でも、自分のおもうままに行くと思う。

プロレタリアでは、いくら学問をしようとしても、金がなくて学問が出来ない。

今の世の中は、学問の世の中である。此の言葉だってわかるが貧乏人等では、いくら学問をしたいと思っても、金がなくては出来ない。しかしその方面から考えれば貧乏人に生まれた方がいいと思う。

これは編集部が書いた作品である。それに対する編集部のコメントは、明快であり、ほっとさせられる。「こういう作品が、教師の示唆なしに出てくるだろうか。（略）これは先生が課題を出して、その課題の内容について何か言いきかせた後で作らせたものではないかと思う。僕は階級意識がこんな風に概念的に取り扱われる事に対しては余り賛意をもてない。子供が自分の生活なり環境なりから自然と一人でに発見した若しくは触発された具体的の問題について書いたものがほしいと思っている」[21]

編集部が「世の中」のような作品をつくって例として示し、それを概念的だと否定しなければいけなかったことは、逆に、この時期の教師の中での「子どものプロレタリア意識」の捉え方が、きわめて機械的なものに傾斜していたことを示している。

ここまで、プロレタリア意識とその表現に関する特集を紹介してきた。その特集を俊太郎はどう読んだのだろうか。その一つの判断材料として『綴方生活』三〇年七号の座談会「地方の新人に聴く」での俊太郎の発言に注目してみたい。

この座談会への出席のために、俊太郎は、三〇年五月二一日、東京高師国語協議会へ出席の為に上京中の若手一〇名が集まっている。

座談会の冒頭、志垣寛は、東京の「瀧の川の岡山君から出された、プロレタリア、イデオロギーの問題はここでもう少し話してもらったらいいではないかと思うのです」と切り出している。口火を切ったのは、山形・鶴岡校の工藤恒治である。「岡山君（岡山光雄）の受持ち児童が、次のような綴方を書いたことがあるそうです」と次の作品を紹介している。

隣りの新ちゃん

高一　木下正次

「やあ！　正！　買ってきたぞ」

隣の新ちゃんは、何か本を片手で高くさし上げながら向こうから帰ってきた。何だろうと、初めはわからなかったが、すぐ思い出した。それは新ちゃんのうちと、僕のうちは、壁一つの長屋だから、新ちゃんの工場が、休みの日なんぞ、朝から、安ヴァイオリンを、キイキイきかされて、僕のうちのものがみんな困ったので、此の前の休みの日の晩、僕が、さんざん新ちゃんを怒った。そしたら
「そうか、正！　その代り、こんどの給料日には、いい本を買ってきてやるからな」
うそだろうと思ってたのに、新ちゃんが本を買ってきて呉れたのでうれしかった、
「正！　お前達もこんな本をよまんとだめだぞ」
と言って、「少年戦旗」をくれた。僕はその晩、少年戦旗を読んだ。しまいには、大金持がにくくてにくくてならなかった。(22)

工藤は、続けて「こういう実際問題に出くわした場合、右のような、又はもっとこっぴどい作品をどう処置するかという現実問題ですね。これを逃避、回避するか、それとももっと進んで？」と発言している。「もっとこっぴどい作品」という表現には、「階級的意識がもっと鋭く現れている作品」という意味なのだろう。

工藤は、子どもの階級意識をどの部分に読んでいるのだろうか。前半の長屋の生活をかいているところか、それとも最後の部分「大金持ちがにくくてにくくてならなかった」の部分にだろうか。最後の部分であれば、作者は、「少年戦旗」の何をどのように読んで「大金持ちがにくくてにくくてたまらなかった」になったのかが少しも書いていない。

座談会では、その後に、士族と平民という話題が発言されたあと、俊太郎は次のように長い発言している。

「私も資料を提供しましょう。私は山形の近郊の者ですが、今ではその村は山形市に合併されることになっていますが、プロ・ブルの階級意識がよほど熾烈《しれつ》です。表面の表はれはないが随分ひどい。その原因は、製紙工場があるためだと思います。その工場の子どもの作品に、たとえば、山形の町に米を買いに行く、というのがあります。

六年の女子ですが、道々、活動写真の看板など見ながら、米を買って帰って来る。それが、一升、一升買って来るのですが、一升かかえてもってくる姿を途中で友達に逢って見られるのが非常に辛いという心持を書いたものでした。何かいわれはせぬかという心でたえずおづおづしているのです。

それでわざわざ裏道を通って帰るのですがそれをそうとは言わない。『途中でスキーを見ながらかえりました』というふうにごまかして書いているのです。意識的ではないが、そういう心持は自然にこの階級意識をして成長させてゆくものではないでしょうか[23]」

俊太郎は、「少年戦旗」を読んで「大金持ちがにくい」という表現に階級意識を見るというよりは、一升の米を求めるという生活の中に人に見られたらはずかしいという「辛いという心持」の問題を階級意識の萌芽として提起している。

これを読めば、俊太郎はこの時点（三〇年五月）では、上田や志垣やかれらに追随する工藤らの子どものプロレタリア意識の機械的な捉え方には否定的であったことがわかる。一升の米を求める「辛い生活」を恥ずかしいと思う「心持」に階級的意識の萌芽を見出している俊太郎には、「自己の内なる心の動きを言葉の形で捕える —— などというのは全く当世では綴方教育の一つのお伽噺だ」いう上田とは相容れない立場であった。

俊太郎が発言で「プロ・ブルの階級意識がよほど熾烈《しれつ》です」と当時のマルクス主義の用語をもちいたのは、この座談会が初めてである。

俊太郎は、『綴方生活』三〇年一二号に「環境と個性」書いている。そこで、俊太郎は、この一二月号の特集「農村と教育」がことさら農村の問題的な作品を（子どもの階級的意識）を取り上げようとしていることに次のような批判意識を述べている。

「社会の種々に対する批判や、叫びなどが文章の上に現れてくるのも、児童の諸能力が発達してきた場合、当然なことだとおもっています。農村問題にせよ、程度の進んだ児童が関心することはまた当然といわねばなりません。したがってそんなことが児童文にあらわれたとしても、眼を特に光らしたり、特殊な感情でその文を取り扱ったりするようなことはしたくありません。私は現在の教育の多くがそうした考えのものに児童文の認識をなそうとする態度に疑問を持っています。」（一―一九九）

俊太郎は、さらに続けて批判意識をのべている。

「意識的に教師がかかる文章を生ませるか否か――即ち生活態度を問題的な方向に導いていくか否かは問題であると考えています。」（一―一九九）

「社会の諸相が子どもの文章に表現されたとしたら、私たちは、ここをスタートとして、社会に対する眼を開かせてやるべきだと考えます」（一―二〇〇）

今日的な「農村問題」「社会問題」が表現にどう表れているかという視点から子どもの作品に注目していく風潮に疑問を投していた。そして、進むべき方向を次のように述べていた。

「私は高学年に於ける文章指導の方向として、外的な社会に目を向けさすことと同時に、内的な、心のうちを省する自然的方向にこそ進むべき態度ではなかろうかと思います。

（略）もっと沈黙的な姿で自分の心をみつめ、つつましい低い声で、われに向かってささやく真摯な声が欲しいと思う、（略）外に対するわれ、われをみつめるわれ、この二つの方向にこそ、児童文の、否われわれの進むべき文章道が開けているようにおもわれる」（一―二〇一、傍点筆者）

ここには、問題的な作品を求める風潮への一人の実践者としての批判が述べられていると同時に、自照文を提起していた時期のいい意味での発展的残滓を見ることが出来る。

俊太郎が、『綴方生活』誌の論議に大きな関心を持っていた時期に、一九三〇年二月二〇日、秋田では雑誌『北方教育』が創刊された。佐々木昂は、三〇年に秋田に帰郷（時期不明）、六月に代用教員となっている。佐々木は、『北方教育』の三号（三〇年五月）に「感覚形態」、四号（七月）に「感覚形態(二)」、同六月号（三〇年一二月）に「新興詩と童詩考」をたて続けに書いている。

俊太郎は、やがて北方のリアリズム論確立の作業で、この佐々木らの秋田の実践者たちとの交流がはじまっていく。そして、俊太郎は、三〇年一二月、再び、新綴方研究講習大会に参加している。俊太郎のプロレタリア意識への関心は、マルクス主義の本格的学習に向かうと同時に、その実践運動への参加に向かわせる。

〈注〉

（1）富原義徳『土の綴方』は、横須賀薫編『児童観の展開』（国土社、一九六九年）に所収。一四八頁）

（2）前掲書、一四九頁

（3）前掲書、一六〇～一六一頁

（4）「児童文の処理問題」では、推敲にかかわる俊太郎の見解が述べられている。

俊太郎は、「指導者の立場から見ると、批正ということはもっとも厄介視される仕事の一つである」とし、以下のように述べている。

「批正に於いてなすべき仕事は、この内省力を児童各自の胸に育てあげることである。したがって指導者は、この方向に向かって児童が働きかけるように、しかも児童の作品をこわさぬ程度になされるべきである。古い俳諧の宗匠たちの言う添削であっていけない。なんとなれば彼らは、いかに直せばにおいの高い作品になるかという考えのみにとらわれて作者そのものの創作力に対しては注意されなかった。したがって添削された作品は正しく指導者の作品のようになってしまう。児童文に於ける批正に於いても往々こうした方法がなされることを目撃するが、これはもっとも考えるべきことである。指導者はたんに児童に向かって反省の暗示を与えればよい。教師のもっとも主観的な仕事ではあるが、その主観が沈潜されて、児童の内省力を呼び起こさなければならぬ」（一一一九二）

批正は今日も推敲の問題として議論されている。ここで俊太郎が述べている「暗示」をどのように考えるか、また、「児童の内省力」をどう捉えるかは議論のあるところであろう。

（5）『綴方生活』創刊号、一九二九年一〇月

創刊号には、当時のそうそうたるメンバーが執筆している。

児童文のもつ研究問題的意味について　千葉春雄
綴文欲求の発生とその指導　野村芳兵衛
綴方に於ける動物描写の意味とその取扱　峰地光重
童謡から自由詩へ　自由詩から詩への発展　門脇英鎮
教師の降伏状としての綴方―生活悪導論―　上田庄三郎
作品に表れたる現代綴方の功罪　小砂丘忠義

（6）『綴方生活』復刻版全15巻月報No.1」、一七頁
（7）『綴方生活』創刊号一九二九年一〇月、四一頁
（8）同前

（9）『綴方生活』創刊号一九二九年一〇月、四八頁
（10）『綴方生活』復刻版月報№２で、太郎良信は、この大会が綴方の担い手が権威のあった高等師範の訓導から現場教師への移行の契機になったところに特徴を見出している。その例として、千葉春雄が、翌年春に講師訓導をやめて『教育・国語教育』の主宰者として再出発する動機のひとつになったと論じている。そして、太郎良は、千葉の感想を紹介している。
「綴方講習会で話しながら感じたことだが、『綴方生活』を中心にして集まった人々と僕等の講義内容とには大分距離があったようだ。あの人達はたしかに新しい時代の人々だ。僕等の話を熱心に聴いてはいるが、それは努めて聴いているだけで、そこに聴くものの悩み、物足りなさが見てとられた。要するに僕等はあの人々から見れば、一歩旧い道を歩いているものだ。」

千葉は、さらに「僕がその人たちが綴方教育の新しい学説を持っているから恐れるのではない。あの人達の群の裡に漂うている新興の精神をおそれる。（略）あの人達の憧れているのは、経済学的詩の世界だ」とのべている。

太郎良は、『綴方生活』の生活重視の呼びかけ、すなわち「生活綴方教育の旗印が予測を上まわる速度で、参加した現場教師たちから受けとめられ」、今後の方向としては「『階級意識』の問題をふくめて『生活重視』の具体的・実践的な内容の探求へと進んでいくことになるであろう」と解説している。
（11）海老原治善『現代日本教育実践史（上）』（三一書房、一九六七年）四一五～四一六頁参照
（12）三上寿夫「綴方教師の悩み」（『綴方生活』一九三〇年、四号、二四〇頁）
（13）前掲三上論文、二四四頁
（14）『綴方生活』一九三〇年、三月号、二三頁
（15）『綴方生活』一九三〇年三月号、四五～四六頁

(16)『綴方生活』一九三〇年七月号、五頁
(17)『綴方生活』一九三〇年七月号、九～一〇頁
(18)同前、二七頁
(19)『綴方生活』三〇年一〇月号、一二～一六頁
(20)『綴方生活』三〇年七月号、四二～四四頁
(21)『綴方生活』一九三〇年七月号、二九頁
(22)『綴方生活』三〇年七号、三五頁
(23)『綴方生活』三〇年七号、三七頁

第二章　非合法教育労働運動への参加と弾圧

山形県教育労働組合ニュース　第一号

はじめに

俊太郎は、一九三〇年、山形高等学校の社会科学研究会や「共青」(共産青年同盟)の活動に関係を持ちはじめる。時期と内容は定かではない。さらに山形県の教育労働運動(組合)の組織準備に加わる。この時期に、三〇年九月、新興教育研究所の機関誌『新興教育』が創刊されている。俊太郎は、その雑誌から世界や日本の資本主義の現状、世界の帝国主義戦争反対の動向、当時のプロレタリア教育の理論、革命後のソビエトの情報など多くのことを学んでいる。

はっきりしていることは、三一年一一月七日、山形県教育労働組合が結成されていることである。一年後、俊太郎は、荒木ひでへの手紙の中で(一九三二年一一月七日)、次のように語っている。

「今夜は(ああ幾多の闘志の血は燃えているだろう)ロシア革命記念日!(略)ロシアにおけるプロレタリアートの勝利によるソビエト建設の輝かしい一五周年記念日にあたっているということだ。去年のこの夜、私たち同志数名は××市の×所に会合をもって『全協一般使用人組合教育労働部山形支部』を設置したのであった。それからわずか四ヶ月の月日は、私をどんなに成長させてくれたか。教員生活権擁護と新興教育の建設的努力に熱中した。私は、主としてプロレタリア教育理論と実際方面を進めて努力した」(一—二八五)

俊太郎は、三二年三月に山形県教育労働組合結成の理由で検挙、同年九月に免職となっている。一九二八年(昭和三年)三月に師範学校専攻科を修了して、同年四月より二三歳で山形師範学校代用付属東沢尋常小学校(山形市)に勤務しはじめてからわずか四年であった。俊太郎、二六歳の春だった。

俊太郎は、職を失い、山口村原崎（現天童市）の実家に身を寄せる。一九三三年一月「日刊山形」新聞の記者の職を得て、同年四月に荒木ひでと結婚している。

引用した荒木ひでへの手紙の中で、「わずか四ヶ月の月日は、私をどんなに成長させてくれたか」「教員生活権擁護と新興教育の建設的努力に熱中した」（傍点筆者）と述べていることが、検挙後、教職を追放になったあとにのべられたものであることに注目したい。撤退の意識はみられない。俊太郎にとってこの時期の「成長」とはどのようなものであったか。そして、「熱中した」活動と学習の中味は何であったのか。若き俊太郎は、非合法の教労運動にどのような決意で参加していったのだろうか。

俊太郎の教労・新教運動への参加は、マルクス主義を自己の世界観の問題、教育実践上の理論問題とするだけでなく、社会と政治の変革をめざす実践運動への参加を意味していた。とりわけ、山形県の教労組織への参加は、俊太郎にとっては大きな転換であった。

俊太郎のこれまでの研究では、生活綴方実践家、理論家としての仕事の分析・評価に力点が置かれ、彼が、非合法の教員組合の結成・組織化に参加していったことが、どのような内的動機によるものなのか、そのことが彼の世界観や実践理論を大きく転換させていったという躍動的（ダイナミック）な捉え方がされてきたわけではない。むしろ、教労・新教運動は、生活綴方運動と比較され、教条主義的な教労・新教の否定的総括のもとに生活綴方運動があったという図式によって総括されてきた。この図式的捉え方をも検討していきたい。

1 山形「教労」組織への参加

(1) 日本の教育労働運動の夜明け

日本の教師たちの労働組合運動の出発は、一九一九年、下中弥三郎が主宰した「日本教員組合啓明会」の結成にあるとされている。啓明会は、「われらは真人間の生活を基調とする社会生活の実現を期す」を旗印に、一九二〇年の第一回メーデーに参加、一時期千数百名の会員をもっていた。啓明会は、「自由主義的思想をもった教員の同志的な結合にすぎなかったために、昭和年代にはいってからは、何ら自主的運動をすることなく自然消滅した。(1)」

一九二七年三月、金融恐慌が勃発、引き続き世界経済恐慌がおこった。日本の各地で大量馘首、工場閉鎖、賃下げが行われ、大量の失業者を生み出した。この経済恐慌は農村をも襲い、農産物価格が下落し、農民の窮乏化が進行した。この恐慌は、地方財政を危機に陥らせた。教員の減俸、初任給の引き下げ、昇給の停止、俸給の不払い、教員・女教員の馘首、が全国で起こった。増淵は次のように書いている。

「特に教員給の減俸、不払いは農業不況と直接的関連のある地方農村において甚だしく、教員の生活は暗たんたるものであった。(略)農村の教員給不払いは一般的現象で二、三ヶ月の不払い、支給のおくれはあたりまえとされた。(略)東京付近の農村でさえ、当時筆者は市外の某村に在籍していたが、わずか六〇円の俸給をその月のうちに満足に貰えたことはほとんどない。村の金庫は常にからっぽであったので、校長は度々村の有力者で高利貸であった某から借金して二〇円、三〇円とわれわれに支給した(2)」

一九二八〜二九年　労働運動の急速な成長によって、教員の自主的な組合結成の動きが全国にひろがった。二八年秋頃「教育文芸家協会」が結成される。二九年五月ごろ「教文協会」と改組、さらに、二九年一〇月、東京に「小学校教員連盟」が結成されたが、一二月には幹部の一斉検挙があり職場を追われ、三〇年五月に解散させられた。

「教文協会」と「小学校教員連盟」は、「教育労働者インターナショナル（略称エドキンテルン）」に加盟していた。日本の教育労働者の事情が国際的に紹介されるようになった。

日本では、一九二五年、治安維持法が普通選挙法といっしょに制定されている。

教育労働運動が本格的に始動し始めたこの時期、すでに時代は治安維持法下の弾圧が吹き荒れていた。共産党員一六〇〇名が検挙された二八年の三・一五事件、さらに二九年にも共産党への弾圧（四・一六事件）があった。あらゆる文化団体、市民組織にも監視の目が強まり、弾圧が加えられる時代となっていた。共産党や自由主義者への治安維持法による弾圧は過酷を極めていた。(3)

一九三一年九月一八日、関東軍参謀は特務機関に命じて奉天郊外柳条溝の満州鉄道線路を爆破した。その事件を中国軍の謀略として、関東軍は中国の各都市への攻撃をすすめた。有名な「柳条溝事件」である。そして、三二年三月一日には関東軍によって「満州国」がねつ造されたのである。中国侵略戦争の本格的開始とその軍部と一体化した軍国主義的政治は、治安維持法をかさに国民の良心を弾圧していった。

こうした弾圧が繰り返されていたきびしい情勢のなかで、三〇年五月二五日全日本教員組合準備会が結成、全国に宣伝活動が展開された。その結成趣旨には、失業者は三五万人にたっし、三〇年三月だけで、淘汰された小学校教員は一万五千におよんでいる現実を前に、教員組合への決起が呼びかけられていた。しかし、準備会は、相次ぐ弾圧に一ヶ月余をもって解散することとなる。

三〇年八月、全日本教員組合準備会の流れをくむ日本教育労働者組合準備会がたちあげられて、一一月に日本教育労働者組合（略称「教労」）が結成された。非合法組織であった。日本教育労働者組合は、その後、日本労働組合全国協議会（全協）の指導下にはいり、全協・日本一般使用人組合教育労働部に発展的に改組していく。しかし、三一年、三二年に相次ぎ弾圧を受け三四年には組織はほとんど解体された。

この組合としての教労と切っても切れない関係にあったのが新興教育研究所である。増淵は、新興教育研究所の創設にかかわって、次のように証言している。

「『教労』は、教育労働者の経済的、社会的地位の改善と向上のための闘争をその直接の目的とするものであるが、その綱領にもかかげているように、資本主義的・反動的教育文化に対する闘争が特に重要な使命としてとりあげられねばならんとし、またその教育闘争の主力とならなければならない。しかし、その闘争をより効果的におこなうためには、その新しいプロレタリア教育を建設するためには、いちおう『教労』とは別に教育研究組織をつくるべきであるということが、『教労』の内外で真剣にとりあげられ、一九三〇（昭和五）年八月一九日、（略）創設宣言を発表して『新興教育研究所』（略称『新教』）が創立された（4）」

これによると、結成時期が「教労」が三一年一一月で、「新教」が八月なので、「新教」がつくられて、その後で「教労」がつくられたことになるが、あくまでも非合法組織としての「教労」が先であり、「教労」のもう一つの目的である、「国際的プロレタリア科学の鎖の一環としての新興教育の科学的建設」を理論的・実践的に探求する合法的研究団体として新興教育研究所はつくられ、その機関誌として『新興教育』が九月に発刊されたのである。こうした経緯から、これまで通例「新教・教労運動」と呼ばれてきたものを、本書では、「教労・新教運動」と改めて用いていきたい。

一九三一年一〇月一二日、新興教育研究所の第二回総会が開かれたが、その時の様子を井野川潔は次のように回想している。

「総会の責任者（届出名義人）の野上荘吉が、開会のあいさつに立った。
『本日は警官の重囲のなかで・・・・』
といいかけると、間髪を入れず錦町署長が
『中止！　解散！』である。（中略）
『これから、名前をよばれた人はこちらへ』
と錦町署長が紙片の人名をよみあげる。(5)」

その場から数名が検挙され錦町署に留置されている。今日から考えると信じがたいような状況の下で教労・新教運動は展開されていたのである。

(2) 俊太郎の決断　——山形県における教労の組織化——

俊太郎が山形県における教労の組織化にどのようにかかわったのか、その歴史検証は必ずしも十分になされてきたわけではない。

俊太郎は、一九二八年（昭和三年）専攻科を卒業すると、代用付属校東沢小学校に赴任した。その八月頃から旧制山形高校社会科学研究会と接触して社会科学を学び、労働運動に眼をひらいていった。

俊太郎は、戦後、一九四七〜四八年に書いた「山形県教育労働者組合について　——　本県民主教育運動小史　——　」（以下「小史」とする）(6)のなかで、「なぜ教労組合がつくられたか」を「本県教員の生活状態」から説き起こし、山形の教師たちの窮乏化と教学体制の軍国主義的反動化にふれている。

「教師たちは、村のなかで下宿代をためて追い出され、米や野菜を商人から買えないで父兄から借りて食い、教員はまったく厄介者扱いを受けた。（略）しかし、政府の教学体制の進行はいっそう教師に勤務条件を強化し、生活条件の低下と重なり合って教師の体位低下があらわれて来た」（三一－三六三）

このようななかで、かつて教員は聖職とされ、従順主義をつぎ込まれていた現状の打破には、教員の組織的闘いが不可欠と認識されていったのである。加えて、教育体制が「皇国の道こそが絶対普遍の教育道であるという翼賛教学体制」になっていく流れが、山形県でも進められていく中、「大正末期から昭和初年へかけての自由思想の影響を受けた青年教師たちは、自然発生的な反抗をみせ、なかには農民運動のなかに投じたり、山高学生運動に歩調を合わせたりして教学教育への批判者となり、教労組合結成の中心メンバーとなった」（三一－三六四）

学校のなかでのきびしい監視体制の例として、俊太郎は自分が体験した年賀状事件を紹介している。「昭和四年頃友人への年賀状のなかに『教育労働者』という言葉を使ったところ、当時特高化して郵便物の検閲までしていた校長は、視学に通告し、視学は師範学校に処置を通知した（当時筆者は兼任師範学校訓導）。老校長は筆者を校長室に呼び出し、依願退職を書けと強要したが、筆者は論争の結果拒否したのでこの闘争は筆者の勝利となった」（三一－三六四）

年賀状事件は、当時の「教師生活への野ばんな圧迫」、監視の厳しさを伝えている。

教員の生活の困難、学校体制の軍国主義的反動化、そして、校長が年賀状の検閲までやり、年賀状に教育労働者のことばがあった理由で依願退職を書けと強要する教師生活への監視の強化などに対して、俊太郎は、教員の組織的闘いに参加していくことの必要性を感じていったのだろう。

しかし、俊太郎が教労・新教へ参加していったのは、教師を窮乏化から救い出すためだけでなく、教育実践と実践理論の革新を目指し、マルクス主義的教育を単に学習するだけでもなく、実践に移していくためであったのだろう。教育労働者組合の結成に加わることは、かれにとっての人間解放と社会変革のための非合法活動への参加を意味していた。

山形県の教労運動についての研究は、戦後手がけられた。最初の研究成果は、山形県共同研究者集団『北方性教育運動の展開』（国民教育研究所、一九六二年）である。しかし、この研究は、後でくわしく触れるが、教労・新教運動を具体的実証研究をしないままに「公式主義的・政治主義的運動」として否定するものであった。その歴史評価への批判的見解を受けて、山形県国民教育研究所と山形教組は、一九六九年五月に、教労・新教関係者から聞き取りを行っている。その調査と個人的な研究を続けて書かれた労作が、西塔辰雄「山形県における教労新教運動から北方性教育運動へ――村山俊太郎を中心に――」である。田中新治は、山形民研の調査をもとにして、一九七六年になって『教育運動史考』（山形県国民教育研究所）をまとめている。しかし、田中論文の山形県の教労・新教運動に関する内容は、西塔の前記論文から、事実や歴史評価を引用なしに書き写している部分が多く、厳密に言えば剽窃論文である。(7)

組合結成をめざす準備会（三一年春～一〇月）

山形県の教労組織化の経緯を見ていこう。その全体の動きの中で俊太郎がどのように参加していたのかも見えてくるだろう。山形における教員組合結成への出発点は、山高生森次郎を介して、武田竹男と村山俊太郎との出会いにあるとされている。

南置賜郡の教師、武田竹男は師範学校在学中から左翼思想に関心を持ち、『無産者新聞』等を読んでいた。かれは、地域に農民組合をつくる活動をしており、当時の農民運動の指導者であった佐久間次郎と出会い、労農同盟のためには、教員の組合を結成する必要性を確認し、山高生で無産者青年同盟の同志でもあった森との連絡をとったとされている。

「警察資料」(8)では、森次郎は、三一年の検挙時、山形高校文甲三年在学とされ、共青山形高校細胞キャップとされる人物である。森は、当時農民組合の指導者であった佐久間次郎を介して、武田竹男とつながる。「武田は、森の案内で村山俊太郎を勤務校の山形第六小学校（現第八小）職員室に訪ねて、夜遅くまで三人で、教員組合結成について話し合った」(9)

この証言は、先の「聞き取り調査」に武田も出席しており、信ぴょう性が高いと判断される。さらに、森は、柏倉門伝の教員、高橋幸蔵を村山俊太郎に紹介している。そこから山形市西部の柏倉門伝のグループとの結びつきができていった。

その間の事情を俊太郎は、「小史」のなかで次のように書いている。

「昭和六年の早春、山高学生組織を仲だちにしてまず柏倉門伝の高橋幸三と小白川の筆者が教育労働組合結成のために結びついた。両者の会合は山高生の指導者一名を加えて筆者宅において行われた」（三―三六七）

俊太郎は、その会議で確認された基本方向を次のように記憶している。

「一、本県下の教師生活の窮乏化進行の実態の報告
一、本県下教育の封建的反動化の具体的話し合い
一、この反動教育や窮乏教師生活を解放するために教育労働組合を結成する。
一、そのための準備会結成のための同志を糾合する」（三―三六七）

この四つのスローガンは、推測するに俊太郎の記憶であり、裏付けられるノートや資料はなかったと思われる。いずれにせよ、俊太郎によれば、山形県における教育労働組合組織化の動きは、三一年早春以降であり、山高生、森次郎を介して県下各地の友人と連絡を取り合って、賛同者を増やし準備は進められた。正式に準備会と名をうってのあつまりが八月にもたれ、八月以降、数回の準備会が持たれたとされている。山形教組と民研の「聞き取り調査」では、記憶をつなぐと、山形市内の「肴町いも屋」の

裏の物置小屋、山形市の東側を流れる馬見ヶ崎川のそばの標高四〇〇メートルある盃山の平地、俊太郎の下宿などで準備会がもたれた。

結成大会と組合活動

結成大会は一九三一年一一月七日、ロシア革命記念日である。場所は山形市本町のそば屋「玉屋」の二階である。集まったのは、武田竹男、高橋幸三、村山俊太郎、柴田秀蔵、高橋卯門、角田文平と山高生森の七名であった。

結成大会に提案する運動方針は山高生の森が草案してきた。それをめぐって二つ論争点が武田と森の間で激論されたという。

ひとつは、結成大会を一一月七日となぜ急ぐのかということである。ロシア革命記念日ということで妥協された。

もう一つは、「教育労働についての相違だった。森の見解では教育に対する考えの不十分さから、教育労働の特殊性を認めようとしないのだった」[10]

武田は教育労働の特殊性・専門性を強調して激論になったが、結局、森の草案を半分書きかえて、大会に提案することでおさまった。大会に提起された草案がどのような内容であったのかは確かめようがない。その内容は、その後、俊太郎宅で見つかった「山形県教育労働組合ニュース　第一号」（B四版二枚、裏表四頁　三一年一二月三〇日）で読むことができる。

「教育労働者諸君‼

この奴レイ状態が続けば一体我々はどうなるのだ。餓死か、ヘナヘナ人間に決まっている。奴レイとしての存在がより一層徹底するより外にない。腐敗した教育制度、天国的な假空な現実逃避の教育理論がより一層腐敗し假空になって行くより外に路はない。劣等児、困窮児は益々量的に質的に倍加する。如何に劣等児救済教育を施すとも、それは胃癌にアンマ膏だ。

この吾等小学校教育に対するかかる飽くなき経済的迫害、政治的束縛から吾々を解放し、行きづまれる腐敗したブルジョア教育を撲滅し輝かしき科学的プロレタリア教育制度並びに理論の建設を完成する唯一の最後の武器　それは団結である。」

スローガンは次のようなものであった。

「・ニュース発行万歳！
・一切の経済的圧迫絶対反対！
・一切の政治的ヨク圧絶対反対！
・資本家地主擁護の為の一切の反動教育絶対反対！
・プロレタリア教育の建設万歳！
・国内教育労働者組合運動の戦線統一万歳！
・国際教育労働者組合運動の戦線統一万歳！
・教育労働者組合運動の自由を闘いとれ！
・革命的労働者農民と教育労働者の同盟万歳！
・帝国主義戦争絶対反対！
・全県全国の教育労働者団結せよ！」(11)

組合の組織と人事は、以下のようであった。

全協・一般教育労働部・山形県支部
　常任執行委員会
　　常任執行委員長　　　武田竹男
　　執行委員　　　　　　柴田秀雄、太田五郎、高橋幸蔵。村山俊太郎
　　常任執行委員会書記局　高橋幸蔵（財政部を兼任）

県内を置賜、村山（この村山は地区名）、最上、庄内の四地区にわけて責任者をおく。

こうして山形県における教員組合は、七名の大会参加者により産声を上げたのである。結成大会後、三二年一月、角田文平は全協と連絡をつけるために上京し、連絡をつけている。組合の名称は、全協日本一般使用人組合教育労働部山形県支部（教労山形）となる。

結成された山形教労が、どのような活動をおこなったのかは、あまり伝えられていない。組合の「ニュース」は、二号が三二年一月二日に、三号が二月二一日に出されたとされているが、現物は発見されていない。俊太郎は、一般教員向けの「パンフレット」の編集企画に参加し、プロレタリア教育建設のための理論と教育方法について書いたとされている。しかし、このパンフレットは完成前に全員が検挙されてしまう。

先に紹介した「ニュース一号」は、「各地情勢」を伝えている。

「中央区○○を中心として最も活発なる組織活動が行われている。組織の拡大強化が目下の最務であるが吾々の具体的実践と如何に結合されるか組織を通して如何に実践闘争が戦はれ又実践闘争を通じて如何に未組織を組織することが大きな問題だ」

「○○班　まだ一名だが、がりがりやる。『一名が一名を二名が二名のスローガン』『いつでも他の連中と密着していなければならぬ。浮んでは駄目だ。スキー、カルタ、将棋、何でも連中と行動を同じにし

て行く事だ。そして極自然にジワリジワリとアジプロし啓蒙し、こちらの陣営に引っ張って来ることに努力をする」

「ニュース」で紹介している組合員は、一一二名だが、未確定で警察資料による人数よりも多い。『新興教育』三一年二月号に、山野緑「山形県より——新教読者会がこうしてできた」の投稿文が掲載されている。そこでは、S教師が一二人の小さい学校で、五人で雑誌『新興教育』の読者会を組織したことが報告されている。職場で地道に読者を拡大し、読者会を組織している様子がリアルに報告されている。(12)

『新興教育』創刊号の編集後記には、次のような呼びかけがある。

「親愛なる教育労働者諸君！（略）われわれの日常闘争の中心が学校である限り、われわれの職場を離れてはわれわれの運動は絶対に無力である。空虚なる革命的言辞を弄してその職場を失ってはならない。最後まで団結の力で職場に踏み止まれ！　これはわれわれの鉄則だ。そこからわれわれの戦術を闘い取れ！」(13)

この創刊号の呼びかけ、とりわけ「職場を離れてはわれわれは絶対に無力である」「職場を失ってはならない」「職場に踏み止まれ」は、俊太郎のその後の苦難の教師生活の大切な指針になっていったのではないだろうか。

(3) 俊太郎が非合法活動に参加した背景と理由

「赤い鳥」や雨情の童謡にあこがれ、自照文的綴方を探求していた俊太郎が『綴方生活』とそこのリーダーたちとの交流をへて、階級意識にめざめていったとはいえ、なぜ非合法の教労組織に主体的に参加していったのか。俊太郎の教労・新教運動への参加は、マルクス主義を自己の世界観としていった問題、教育実践上の理論問題とするだけでなく、社会と政治の変革をめざす実践運動への参加を意味していた。俊太郎にとっては大きな転換であった。

俊太郎のこれまでの研究では、生活綴方実践家、理論家としての仕事に力点が置かれ、彼が師範学校卒業後に山形高校の社研とつながりを持ち始め、学習会に参加し、一九三一年春以降に非合法の教員組合の結成・組織化に積極的に参加していったことはあまり注目されてこなかった。俊太郎が躊躇もしたであろう非合法の実践運動に参加することが、自己の世界観を大きく転換させ、教育実践や教育理論にも大きな可能性を切り開いていくことを喜びとしたであろうという力動的な捉え方がされてきたわけではない。一部の論者は、非合法的労働運動への参加と教育実践とを対立的にとらえて俊太郎を論じている。若き俊太郎は、非合法の教労運動にどのような決意で参加し、また、雑誌『新興教育』をどのような思いで読みこんでいったのだろうか。

山形高校社研部との接近、マルクス主義文献の学習

俊太郎の思想転換に大きな影響を与えたのは、山形高校の社研部との接触や山形の農民運動の高揚であった。戦後書かれた「小史」では、俊太郎と山高社研部との出会いが「社会科学を身につけ労働運動への眼をひらいた」と山高社研部との関係について語っている。

「山高学生運動と青年運動に刺激されて柏倉門伝（現山形市――筆者）を中心に、高橋幸三、西村力弥、高橋卯門らのメンバーが育った。これらの青年教師たちは、農村における農民組織、青年組織と密接なつながりをもちながら、農村の反動教育への闘争意欲をかきたてていた。

これとは別に、昭和三年、小白川の師範代用付属に赴任した筆者（俊太郎）は、その夏頃から山高社会科学研究会に結びつき、社会科学を身につけて労働運動への眼を開いた。」（三―三六七）

これによれば、山形市の西部で農民運動にかかわっていた柏倉門伝グループがあり、俊太郎はこのグループとは別であり、旧市内で山形高校に隣接した東部の小白川の学校に勤務しており、山形高等学校の社研部に直接結びつき、学習会などに参加していたと推測される。

いずれにせよ、三〇年にはいると俊太郎は猛烈な勢いでマルクス主義文献の学習に向かっていったと思われる。その革命理論の実践的活動として山高の社研運動をつながりをもち、「共青」運動にも協力していった。

国際的教員・教育運動の世界

俊太郎が非合法活動へ参加していったもう一つの契機は、国際的な教育労働運動の発展を知ったことにある。当時のマルクス主義文献などをとおして、世界では帝国主義戦争反対の声があがっていること、そして、ロシア革命後のソビエトの社会改革や教育改革に目をひらいていった。若き俊太郎には激動する日本と世界のなかで教師の窮乏化や教育の反動化を阻止するという理由からだけでなく、日本の社会変革をめざす革命的運動に仲間と共に自分の力を投入していこうとする決断があったのだろう。

俊太郎は、マルクス主義教育の学習を精力的にすすめていく。その学習を推進してくれたのは、新興教育研究所から発行された雑誌『新興教育』や次々と出版されるいわゆるマルクス主義の教育関係文献であった。

『新興教育』創刊号の巻頭には、「新興教育研究所創立宣言」（以下「宣言」とする）が載っている。そこでは、「国際的プロレタリア科学の鎖の一環としての新興教育の科学的建設」を呼びかけると共に、組合運動を次のように規定していた。

「社会生活に対して政治が支配的である限り、教育の目指す人間的解放は、政治的自由の獲得なしには、幻想以外の何物でもあり得ない。組織には組織をもってする教育者の政治的実践の現実形態は××（革命——筆者）的教育労働者の団結に依る教育労働者組合運動でなければならない[14]」

俊太郎は、教育労働者の組合運動を「××（革命——筆者）的教育労働者」の「政治的実践」と受け止めていったのだろう。『新興教育』創刊号の巻頭論文、山下徳治「新興教育の建設へ——教育者の政治的疎外——」は、教員の生活の困難や農村に於ける争議の増加にふれながら、その解決のためには、政治的自由の獲得が必要であることを説く。

「吾々の使命は大衆の人間的解放の実践にあることを忘れてはならない。併《しか》し人間的解放の実践は、（略）ただ歴史的範疇としての政治的自由の獲得に依ってのみ具体的となる[15]。」

ここでも教育労働者の使命である「人間解放の実践」が、政治的自由の獲得によってのみ現実となるのであり、政治的実践にならざるを得ないことが語られている。

山下論文は続けて次のように展開している。

「吾々の政治的実践の現実形態は、直接生産労働に従事する労働者、農民を主体とするプロレタリア運動の同一陣営内に於ける一翼としての教育労働者組合の結成である」「教育労働者組合の結成は、×××××（ブルジョア——筆者）階級の反動教育に対する階級闘争の唯一の武器である。『すべての階級闘争は政治闘争である』とはマルクスの基本命題である[16]」

さらに俊太郎は、この雑誌の中で世界の教員組合運動、エドキンテルン（教育インターナショナル）の理念と活動に出会ったものと思われる。

『新興教育』創刊号には、「教育労働者インターナショナル規約」も収録されている。

「規約」四条には「ただ社会××（変革——筆者）のみが、自由なる学校、自由なる教育家を創り出すことを得、同時に労働大衆を解放する能力を持っているのである」と規定され、五条では「かくの如く、教育労働者の物質及び精神的待遇の改善のための闘争は、（略）唯だ組織された労働者階級との協力による、社会の××のための積極的闘争の形態に於いてのみ有効である。[17]」

『新興教育』の諸論文は、当時の政治闘争の未成熟さを反映して、教育労働者の組合運動と政治的実践が機械的に結びつけられているが、俊太郎は、このようなメッセージから教育実践の社会的意味を読み取り、社会変革と人間解放のための政治的実践への参加を決断していったのだろう。

ここで、俊太郎等青年教師たちのいきいきとした雰囲気を伝えるエピソードを紹介しておきたい。当時、教労に結集した俊太郎をはじめ山形の教員たちは、エドキンテルンから一九二八年一一月にだされた長文の反戦テーゼ「新帝国主義の脅威に抗争せよ」に感動している。俊太郎は、エドキンテルンの一九二八年大会で採択された長文の反戦テーゼ「新帝国主義の脅威に抗争せよ」を読んだ時の感動を「わたくしは、このテーゼを当時山高社会科学研究会でよみ、大いに共鳴したものであった。」とし、さらに、アナトール・フランスやアプトン・シンクレアのメッセージに感動し「当時のわたくしたちの心をつよくとらえ、よく同志の会合などで、唇にのぼり、合言葉のように叫んだりしたものだった」と書いている。（三一―三六五～三六六）

俊太郎が「小史」のなかで紹介しているアナトール・フランスとアプトン・シンクレアの言葉は、次のようなものである。

「焼きつくせ！　焼きつくせ！　憎悪を教えるすべての書物を焼きつくせ！　そして若い魂に、世界の平和と人類の共同精神を生みだすための理想の種を播け」（アナトール・フランス）

「教員は労働者だ、有用な労働者だ、世界の教育労働者よ、団結せよ。それによって諸君の失うものは、諸君の鉄鎖以外の何物もないのだ」（アプトン・シンクレア）

これを「合い言葉のように叫んでいた」という当時の若き青年教師たちの心意気が伝わってくるようである。俊太郎は、戦後、戦前の資料がないままに「小史」を書いていたとおもわれる。一九三〇年に読んだアナトール・フランスとアプトン・シンクレアの言葉を一七年ほどたった一九四七年にも一部抜けているとはいえ、記憶していたということは、それほど青春時代に強烈に記憶にとどめた感動であったと思われるのである。[18]

俊太郎は、反戦平和を呼びかけたエドキンテルン総務局「新帝国主義戦争の脅威に抗争せよ!」「大いにに共鳴した」と記している。[19] それまで、教室での実践をどう発展させるべきかを中心に教師の仕事を考えてきた俊太郎にとって、世界の教育労働者からの反戦平和の呼びかけは、新たな教師への目覚めを呼び起こすものであったのではないだろうか。

製紙工場の女工たちへの地域活動

二八年に師範学校の専攻科を卒業し勤務した付属東沢小の地域には、大きな長谷川製糸工場があった。そこで働く女工たちへは、山高社研の学生が働きかけていた。その活動に俊太郎も参加していた。石島庸男は、当時の活動した人たちからの聞き取りから俊太郎の活動を掘り起こしている。

「教室では地域の行事や風土文物を教材にし、米の原価や（自家労賃）の算定を宿題にしたり、青年学校でも、（略）修身は教科書を使わずに講談のようで親しみやすくおもしろかった。早朝の軍教（軍事教練――筆者）のサボタージュ事件も先生の影響もあったと思う。口語短歌集を青年たちと出したり、父兄も加わった学校文集もつくったりした。[20]」

地域の活動についても、当時の活動した人たちからつぎのような聞き取りをしている。

「製紙工場のへの工作は、まず、社研学生さんが女工さんがよく買い食いする店のちかくをうろろし、知り合いになって、(略)知り合いになったところで日曜にピクニックにさそい、いろいろ話していくうちに会社への不満や要求などを聞いたり、学校の先生=村山俊太郎を使って綴方教室を計画したり、『握手』という通信をつくって渡した」[21]

この時期、山形高校社研や農民組合の組織で活動をしていた伊藤てるは、長谷川製糸工場の女工たちのなかで、俊太郎の教え子と知り合い、もう一人の教え子の友人をさそって「綴方をつくる会」を作ったが、「一回はガリ刷りでやってみました。しかし続きません」と回想している。[22]

伊藤は、当時の非合法活動をふりかえり、そのきびしさを次のようにかたっている。

「非合法の中での運動はきびしいものです。なにかすればすぐにつかまる時代でした。私も何回となく検束されましたが、それでも私の場合は未成年者でもあるし、二日か三日でいつも釈放されていました。おそらく大した任務に就いていないと見ていたにちがいありません。何かやっていると、これがかぎつけられ、すぐにつかまるという時代でした。捕まっても芽は絶えることはなかったと思います。

演劇サークルなどは堂どうと宣伝してやっていたものです。七日町の昔の『蛇の目寿し』の二階を借りてゴーリキーの『ドン底』や『シプレシュール』をよくやったりすると観客よりも私服警官が多く、よく中止させられたものです。つぶされてもつぶされても又続ける情熱がありました」[23]

俊太郎の地域活動は、伊藤が語っている非合法活動のなかで展開されていたのである。

〈注〉

(1) 増淵穣『日本教育労働運動小史』新樹出版、一九七二年、一一頁

(2) 増淵　前掲書、二〇～二一

(3) 治安維持法は一九二五年四月二二日に成立している。二五年の治安維持法の規定では「国体ヲ変

革シ又ハ私有財産制度ヲ否認スルコトヲ目的トシテ結社ヲ組織シ又ハ情ヲ知リテ之ニ加入シタル者ハ十年以下ノ懲役又ハ禁錮ニ処ス」を主な内容とした。過激社会運動取締法案にあった「宣伝」への罰則は削除された。

同法は、二八年に改正された。その主な改正点は、

①「国体変革」への厳罰化であった。

二五年法の構成要件を「国体変革」と「私有財産制度の否認」に分離し、前者に対して「国体ヲ変革スルコトヲ目的トシテ結社ヲ組織シタル者又ハ結社ノ役員其ノ他指導者タル任務ニ従事シタル者ハ死刑又ハ無期若ハ五年以上ノ懲役若ハ禁錮」として最高刑を死刑としたこと。

②「為ニスル行為」の禁止である。

「結社ノ目的遂行ノ為ニスル行為ヲ為シタル者ハ二年以上ノ有期ノ懲役又ハ禁錮ニ処ス」として、「結社の目的遂行の為にする行為」を結社に実際に加入した者と同等の処罰をもって罰するとした。

共産党への弾圧は過酷であった。一九二八年三月一五日（三・一五事件）日本共産党とその周辺の人々への大量検挙（四八八人起訴）。一九二九年四月一六日（四・一六事件）三・一五事件を免れたものの検挙（三三九人起訴）。三〇年二月二六日にも共産党への大検挙。（検挙者一五〇〇人、うち四六一人が起訴）。弾圧は共産党だけでなく教育・学術・文化分野の運動にも広げられていった。

（4）増淵　前掲書、四五頁

（5）井野川潔『論争・教育運動史』草土文化、一九八一年、一五〜一六頁

（6）「山形県教育労働者組合について ―― 本県民主教育運動小史 ――」（以下「小史」とする『著作集三巻』）である。『著作集三巻』の巻末の「年譜」によれば、「山形県教育労働者組合について（1）（『教育と文化』四七年一一月号）に掲載されたものだが、「山形県教育労働者組合について（2）」は、未

発表論文である。『著作集』では、それらを一本の論文として掲載しているのは正確ではない。

俊太郎は、「小史」において「筆者が二十年にわたってあつめ、記述したこれらの運動に関する資料は、終戦当時官憲のために、さっぱりと焼き払われてしまった」(三一三六二)とことわっているように、『小史』執筆のための基本的な資料が手元になかったと予想される。したがって『小史』はそうした資料的限界をもっているものとして読まなければならないだろう。この時期、増淵は、戦前の教育労働運動の歴史を連載し始めており、俊太郎は、その増淵の論文をも参考にしたものと思われる。

俊太郎は「小史」の冒頭を次のような文ではじめている。

「国際民主主義の力によってもたらされた自由のなかで、教育民主化の運動や、教員組合運動をおしすすめることのできる現在の教師たちは、お膳の上に料理をあげつらっているような安易さのなかにさまよっている」(三一三六一)

そして、戦前の教育労働運動を書く動機を、四七年の二・一スト以後の組合運動の現状や教師たちに動揺や「安易な」意識が生まれるなかで、「歴史を正しく、しかもけんきょに把握するところから今後の多難な日本教育の民主化運動も展開できると信ずる」(同前)とし、「どんな社会的現実の必然のうえに、どんな理論と実践的戦略とを展開したかを明らかにしなければならない」(三一三六二)とのべている。

(7) 労働運動史研究会編集『教育労働運動史の歴史』(『労働運動史研究』五二号、労働旬報社、一九七〇年)に収録。

山形では、国民教育研究所が中心となり、山形県共同研究者集団『北方性教育運動の展開』(国民教育研究所、一九六二年)がまとめられ、そこで、教労にもふれているが、資料などの発掘、当事者への聞き取りなどが不十分であった。この運動史については事実の確認においても、歴史評価に於いても重要な誤りがあるとの指摘があるので、後にそのことにもふれることとする。

その後、『山形県教員組合運動史』をまとめる作業の中で、一九六九年五月に当事者からの聞き取りをおこなっている。聞き取り調査は、一九六九年五月に合宿で行われた。参加したのは、山形県教職員組合（委員長・蒲生直英）は山形民研（運営委員長・真壁仁）、当事者として菅野竹男（旧姓・武田竹男）・前田卯門（旧姓高橋卯門）・武田秀蔵（旧姓柴田秀蔵）・角田文平・西村力弥・村山ひで・清野高童の諸氏である。六月にも再度の調査がおこなわれた。

（8）「山形高等学校社会科学研究会と全協・教労部山形県支部組織（資料）」（以下「警察資料」とする）である。この「警察資料」は、「警察報」から関係する記事を抜粋したものである。作成年度は一九六九年一一月であり、多分、山形民研の調査活動の一環として作成された。警察側の調査による組合の組織の実態が記されている。

（9）西塔辰雄「山形県における教労新教運動から北方性教育運動へ――村山俊太郎を中心に――」（一九六九年八月、歴教協山形大会での報告論文、一九六九年、一～二頁）

（10）同、西塔論文、五頁

（11）「山形県教育労働組合ニュース　1号」（一九三一年一二月三〇日）

B四で二枚、裏表四頁のニュースであった。『新教教育』一九三二年四月号に全文が掲載されている。「警察資料」では、「宣言綱領」があったとされており、そこには次のように記されている。

一、教員の資格別・性別・年令による封建的差別待遇撤廃

一、兵役は甲種合格者のみを入営せしめよ

一、一切の経済的圧迫絶対反対

一、入営中の俸給全額支給
一、俸給生活者の定期的昇級の確立
一、不払俸給即時支給
一、俸給の分割給与絶対反対
一、義務教育費の資本家地主全額負担
一、宗教教育絶対反対
一、帝国主義戦争絶対反対
一、飢餓と戦争の資本家地主政府を倒せ
一、我等の祖国ソヴィエットロシア及中国ソヴィエットを守れ
一、公民権発生の年令を低下せしめよ
一、プロレタリア教育の理論と実際の自由獲得
一、教員の政治的自由の獲得
一、首切り・減俸・就職延期絶対反対
一、視学制度の撤廃
一、校長の公選

その他合計約五十項に亘る（「警察資料」一九頁）

「警察資料」のスローガンは、「ニュース」のスローガンとはかなり違っている。警察では、後に述べるように主要な関係者を検挙し、自宅や学校から多くの資料を没収している。そのなかに、「宣言綱領」と書いた資料も見つかったのではないだろうか。「警察資料」がそのなまの「宣言綱領」から書き写しているとみると、結成時のスローガンは、「警察資料」のものと「ニュース」のものとの検

証が必要であろう。

(12)『新興教育』一九三一年二月号、六五～六七頁参照

(13)『新興教育』一九三〇年九月創刊号、八七頁

(14)「新興教育研究所創立宣言」(『新興教育』三〇年九月創刊号、三頁)

(15) 山下徳治「新興教育の建設へ－教育者の政治的疎外－」(『新興教育』同前、一一頁)

(16) 同前、一三頁

(17)「教育労働者インターナショナル規約」(同前、二八頁)

(18) この言葉は、雑誌『新興教育』一九三〇年九月創刊号の浅野研眞論文「エドキンテルンの活動――教育労働者の国際運動――」の冒頭にのっている。それは俊太郎の引用と少し異なっている。

「焼きつくせ！　焼きつくせ！　憎悪を教えるすべての書物を焼きつくせ！

そして私は希望する、心から希望する、万国の教育委員会が共に世界共通の教育課程を作り、若い魂に世界平和と人類の共同精神を生みだす為の理想の種を播く可能性につき考慮することを！」(アナトール・フランス)

「教員は労働者だ、有用な労働者だ、そして教育者の闘争場裡は彼と階級を共にする凡ての兄弟たちの側にある。世界の教育労働者よ、団結せよ。それによって諸君の失うものは、諸君の鉄鎖以外何ものもない。その代わり世界を獲得するであろう」(アプトン・シンクレア)

俊太郎「小史」に紹介されているものは、『新興教育』に紹介されているものに横線を引いたところが欠落している。

(19)「新帝国主義戦争の脅威に抗争せよ！」(『新興教育』一九三一年八月号、四〇〇字原稿用紙で約三〇枚)は、第一次世界大戦の結果とその後の帝国主義間の新たな抗争をていねいに分析している。

大戦後、帝国主義諸国は、再び大砲と武器など軍備に巨額の出費を始めており、青年や婦人や児童生徒まで動員して軍隊を増強し、精神的動員をも準備している。しかし、来るべき大戦は、毒ガスなどの化学的、細菌学的、電気技術的戦争になり、人的・物的被害は甚大になることに警告を発している。こうした帝国主義間に強まっている戦争の危機に対して、エドキンテルンは「学校を通じて平和を」を訴え続けてきたこと、反戦平和こそが教員の歴史的責任であることを呼びかけている。

「歴史の前に、彼らの属する労働者階級を前に、告白するが、第一次帝国主義戦争の精神的準備において教員がその一部分にたづさわったという責任は免れることができない。だが、第二次戦争には、断じてそんなことがあってはならないのだ。（中略）

諸君（教育労働者 ―― 筆者）の義務はこうだ。労働者農民から取り立てた税金を人殺し事業や、学校と文化の破壊事業に浪費させるな！　暴虐比類なき近代的戦争に対して、文明を擁護せよ！　而して吾々は諸君がこの二重の任務を必ずや果たすであろうことを信ずる」

(20) 石島庸男「一九三〇年代山形県における教育運動と山高社研」、日本科学者会議東北地方区編集『地域と大学 ―― 第五回東北地方区シンポジウム報告集』一九七七年、四一頁

(21) 同前、四一頁

(22) 伊藤てる「嵐の青春のあとさき ―― 一九三〇年代運動の想い出 ――」、山形近代史研究会『山形近代史研究』五号、一九八三年八月、五一頁

(23) 同前、五二頁、伊藤てる

2 俊太郎、一九三二年三月の検挙

(1) 山形教労への弾圧と俊太郎の検挙

生まれたばかりの山形教労は、実質四ヶ月の活動で弾圧を受ける。

非合法組織だった山形教労の存在が官憲に発覚するのは、一九三二年三月一日、日本共産党青年同盟山高細胞（当時の『山形新聞』による呼称）の一斉検挙が発端であった。全県下で一八名が検挙された。その一人に山形教労のメンバーであった高橋幸蔵がいた。家宅捜索で全協からの指令メモが探し出され、同じく検挙された山高生のポケットから村山俊太郎の名前を書いた小紙片が見つけ出された。

三月二日の朝、俊太郎は、勤務していた小白川第六小学校で卒業記念写真の撮影が終わると生徒のいる前で検挙された。

「山形新聞」の報道によれば、検挙は、三月一日から八日ごろまでに一一名に及んだ。検挙者は、高橋幸蔵、村山俊太郎、柴田秀蔵、太田五郎、武田竹男、高橋卯門、国分一太郎、角田文平、西村力弥、和田重雄、安達久五であった。和田、安達はその日のうちに、国分はしばらくして釈放された。（国分がなぜ送検されなかったについては、あとでふれる）

俊太郎二六歳、他の七人も二四歳から二六歳の青年教師であった。最終的には国分一太郎を除いた八名が送検されることになった。

山形新聞（三二年三月四日付）は、教労関係の検挙を、大きく報じている。四段抜き四行の見出しである。

「教え子の面前から
容疑の訓導を検挙
非常識極まる県特高課に
果然！　大問題を起す」

「今回の共産党事に連座の疑いをもって山形市第六小学校の村山訓導は二日山形署に連行されたが同訓導の連行に当り県曽根特高課長の**命令**をうけた警察官が児童の面前より村山訓導を引致し児童に非常なショックを興えたことは児童教育上甚だ遺憾なことであると非難されて居る。二日曽根課長の命をうけた特高係りは第六小学校の本年度卒業生が記念撮影を行っているところに至り記念撮影が終わるやその席に在った同訓導を直ちにその場より引致したものでひかれていく教師を見た児童等は恐怖の眼を見張り異常な衝動を**受け**たというので父兄や教育界方面では特高係りの非常識加減を○る憤慨している」(24)

(ゴシック大文字は新聞のママ。○は不明文字)

関係者は語っている。三月の山形警察の留置場は寒かった。大火鉢に、炭火がかんかんとしているので助かった。取り調べはひとりひとりおこなわれた。高橋幸蔵と村山俊太郎を除いて、武田ら六人は大部屋にいっしょだった。彼らは、留置所闘争をおこなっている。

「『新聞を見せろ！　味噌汁を食わせろ！　入浴をさせろ！　運動をさせろ！』等。そして、新聞以外は要求した事項を全部実現した。運動ではわざとテニスボールをはじきあげて塀のそとにとばし、ボール拾いを口実に外に出たり、街の銭湯に行くときは、ばらばらに駆け出して、監視の巡査を右往左往させて、そのすきに風呂屋に飛び込んで新聞を見たりというようなこともした。(25)」

いたずら盛りの子どものような二〇歳半ばの青年教師たちの素顔がみえる。新学期をむかえても釈放されなかった。ようやく、五月二日に高橋卯門、三日に西村、武田、太田、柴田、四日に角田が釈放された。村山と高橋幸蔵の釈放日は不明である。俊太郎は、原崎の実家にもどる。九月二六日になって、八名全員が一片の辞令のもとで教壇から追放された。俊太郎が受け取った辞令である。

休職　山形県公立小学校訓導　村山俊太郎
右ハ過激ナル思想団体ヲ組織シ之ガ強化ヲ図リタルハ職務上ノ義務ニ違背シ且教員タルノ体面ヲ汚辱スル所為ナリト認ム。仍テ小学校令第四八条第一項ニ依リソノ職ヲ免ス
昭和七年九月二六日　山形県知事　石原雅三郎(26)

俊太郎は、検挙時二六歳、免職時二七歳であった。

岡野正は、四月に入ってから高橋幸蔵の受持生徒数十名が六キロの道のりを歩いて山形警察署に抗議をおこなったエピソードを伝えている。

「山形県下の小学校教員に組織された全協一般使用人組合教育労働部山形支部は、先般非合法運動として弾圧されたが、その中心的人物であった南村山郡柏倉門伝小学校訓導高橋幸蔵氏の受持児童男女数十名は、級長を先頭に一人の保護者も先生も付添はず二里の道を隊伍《ママ》を整へ山形警察署を訪れ、同署に拘留中の高橋訓導に面会を求めた。署員等が取調べが済まぬから面会は許されぬと宥《なだ》めても聞き入れず、佐藤級長は一同を代表して熱心に質問し、中々動かぬので、遂に嚇《かく》して約三十分の後解散せしめたが児童等は口々に不平をいいながら帰村した事実がある」(27)

この事実は、高橋幸蔵が教室で子どもたちに信頼を受ける学級経営・教育実践を行っていたことを示している。その背景には、保護者や地域の住民の信頼をも勝ち取っていた事を物語っている。

三月九日の山形新聞は「童話を利用し共産思想を普及」として俊太郎に触れている。

「赤化教員の芋蔓式検挙で山形市では第六小学校村山訓導の前例があるので事態を憂慮しこの際有色訓導の一掃を図ることとなり目下全市小学校教員の思想調査を行っているが殊に一味のリーダーと目される村山訓導が本県初等教育界の総本山師範代用付属から出した事は市教育界に異常なショックを与えている。なお一味の動静をみるに平素研究的模範的教員多く殊に村山訓導の如きは受持尋六女生徒に根強い尊敬が植えつけられて居り、それだけに同訓導の一挙手一投足が生徒に影響したことが甚大である。（略）一味の最も得意として指導目標としたものは童話による共産思想の普及で、村山訓導の如きは最も巧妙にこの戦術を用いていた、特に童話『桃太郎』の如きは露骨な赤化思想を吹き込んで居り、（略）内容を知った市学務当局も余りの意外さに慄然としたほどである。今後市当局では斯る不祥事を未然に防止根絶する方針のもとに教師の監督を校長の責任下におき将来懲戒又は譴責の新例をひらこうとする意見が台頭している[28]」

前出『北方性教育運動の展開』には、俊太郎のことについては、次のような記述がある。

「組織と機関誌は付き物だが、今回の事件で特に注目すべきは『握手』という児童新聞が現れた事だ。事件の中心的人物である村山俊太郎は、教え子に書かせた農民の歌や通信文を自分で編集してガリ版刷の赤色児童新聞『握手』を発刊し、長谷川製糸工場や東京で働いている卒業生に送っていた[29]」

村山等の活動は、新聞紙上では、「恐るべき赤色思想」「危険思想」と報じられた。

山形の教労関係者たちは、その後、武田竹男等を中心に再建をの努力が続けられ、何度か会合がもたれたが、再建は実現しなかった。

(2) 俊太郎はどこまで「共青」とかかわっていたのか

俊太郎の未発表論文や「警察資料」を読む限り、山高には、弾圧まえに共産党組織か共産青年同盟が存在していたと思われる。俊太郎は、その組織に参加していたのか、それともシンパにとどまっていたのか、俊太郎はどこまで「共青」とかかわっていたのかは興味深いところである。

山形の社会・農民運動は二七年以降めざましく高揚している。

二七年五月　山形で初めてのメーデー（谷地町）が開かれている。二七年一二月、日本農民組合山形県連合会生まれる。三一年一月、全農連合会大会　最上川べりの舞台に一万人が集まる。長瀞村・小田島村の青年部が官憲から大会を守った。三一年三月、最も激しい農民闘争、小田島事件。延一〇〇人検挙者、うち八四名が起訴された。

右のような山形県の高揚する農民・社会運動において、山高生、山高出身者が中心的指導者として活躍していた。その母体となったのは山形高校の社会科学研究会である。その背後には、山高の「共青」組織があった[30]。

「警察資料」に収録されている「学校共青細胞及自治学生会組織発覚に関する件」（三二年三月九日）には、つぎのように記されている。

「本年一月下旬、管下南村山郡柏倉門伝村に於て、某山高生をチューターとし、左傾青年が潜かにグループを作り居ることを察知し、尚、二月八日、内務省警保局保安課長より文三乙・浦山恒男外、看板店徒弟一名、共青アドたること判明の旨、電話通知あり。又、当時、警視庁に於いて検挙取調中の共青中央部組織部員、森重郎の所持せる共青管下支部発送のレポ数通送付あり。更に内定の結果、山高生徒、**山形市内小学校訓導**、酒田町街頭分子等に共青細胞の組織あること略判明せることにより、二月二十七日、特高課

長上京の上、内務省、警視庁と諸般の打ち合わせを為し、一斉検挙に着手せるもの[31]」(ゴシック——筆者)

これによれば、山高に「共青」組織がある情報は内務省からももたらされており、共青中央の組織部員の持ち物から山形の山高「共青」の具体的名前が割れたことがわかる。山形県警も柏倉門伝において山高生の活動を察知していた。この資料が語るところによれば、先にも述べたように三月二日以降の山形県の教労関係者の検挙は、実は、山高の「共青」組織関係者の検挙であり、その関係の捜査の中で教労関係者も浮かび上がってきたと考えられる。

「警察資料」には、さらに次のような記述もある。

キャップ高橋は、三二年一月から二月にかけて「第二無新」「無青」「反帝パンフレット」「インターナショナル」「反帝新聞」などの印刷物の郵送を受け取り、「学内メンバー並びに自ら指導しつつある柏倉門伝村オルグ養成研究会員、及び全協一般使用人組合教育労働部山形支部員・村山俊太郎等にその都度配布せり[32]」

「同年十一月初旬、高橋光太郎は右読書会を学内細胞の影響下に結成せしむべく、教労山形支部幹部(村山俊太郎及び高橋幸蔵)と謀り、同十一月中、同会メンバーを以てオルグ養成研究会を組織す[33]」

「樫尾毅は、前記、村山俊太郎に対し、昨年十一月中より本年二月に至る間、前後数回に至り、無新、無青、その他党、同盟関係諸印刷物を配布し、村山は之をメンバーに配布せり[34]」

俊太郎に印刷物を配布した樫尾毅は、細胞加盟の活動家であった。俊太郎は、直接、山高の共青との関係を持っていたことがわかる。警察がつくった「左翼出版物配布図」にも、「共青・山高学校細胞」と「全協・一般教労山形支部」をつなぐ位置に、村山の名前がある。この「配布図」からは、「全協・一般教労山形支部」が山高学校細胞の指導を受けていたとすれば、その橋渡し役の位置に俊太郎がいたのではないかと推察される。雑誌『新興教育』もこの樫尾ルートから配布されていた。

これらの事実は、あくまでも「警察資料」によるものであり、最終的に俊太郎は共青組織に加盟していたのかどうかは不明である。しかし、俊太郎は明らかに山高の共青組織の親密な協力者であり、一体となる活動を繰り広げていたことは事実である。

(3) 時代は、満州国の建国式

俊太郎が検挙された一九三二年三月とはどのような時代だったのか。俊太郎が検挙された三月の「山形新聞」を開いてみよう。赤化教員の検挙を伝えた三月四日の山形新聞の一面は中国での戦争を伝えるニュースで埋め尽くされている。

トップは五段抜きで

　南翔、眞茹を占領し、
　　一路嘉定に向け攻撃
　　　皇軍正に鉄火の勢い

リード文は次のように続く。

「(上海三日発電通) 軍指令部発表　○○○団は午前八時南翔の南北を連ねる線に於て敵と交戦し敗走の敵を追撃中である　北方では第○○団が午前九時嘉定の北二キロの線に進出し嘉定を占領すべく目下激戦中[35]」

三月九日一〇日夕刊のトップには満州国の建国式を五段抜きで報じている。

「いよいよ明九日
　　新国家の輝く式典[36]」

「天地を揺るがす万歳
　きょう! 満州国の式典

世界史に新紀元を劃して
首都長春の賑わい」[37]

満州国では、これまでの排他的教育を根本的に改善し、国民融和の増進を図る為に日本語を必修科目とし、教科書の大変革を行うこととしている。国内からの満州への移住も高まっている記事も読むことができる。三月五日の山形新聞は、「押しかける人々　一九娘さえ移住の志願　素晴らしい人気」として、満州山形村への移住希望者が押し寄せているとし、第一回として六〇〇から七〇〇人の移住が予想されると報じている。

学校教育の中でも、軍国・愛国心教育が行われていった。一九三二年三月三一日の山形新聞には「小国民の愛国熱」という見出しで、県内の軍事講話と学校作文を紹介している。

西田川郡大山町小学校では、五年以上男女八〇〇名に軍事思想普及講話を企画し、講演終了後に作文を書かせている。その作文を連隊司令部に送ってきたという。その紹介されている作文である。

「わが日本はいざ戦争となると挙国一致するがその前によく用意することを僕は常に考えてる。支那がどんなに考えのないことや日本がどんなに正しいことがハッキリ分かった。僕は今まで人前に出ると話が出来なかった。これからは男の恥と思い堂々と心掛けることに決心した」

「古賀連隊長の勇ましい戦死を聞いて一日も早く仇をとりたいと強く感じた」

「大尉さま、たった一つ残念なことがございます。それは私が男になって御国のために戦地に行かれぬことであります。私にはこの望みがありますけれど女です。そして子供です。それが悲しくてなりません」（女生）

「我等は広い満州に行って開拓し天然の資源を盛んに開発して国力を強め世界に比類ない強国にしよう」[38]

学校でも軍事思想普及講話が企画され、その後に書いた子どもたちの感想文には日本の中国侵略を賛美・応援する内容で埋め尽くされている。

一九三一年七月、東京帝国大学学生への意識調査（満州事変の二ヶ月前）で「満蒙のための武力行使は正当か」に「はい」「いいえ」で回答している。その結果を見ると、「はい」が八八％である。そのうち「直ちに武力行使すべき」が五二％、「外交手段を尽くした後に武力行使すべき」が三六％である。疑問なく武力行使が多数を占めている。[39]

加藤陽子は、一九三〇年代に各地で行われていた「国防思想普及講演会」についてふれている。東京帝国大学でおこなわれた「講演会」において、陸軍軍人が、なぜ日本は満州事変を起こしたかを説明した後での学生にアンケートを紹介している。それによれば、質問事項は二つで「君たちは満蒙を日本の生命線とみなすか」「満蒙問題は軍事行動をもって解決されるべきだと思うか」である。八五七名の内、九割が「はい」と答えている。[40]

時代は、大陸への侵略、軍国主義へと進んでいた。

〈注〉

(24)『山形新聞』一九三二年三月四日

(25) 前掲西塔論文、七頁

(26) 前掲『北方性教育運動の展開』、八〇頁

なお、小学校令第四十八条とは、「市町村立小学校長及教員職務上ノ義務ニ違背シ若ハ職務ヲ怠リタルトキ又ハ職務ノ内外ヲ問ハス体面ヲ汚辱スルノ所為アリタルトキハ府県知事ニ於テ懲戒処分ヲ行フ其ノ処分ハ譴責、減俸及免職トス」である。

(27) 岡野正「日本教員組合運動史――一九三〇年代の動向――」（『北海道大学教育学部紀要』

一九七四年）二二八頁、引用箇所は『教育週報』第三六〇号、一九三二年四月九日号による）
(28) 山形新聞、三月九日
(29) 朝日新聞・山形版、昭和七年三月一〇日（『北方性教育運動の展開』七九頁による）
(30) 「共青」の前身である全日本無産青年同盟（無青）は、二八年、三・一五事件による弾圧の一環として労働農民党、日本労働組合評議会と共に治安維持法に基づく結社禁止処分を受けた。その後、非合法組織（共青）の拡大強化、合法組織（無青）不用の方針から打ち切られた。全日本無産青年同盟（無青）は、一九二六年八月、日本労働組合評議会の青年活動家を中心に、全国水平社、日本農民組合、大学の社会科学研究会の青年を中心として創立。無青は二五年に再建された非合法下の日本共産青年同盟（共青）によって指導されていた。
(31) 前掲「警察資料」、六頁
(32) 同前「警察資料」、六頁
(33) 同前「警察資料」、九頁
(34) 同前「警察資料」、九頁
(35) 山形新聞　三二年三月四日
(36) 山形新聞　三二年三月九日
(37) 山形新聞　三二年三月一〇日
(38) 山形新聞　三二年三月三一日
(39) 加藤陽子『それでも日本人は「戦争」を選んだ』朝日出版社、二〇〇九年、二六〇～二六一頁
(40) 同前、二六三頁

3　教労・新教運動の歴史的評価をめぐる論争

俊太郎が積極的に参加した山形県の教育労働者組合は、結成から四ヶ月で弾圧にあい断絶させられた。戦後、日本の教員組合運動が新たに組織され、教育民主化への闘いがはじまる。戦後の教員組合運動をすすめる上で、戦前の教労・新教運動から教訓を積極的に学び取ることが必要であった。(1)この教労・新教運動をどう評価するのか。教労・新教運動の本格的な歴史的検証は戦後始められたが、そこでは、評価をめぐって論争が展開された。

(1) 教労・新教運動の政治主義的偏向
――駒林邦男、中内敏夫、山形民研集団の労作――

着手された教労・新教運動の歴史的研究において、強調されたのは教労・新教運動の政治主義的偏向であった。そのいくつかを検討してみよう。

駒林郁男「プロレタリア教育運動」（一九五七）は、教労・新教運動を次のように特徴づけている。「教育労働者組合運動は、単に教師の生活を守り、かれらの社会的経済的地位を向上させるという事だけでなく、『反動教育理論』を打倒し、プロレタリア教育理論を樹立するという理論闘争をも、そして、ソ同盟の擁護とか、第六十議会打倒とか、当時非合法的に存在した『日本共産党に投票せよ』とか（略）プロレタリア革命という大きな仕事に直結した運動であった(2)」

駒林論文は、さらに、教労・新教運動が子どもをどう育てるのかを充分に配慮できない「子供の見えない教育運動」であり、多くの進歩的な教師たちを機械的に批判する「根深いセクト性」をもっていたとしている。その理由として「教育労働運動が、共産主義的前衛の運動に意識的に限定され、特定の革命政党の方針が、そのままなまの形で、組合運動の方針、しかも教育運動の方針として打ち出されたこと、教育と政治のとのかかわりあいの強調にとどまらず、前者を後者のイガタに押しこめてしまった事に、その欠陥の根があるように思われる(3)」

駒林論文は、教育労働運動が教育の自由を守るため、教師の生活を守るために、なによりも子どもの命と生活を守るためには社会改革が不可欠であり、帝国主義戦争を阻止する世界の運動と結びついていく必要があったとする教労運動の戦略そのものに政治的セクト性を生みだす基本的理由があるとするものであった。それは、当時の世界の共産主義運動のもっていた機械的教条主義的方針の影響や日本の社会運動の未熟性に起因していたこともみのがせない。

中内敏夫「教育運動の抵抗と挫折」(一九六二年)は、教労・新教の弱点を反省して生活綴方運動が発展したという歴史観にたっていた。

中内は、二九年「北方教育社」が結成され、機関誌『北方教育』が発刊されるなど、生活綴方運動の高まりを「同人の政治意識や思想的立場はさまざまであり、欠食児童の続出する恐慌下の東北農村の児童をかかえ、教員としてどう行動すべきかに悩んでいたという一点だけが共通していた。かれらはこの一点を深めあい、漸次、共通の政治的・思想的基盤をもつ集団に成長していった(4)」と評価している。これと対比する形で「ともすれば組合の下請け集団になることが多かった教労・新教傘下の、政治的には閉鎖的な教員サークルとは明らかに異質の教員サークルであった(5)」と述べている。

中内のいう生活綴方運動に参加していった教師たちが「漸次、共通の政治的・思想的基盤をもつ集団に成長していった」というのは本当だろうか？　むしろ「政治的・思想的基盤」を問わないところに生活綴方運動が成立していたのではないだろうか。

また、中内は、生活綴方運動を「児童の村の精神をマルクス主義の側から十分に受け継ぎかつ発展させよう、この過程は同時に教労運動に結集していった教員のエネルギーをその政治主義と公式主義とから解放する途である、というのが、最後までこの運動をすすめていった教員たちの信条であった。[6]」と評価する時、生活綴方運動がはたして「マルクス主義の側から十分に受け継ぎ」と言えるのか？　その「十分受け継ぎ」とする根拠は何かという疑問が生まれる。

教労・新教運動の歴史を綴ったものとして、山形県共同研究者集団による『北方性教育運動の展開』（一九六二年、国民教育研究所）がある。教労・新教運動の歴史評価は、駒林論文や国分一太郎の個人的証言である「せっかちな教組運動や公式主義的な『新興教育運動』よりは、地についた教育実践の道に全力をかたむける決心をした。」を歴史的事実として検証することなく、まるごと引用し教労・新教運動の政治主義をのりこえて生活綴方運動へ発展していったという歴史像を作り上げていた。

駒林論文は、教労・新教運動の弱点を指摘していたが、なぜそのような弱点が露呈していたのかを、当時の治安維持法下の革命運動、労働組合運動、文化運動への弾圧と歴史的未熟さにまでさかのぼって原因を追及すること、同時に、教労・新教運動に参加した教師たちが学校現場と地域でどのような教育実践と活動を行っていたのかを掘り起こして実像を描き出す研究方法を取ることには進まなかった。

中内論文の歴史評価も検討が必要であった。中内のいう「かれらはその後、教労のあり方を政治的公式主義の観点から批判して組織を離れた」というのは事実なのか？　佐々木、村山、国分は、教労関係者とひとくくりにされているが、これは事実なのか？　更にいえば、国分一太郎の戦前の論考に、マルクス主義を本格的に学んだ形跡はあるのか？　など検討の余地があった。

この山形民研の研究は、国民教育研究所の六県研究の一環として行われたが、当時の国民教育研究所の若手研究者たちは、こうした駒林や国分の歴史評価に異論・疑義をとなえなかったのだろうか。

(2) 教労・新教運動の歴史的意義 ――岡本洋三・井野川潔の反批判――

駒林論文や中内論文から少し遅れて発表された宮原誠一編『日本現代史大系　教育史』(東洋経済新報社、一九六三年)は、「六章ファッシズムと教育体制」に「三、抵抗の教育運動」という節を設け、その(一)でプロレタリア教育運動の展開において教育労働者の組合運動をとりあげている。そのなかで教労・新教をくわしく紹介し、次のような歴史評価を行っている。

「階級的教育運動は、わずか四年間ほどの活動をみただけで、権力の弾圧によって命脈を断たれた。この運動が当時の客観的・主体的条件によって、しばしば政治主義的偏向 ―― 政治闘争のなかに教育・文化運動の独自性を解消させた欠陥 ―― におちいったことを誤りとして承認するとしても、なおかつそれが天皇制ファッシズムの軍国主義的反動教育に正面から対決し、児童・生徒の自治的活動の擁護、教師の生活権・民主主義的諸権利の獲得のために、非道な白色テロルのもとで闘いつづけた努力にたいして、高い評価があたえられるべきであり、戦後の教員組合運動が、戦前のこの運動のきびしい抵抗の精神に学ぶべきところは多いであろう[7]」

ここでは、政治主義的偏向があったことを指摘しつつも、「天皇制ファッシズムの軍国主義的反動教育に正面から対決し、児童・生徒の自治的活動の擁護、教師の生活権・民主主義的諸権利の獲得のために、非道な白色テロルのもとで闘いつづけた努力」を歴史的に評価している。

教労・新教運動を「公式主義・政治主義」と総括し、その反省から生活綴方運動が発展してきたとする駒林論文、中内論文を原理的に批判したのは、岡本洋三「教育運動の認識の問題」―― 戦前の教育運動の評価をめぐって ――」(一九六八年)である[8]。

岡本は、教労・新教の運動に対する「批判」として二種類あるとし、その「一は、戦前の運動内部での批判・自己批判であり、二は、戦後の教育運動（史）研究者の批判である」とする。そして、前者の批判・自己批判の特徴を次のように述べている。

「戦前、運動内部の自己批判に共通している基本的立場・前提は、運動の本質的性格・戦略的位置づけ・基本課題に対する確信と支持であって、そこにはなんらの『自己批判』も必要とはみなされていないことである。それゆえ、その『自己批判』とは、運動の原則の擁護とそのより正しい実現をめざす組織論・運動論の深化を課題とした、実践的な問題提起であったのである(9)」

ところが、戦後、一部の研究者が「新教や教労に対する先入観や偏見にもとづく『批判』がおこなわれて、これらの運動の最も本質的な価値、今日の運動において正しく継承・発展せしめられねばならぬ遺産を、否定してしまっているが、これは戦前の運動の実践が生みだした貴重な『自己批判』の本質をゆがめ、その意義をみうしなわせるもので、みすごしてはならないだろう(10)」と岡本は課題を引き取っている。

岡本によれば、戦後の教労・新教運動批判には共通の「型」や「新教・教労の運動の像」があるがその原型は、国分一太郎「『生活綴方』の運動と『生活学校』の運動」（一九五二年）にあるとする。国分は、その論文で教労に関係したことで検挙されたことに続けて「かろうじて教壇に帰ることのできたわたしは、せっかちな（あの当時としては）教組運動や公式主義的な『新興教育』運動よりは、地についた教育実践の道＝綴り方を中心としてするしごとに全力をかたむける決心をした。・・・子どもたちをなんとかだきかかえていく以外に、教師として生きる道はないのだとの感慨をあらたにした(11)」とのべている。

岡本は、この国分証言を次のように論じている。

「『新教・教労』の運動では『子どもは救われない』『そんな運動に関係して弾圧されるのは馬鹿馬鹿しい限りだ』『綴方運動こそは教師の唯一の生きる道だ』という国分氏の主観的心情が、さまざまな人物を登場させながら語られている。しかし、その論証も理論的解明も与えられていない国分氏の主観の表現にすぎないものである。これがなにゆえ、戦後の研究者にもてはやされ、通説的批判にまで固定化され、流布されるに至ったのであろうか[12]」

国分の歴史総括にたいしては、井野川潔の精力的で詳細な批判論文がある。（それらの諸論文は、井野川潔『論争・教育運動史』一九八一年、草土文化に収録されている）

井野川の批判の論点の一つは、国分や中内らが主張する「戦前の生活綴方運動は新興教育の批判的克服のうえに生まれたという説[13]」は妥当なのかという点にある。

たとえば、中内の次のような前にも紹介した歴史評価である。

「児童の村の精神をマルクス主義の側から十分に引き継ぎかつ発展させよう、この過程は同時に教労運動に結集していった教員のエネルギーをその政治主義と公式主義とから解放する途である、というのが、最後までこの運動をすすめていった教員たちの信条であった。」

また、中内は次のようにも総括している。即ち「北方教育社には、佐々木昂、村山俊太郎、国分一太郎など教労関係者や鈴木道太など、その同調者も参加していた。しかし、かれらはその後、教労のあり方を政治的公式主義の観点から批判して組織を離れた」

井野川は、「児童の村の精神をマルクス主義の側から十分に引き継ぎ・・・・（略）最後までこの運動をすすめていった」と中内はいっているが、「そういう『マルクス主義の側から』の生活綴方教育運動を『最後まですすめていった教員たち』とは、具体的にだれだったのか[14]」と問うている。

井野川は、この「教労のあり方を政治的公式主義の観点から批判して組織を離れた」というのは事実なのかと問い、中内は佐々木昂、村山俊太郎、国分一太郎、鈴木道太などをあげているが、佐々木昂は「教労」にも「新教」にも関係していないし、鈴木道太は『新興教育』の読者ではあったが組織的な活動はしていないと証言している。井野川は、上記のような稚拙な批判は、教育運動史研究の方法論が確立していないことに起因していると批判している。

こうして、教労・新教運動の実証的研究の必要性が課題となっていく。

（3）国分一太郎の証言への疑問

教労・新教運動の実証的研究において、戦後に書かれた国分一太郎の個人的回想の検討があった。山形県においては教労・新教運動の実証研究が進むなか、国分の個人的回想への疑問がだされてくる。国分は、五〇年代にいくつかの戦前の教労・新教運動の回想を書いている。主なものは、以下のようである。

①一九五二年　「『生活綴方』の運動と『生活学校』の運動」（雑誌『教育』三月号）
②一九五四年　「教育の北方性と生活綴方（二）」山形県教育研究所編『山形の教育』五〇号　一一月
③一九五四年　『生活綴方ノートⅡ』（新評論社）
④一九五六年　「この四十年」　国分一太郎編『石をもて追われるごとく』（英宝社）

国分一太郎は、「『生活綴方』の運動と『生活学校』の運動」のなかで、次のように書いている。

「ひそかに加盟した教員組合のことがばれて、昭和七年二、三月、村山氏とわたしは、十幾人かとその他の教師たちとともに検挙された。そこで、これもひそかに読んでいた雑誌『新興教育』のことが追求され、村山はクビになった。かろうじて教壇に帰ることができたわたしは、せっかちな（あの当時としては）教組運動や公式主義的な『新教教育』運動よりは、地についた教育実践の道＝綴り方を中心としてするしごとに全力をかたむける決心をした(15)」

また、秋田の佐々木昂と話したこととして、「じぶんたちも同じく『新興教育』の事件のために、県当局からにらまれているが、ああいう公式主義的なものによって、東北の子どもは救われないとしみじみ語るのであった[16]」

ここで、国分は、教労・新教運動を「せっかちな教組運動」、「公式主義的な新教運動」と総括し、それにかわって「地についた教育実践の道」として綴方運動という総括パターンを提示している。しかし、検挙は、三月二日から始められたのに、「二、三月」と曖昧な書き方をしている。これは記憶が薄れてしまったからなのだろうか。また、教労には「ひそかに加盟」したと証言しているが、この教労への「加盟」については、後にふれるが、山形の当事者たちから疑問が出されている。

「教育の北方性と生活綴方」(『山形の教育』、五四年)で、国分は次のようにも書いている。

「(一九三二年)十一月末であった。村山から手紙が来た。『われわれ若い者だけで、教育の団体をつくらなければならない。よかったら二三日の日曜に家に来てくれ』と書いてあった。私は『行く』と返事を出した。

ところが、意外にも、その日は山形県教員組合を結成する準備会であったのだ。雁島公園だったかの三浦というそば屋の二階にあつまったものは、あまり、私の知らない人ばかりだった。柏倉門伝の高橋幸蔵(今は朝日新聞の記者)武田竹男など・・・。しかしそこには、これまた意外にも当時一万メートルのレコード・ホルダーだった角田文平などがまじっており、私の一級先輩の西村力弥、同級の高橋宇門などが参加するとのことだった。(略)やがて、この小さな組合は、山形県教育労働組合、全日本教員組合山形県支部、全国労働組合協議会(全教)などと名前がかわり、機関紙も発行したが、村山が私をさそったときとは、あまりにもちがうものだったので、時々開かれる会合にも、私はあまり出席しなかった[17]」

ここでの国分の回想はきわめて曖昧である。山形県教育労働者組合の結成の会は、三一年一一月七日のロシア革命の日であるのに、国分は、一一月末に俊太郎から手紙をもらい、そこには二三日に来てくれと書いてあったと回想している。手紙には、二三日に来てくれと書いてあったと日にちまでしっかり記憶しているのに、結成大会が一一月七日のロシア革命の記念日であったことが全く記憶されていない。さらに、行ってみると、その日は組合結成の日であったのに、準備会であったと書いていたり、そば屋を「三浦」と記憶しているが、正しくは「玉屋」であったり食い違いが少なくない。記憶力が極めて良かったといわれる国分の回想としては、基本的事実関係があいまいなことが多い。

国分一太郎は、『生活綴方ノートⅡ』（一九五五年）では、「共産主義の運動と『新興教育』」という節を設けて歴史を振り返っている。そこで、国分は、戦前の『綴方生活』と『新興教育』を対比し、『新興教育』を「公式的・政治主義」と総括し、それをのりこえて生活綴方に結集していったという歴史総括を繰り返している。

「『新興教育』の公式的・政治主義的なスローガン、田部久（北村孫盛）らの概念的な性急なプロレタリア綴方論、極左的な教組運動と教育研究運動の結合のうごき等にくみせず、あくまでも綴方によって『生活の現実にふれる』ことをひたむきにつらぬきとおそうとする。人生科、生活科としての綴方を求めて行く[18]」

そして、「これが、（1）昭和六年年末から七年にかけ、また、昭和八年長野県におけるいわゆる赤化教員の大検挙に終わる『教組』と『新興教育』のカイ滅とは運命を共にせず、（2）また政治運動はしないが文化運動ならやるといういわゆる転向時代の進歩的教員を綴方教育に吸収する土台をつくりあげる原因となす[19]」

国分は、一九五六年に発表された「この四十年」（国分一太郎編『石をもて追われるごとく』）のなかでは、さらに混乱を拡大している。山形の教労に加わった前田卯門が師範での同級であった事にふれながら、次のようにのべている。

「同氏（前田卯門）が書いている教員組合の創立大会には、わたしも参加しておりますが、あるいは前田氏とは同席しなかったのかもしれません。文中にでてくるそば屋の二階の会合には、わたしも出ましたし、ニュースにも黒部という名で小さな原稿をかきました。これは昭和六年の十月末に、先輩村山俊太郎氏にすすめられたものです。そして前田氏と同じ七年三月六日に検挙されましたが、わたしの場合は意識が低いとのことで、クビにならなかったのでした。[20]」

『石をもて追われるごとく』には、前田卯門も回想記「教員組合をつくって」を寄せている。ここでの国分証言と前田の証言の間には重要な食い違いが生じていた。それは、次の三点である。

第一点目は、国分は山形の教労創立大会の会合に出席していたと明言しているが、前田の書いている手記には、創立大会に出席していたのは七名で、そこには国分の名がなかった。そのことと関連して、国分は、「あるいは前田氏とは同席しなかったのかもしれません」とつじつまをあわせるために書き足したのではないかとも考えられる。創立大会はわずか七名の出席であり、国分が言っている「同席しなかったのかもしれない」ということは意味不明である。

第二点目は、一九三一年一〇月末に、ニュースに原稿を黒部というペンネームで書いたと述べている点である。文脈からすると山形の教労の「ニュース」と読めるが、山形の教労支部が結成されるのは一一月七日であり、一〇月末にはまだ「ニュース」発行は準備されていなかったのではないか。「山形県教育労働組合ニュース」の一号は、三一年一二月三〇日であるが、その一号に黒部の名の記事はない。

第三に、検挙後に復職できた理由として「わたしの場合は意識が低いとのこと」だったからであるとのべている。五四年の回想では、校長や町議の「もらい下げ運動」があったからと説明しており、異なる説明をしている。

このように、四つの論文において国分の教労へ参加したという証言は、支離滅裂である。

(4) 山形県国民教育研究所の教労運動の調査

井野川潔は、国分の回想、駒林論文、中内論文の批判的な検討を精力的に進めながら、山形民研に山形県における教労・新教運動の歴史検証を進める手紙を書いている。[21]

山形民研は、岡本の指摘、井野川の手紙による要望を誠実にうけとめ、当事者たちへの聞き取りを行い、調査・研究を行っている。その聞き取り調査と個人的な調査の成果をまとめたのが先に紹介した西塔辰雄「山形県における教労新教運動から北方性教育運動へ」である。

西塔は、まず、国分が手記で書いている、教労の会議に出席したことを検証している。

「県内で生存している教労関係者が異口同音にいうことは、『国分を見たのは七年三月十日被検挙者が全員山形国教に結集させられたときがはじめてで、オヤ？　この男もだったのか。あ、村山との関係だな』と思ったというのである。(角田は以前から国分を知っており)角田が出席した会合に同席したのなら、『国分の顔を見たのは留置場がはじめてだ』などということになるはずがないのである」

そして、次のような結論を下している。

「結局国分は準備会には一回も出席していないし、また、『時々開かれる会合にも、わたしはあまり出席しなかった。』のではなく、全然出席しなかった――国分は教労運動には全く背を向けたのであった」[22]

西塔は、国分の釈放された経緯を述べた証言をも検証している。

「二週間ばかりで釈放された(略)。わたしが釈放された上、免職にならなかったのは、村山をはじめ他の人々のかばいあいによるものだった。また死んだ加藤惣兵衛校長、いまは長瀞の村長をしている井上庫八先生、東根町の町議須藤孝三郎氏らのもらい下げ運動によるものだった」[23]

西塔は、この「もらい下げ運動」に疑問をていしている。西塔は「国分は何ら処分もされず釈放されたのは、村山らのかばいあいともらい下げ運動のため」と説明しているが、関係者は「留置場の中で『国分をかばおう』というような話をしたおぼえはない」と証言しているとして、「かばい合い」はなかったとしている。もうひとつの有力者による「もらい下げ」運動があったと国分が証言していることにも疑問を呈している。それは角田にももらい下げ運動があったことと関係している。角田の叔父は陸軍中佐で「署長の机をたたかんばかりして『軍刀をダテにさしているのではない（略）文平（角田）が釈放されたら、この軍刀で成敗する』といって釈放を懇願したのに、角田は釈放されなかった」という例を出しながら、西塔は、「一町議や校長のもらい下げ運動が功を奏すような、そんななまやさしい時代ではなかったのだ」とのべている。[24]そして、西塔は、国分の釈放は「教労には全然無関係であることが、取り調べの結果明らかになったからであるにちがいない」[25]と結論している。

西塔は、山形の教労参加者の証言として、俊太郎は、国分に「教労への参加を勧誘したであろうし、準備会にも出席するように連絡もしたにちがいない。それなのに国分は準備会にも出席しなければ、教労に参加もしなかった」[26]というのが事実であったと結論を下している。

西塔は、この時の国分の心情は次のようなものであったのではないかとしている。国分は、六一年になって次のように書いている。

「その頃（昭和六年）教員俸給不払いのうごきは、私たちの近所にもあらわれていた。また、視学制度だの国定教科書だのにたいしても、もちろんわたしは不満を持っていた。（略）しかし、『帝国主義戦争反対』、『ソビエト・ロシアを守り中国の侵略戦争から手を引け』、『神権的天皇制反対』というようなことになると、わたしの意識は、そこまではすすんでいなかった。それよりも、わたしの頭には、もしこれがばれたらクビになるということがこわくてならなかった」[27]

なぜ、国分はこうした事実と異なる証言を繰り返さなければいけなかったのだろう。

岡本洋三は、「国分氏が新教・教労の運動から離脱した『転向心理』の合理化・正当化に端を発するもので」、その正当化のためには「どうしても、生活綴方運動が新教・教労の運動よりもすぐれていることや、生活綴方運動が新教・教労運動の批判・克服として発展してきたという運動史的位置づけが必要であった(28)」と分析している。

岡本によれば、こうした国分の運動史観はつぎのような誤った前提の上に築きあげられたものである。それは、「新教・教労の運動が弾圧をうけ壊滅し、綴方運動が弾圧をうけずに進歩的教員を吸収できたのは、運動の思想や方針が前者は誤っており、後者が正しかったからだとする『弾圧をうけるのは運動の側に責任がある』という前提である(29)」

俊太郎は、国分をどのように見ていたのだろうか。俊太郎は、一九三二年一二月二二日の荒木ひでへの手紙で次のように書いている。

「国分くんはいい素質をもっている人です。とてもいい同志でした。否今後も合法性の中に進歩的な活動をのぞみ得る人です。（略）綴方方面ではたしかにやれるひとです」（一－三七七）

この手紙は教労組織への参加によって検挙され、教師をやめさせられた直後の時期に書かれたものである。しかも、公に公表されることのない手紙のなかで語ったことである。それだけに、俊太郎の国分に対する率直な評価が述べられているといえるのではないか。「とてもいい同志でした」と過去形になっており、その後に、「合法性の中では」「綴方方面では」と限定をしているところに、国分への評価が込められているのではないか。

俊太郎が荒木ひでに送った国分評価にもかかわらず、俊太郎と国分は親しい友人としての関係を続けている。一九三七年、国分が病に倒れたとき、「国分一太郎君をもう一度現場に」（『綴方学校』）を書き、送金先を自宅にして全国にカンパを呼びかけている。その後も、「『教室の記録』の編集を終えて」「国分一太郎君の仕事」「国分一太郎著『教室の記録』について」（『著作集3巻』）を書いている。そのなかで、『教室の記録』の原稿整理を全部自分がやったことをもらし、「どうか私の十年来の友であり、兄弟分のために、この本を1冊でもおすすめくだされぱうれしいと存じます」（三ー二五〇）と書いている。

井野川は、次の章でくわしく触れるが村山の教労・新教運動に関する批判についてもふれている。「村山が『教労』組織に対して批判を一言でもいっているでしょうか。どうでしょう。かれのマルクス・レーニン主義の学習不足をのべても、マルクス・レーニン主義への批判を一言もしていません。また教労山形支部の運動の批判、『新教』への批判が一言でもあるかどうか、調べていただきたい。[30]」

井野川によれば、俊太郎は、政治的公式主義は批判していたが、そのことは、そこから離れるのではなく、むしろその発展深化に向かっていたのではないか、だから新教・教労等の運動に接して学んだマルクス主義的な世界観は、その後の北方性の生活土台分析に生きているのではないかとしている。[31]

〈注〉

（1）「日本教育労働運動史1～4」は『明るい学校』四七年六月号から四八年一月号（巻、三・四・五・七号）に連載された。一九七二年、大幅に加筆、資料の補充、解説を加え『日本教育労働運動史』として新樹出版より刊行。

（2）駒林郁男「プロレタリア教育運動」（明治図書講座『学校教育2巻　日本教育の遺産』、一九五七年、明治図書）一三〇頁

（3）同前、一三二頁

（4）中内敏夫「教育運動の抵抗と挫折」（講座『現代教育学』第五巻『日本近代教育史』、岩波書店、

一九六二年）、二七二頁

（5）同前

（6）同前

（7）宮原誠一編『日本現代史大系　教育史』（東洋経済新報社、一九六三年）二八七頁

（8）岡本洋三『教育労働運動史研究』新樹出版、一九七三年。初出『教育運動史研究』一〇号、一九六八年、原題「教育運動史研究の方法について」）

岡本論文の主要な課題は、教育運動史研究の方法論を確立することにある。ここでは、新教・教労運動を生活綴方運動と同一平面上では比較できないのであり、様々な教育要求に基づく社会的運動としての教育運動は、凡てを同一性、同質性のものとしては分析できず、その特殊性を区別しながら分析することの必要性をといている。

岡本は、論文「教育運動の認識の問題」（一九六八年）において、「教育に関するさまざまな運動を『教育運動』なる総称のものとして研究対象」とする場合、「諸運動が教育運動という同一性とともに、それらが相互に区別され、また存在する（現実が必要としている）根拠、運動の独自性とその相互関連を正しく解明し、運動の発展（個別的かつ総合的な）を法則的につかみとっていけるような教育運動史研究の方法を生みだす」（岡本洋三『教育労働運動史研究』新樹出版、一九七三年、二一二頁）が求められているとする。

さらに、岡本は、教労・新教運動への批判が、事実の詳細な検討なく行われたものだけでなく、上記の教育運動の同一性にもとずく批判であったとする。同時に、それらの評価にたいする反批判も「事実認識の一面性や現象性は誤謬を指摘して、『批判』の不当性と誤りを明らかにする」というものであり、「批判者の『政治主義・公式主義・子ども不在』などの運動批判の基準と、その論理を内在的

に検討しようとせず、(略)もっぱら事実問題における反論に集中したことに『反批判』の質的な発展を妨げた研究方法上の問題がある」(岡本同書、二二五頁)と反省する。その結果、批判者たちの「新教＝教労の運動像」のゆがみを正すことが出来ず、「新教＝教労の運動像」のゆがみを「教育運動像」のゆがみにまで拡大し固定化する役割を演じつつあるのではないか、と危惧するのである」(岡本同書、二二五頁)と研究方法上の課題を提起した。こうした研究方法意識は、「教育運動には、通常、『教育に関する』社会的運動がすべて包摂されている」(二一七)特殊性によるものであった。

(9)岡本前掲書、二一八〜二一九頁
(10)同前、二一九〜二二〇頁
(11)国分一太郎「『生活綴方』の運動と『生活学校』の運動」(雑誌『教育』一九五二年三月号)
(12)岡本前掲書、二二六頁
(13)井野川潔『論争・教育運動史』草土文化、一九八一年、八四頁
(14)同前、八五頁
(15)国分一太郎「『生活綴方』の運動と『生活学校』の運動」雑誌『教育』三月号、二一頁
(16)同前、二二頁
(17)「教育の北方性と生活綴方」(『山形の教育』、一九五四年)二二頁
津田道夫は、著書『国分一太郎』(社会評論社、二〇一〇年)において、山形県教育労働組合の結成を一一月七日と正しく記しているが、その直後に、本注の引用と同じ部分を引用しながら、一一月二三日に準備会だったと書いている国分の記憶矛盾を指摘しないままに、「国分は、教労運動に意識して参加したというより、村山のすすめのままに参加してしまった」と結論づけている。
(18)国分一太郎『生活綴方ノートⅡ』新評論社、一九五五年、一一二〜一一三頁

(19) 同前、一一二〜一一三頁
(20) 国分一太郎編『石をもて追われるごとく』英宝社、一九五六年、二四二頁
(21)「教育運動史の調査・研究について——山形県国民教育研究所への手紙——」(一九六九年)。のちに井野川前掲書『論争・教育運動史』所収。
(22) 前掲西塔論文、三頁
(23) 田中新治『教育運動史考』光文堂書店、一九七六年、六〇頁
(24) 前掲西塔論文、七頁
(25) 同前
(26) 同前、四頁
(27) 国分一太郎「北に向いし枝なりき」(雑誌『教師の友』三六年七月号)
(28) 岡本前掲書、二三一頁
(29) 同前、二三四頁
(30) 井野川前掲書、九七頁
(31) 教労・新教運動への参加者を中心とした「新教懇話会」(五九年発足)は、月例会を続け、機関誌『新教の友』(後『教育運動史研究』)を発行し、「新興教育研究所創立三〇周年記念集会」(六〇年)を開催し、『日本教育運動史　全3巻』(一九六〇年、三一新書版)をまとめあげた。その第二巻は、黒滝チカラ・伊藤忠彦編『日本教育運動史　2　昭和初期の教育運動』(三一書房)である。この本は、教労・新教関係者と研究者が編者となり、当事者の証言をも組み入れた、新教・教労運動を日本の労働組合運動と文化運動の中に正当に位置づけて検証しようとしている。ここでは、当時、教労・新教運動に投げかけられていた政治主義・公式主義的批判をどうけとめて整理しているかに注目し

ておきたい。

『日本教育運動史 2』は、「五章むすび」を編集委員名で書き、教労・新教運動は「初めから、大きな弱点もあった。次の四つの欠陥は、きびしく批判されなければならない」（二五七頁）と率直にのべている。

「一 組織について。大衆コースが実現できなかった。教師のほかの運動が、ほとんど点か線のつながりに終始したのにたいし、面として組織された例も少なくないけれども、一般的には、みんなが百歩進むことにはならず、対立さえ起こしやすかった。

二 活動について。父母との結びつきがわずかな例を除いて、ひどく不足していた（略）

三 実践について。やはり思想教育になりがちだった。新教育のそれなりの進歩性を生かし、いろいろの方法をくふうして、じみな実践もあったのだが、一般的には、あせった押しつけ・引き回しもあった。すぐれた切り開きをすべての教師の財産にするための努力も欠けていた。

四 認識において。この一〜三は、つまるところ情勢にたいする見通しの甘さからきた（略）人民戦線ができなかった。それは教師だけの問題ではないが、教育のなかでも、壁の厚さをはっきり見届けなかったのは失敗ではなかったか。」（二五七頁）

「四章 『教労』中央の対立と『新教』の解散」（坂元忠芳執筆）では、こうした弱点を生んだ要因として、教育運動の固有性・特殊性の認識が充分でなく、それは当時の運動の組織論からくる限界があったことも指摘されている。

4　階級的教育実践の構想

(1) 階級的教育論への転換

俊太郎は、山形高校社研の仲間とマルクス主義を学び始め、その活動に加わり、非合法の山形県教員組合の組織・結成に参加し、治安維持法によって検挙された。その世界観の転換は、俊太郎の教育実践にどのような影響を与えたのか。マルクス主義を学びどのような教育論を構築しようとしたのか。

生活に対する科学的認識と行動の指導

俊太郎は、一章の最後で述べたように、論文「環境と個性」(三〇年一二月)では「社会に対する批判や叫び」が直接的に作品に出て来たとしても、「眼を特に光らしたり、特殊な感情でその文を取り扱ったり」することに疑問をていし、「もっと沈黙した姿で自分の心」を見つめることを大事にしていこうとしていた。それから数ヶ月あとの論文「詩の指導に関して——主として基礎的覚書——」(一九三一年四月)には、明らかにこれまでの論調から転換が見られる。

「われわれは詩の内容とすべき集団の現実に於いて従来の如く、たんに現実を精彩に歌うことのみ意味しない。現実はわれわれの生活であり、行動であるのだ。そしてその生活、行動が正しい歴史進行の歩調をとるに於いては、その現実を歌うことそれ自身がもっとも偉大なるものについて歌うことを意味するのだ。

われらはここで子どもたちとともに協同の立場に於いて、もっとも正確に、われわれ自身の現実生活を把握すべきであり、その方法を科学の力に求める。
そして詩もまた現実の認識と、偉大なる組織行動へのよき武器であらねばならない」（一－二〇三）
さらに、次のようにも述べている。
「詩も（あらゆる芸術がそうだ如くに）この現実生活の正しい認識と組織とに役立つ弾丸であらねばならない。子どもの詩において、やはりこの武器として役立つべく指導されなければならない」（一－二〇五）
「現実凝視の生活態度においては、自然も四季の変化も第二義的意義を持つべきであり、自己の生活への凝視から始まり、その批判的行動を呼び、さらにより幸福なる社会生活の建設へと向かわなければならない。[1]」（一－二〇六）

ここでは、「行動が正しい歴史進行の歩調」とか、「協同の立場」とか、「詩もまた（略）偉大なる組織行動の武器」とか、「認識と組織とに役立つ弾丸」とか、これまでの俊太郎の論文とはあきらかにトーンの違うものとなっている。かつて、詩は芸術的なものと主張し、書くことに自照文をもとめていた俊太郎は、「このことは、ぼく自身の清算であると同時に、今後における詩の指導の目標である」（一－二〇五）と言いきっている。この時期、俊太郎は、自己の哲学的基礎及び表現観を急激に組み替えていったと見ることが出来る。それは、「自然も四季の変化も第二義的意義をもつべき」として、童謡詩や日本の文化の中で大切にしてきた短歌や俳句の世界がもっていた人間の情動や感情（感動）表現を機械的に切り落として行くものであった。

ここには、読んだばかりの翻訳されたマルクス主義文献、日本のマルクス主義文献からの理論を児童詩論に強引に持ち込んだ機械的教条主義が色濃くにじんでいる。

論文「詩の指導に関して」では、もうひとつ、俊太郎のその後の実践理論に重要な意味を持つことが述べられている。それは、「現実生活の確実なる認識のためには、従来の如き自由選題主義に於いてはあまりに夢遊的である。私はここに新課題主義の方法（峰地光重所論）により、より組織的に製作を進めようと思う。」（一ー二〇六）と述べ、峰地の新課題主義への賛意をのべていることである。

俊太郎は、文集づくりにも新しい取組を始めようとしている。

「（文集作成は）児童、教師協同で毎月作成する。児童に係を置く。（略）子ども各自に毎月の作品から自選させて、原稿用紙に書かせ、それを係の児童たちの手によって文集に仕上げるのだ。」（一ー二〇六）この文集づくり方式は、この時期に俊太郎が学校・学級自治論から学んだことと考えられる。文集を児童と教師が協同して作成することは、一九三七年の教室実践でも実際に取り入れられて実践されていく。

実践「天神様のお祭り」と新課題主義

俊太郎の新課題主義の実践は、「天神様のお祭り」（『綴方生活』三二年八月号掲載）にあらわれてくる。

俊太郎は、一九三一年、尋常五年女二三人と尋常六年女二六人、計四九人の複式学級を担任している。児童家庭の職業は、農業一三（自作兼小作農多く自作農少なし）、日雇業一〇、植木業六、商業四、工女四、職工三、事務員・大工それぞれ二、製糸業・貸家業・木挽業・使丁それぞれ一であった。地方都市近郊の特徴で職業は多様であった。俊太郎は「純農村としての素朴さはみられない。経済状況も悪く、没落の道を辿る家も少なくない。」（一ー二〇五）と記している。

実践報告「天神様のお祭り」は、尋六年生三人（山口まつ、山口ます、江口キク）の共同作品そのものが掲載されている。

「天神様のお祭り」のもくじは、次のようなものである

一、天神様　　　　　　　（天神様の由来・歴史）

二、祭りのお使い　　　　（お祭りへの招待の手紙）

三、祭りの日　　　　　　（お祭りのために買った食品と値段、その日の準備）

四、祭りの店　　　　　　（店の種類、クラス二四人の買い物しらべ、使ったお金）

五、祭りのちょうちん　　（祭りのちょうちんを見て帰ったこと）

六、祭りの反省　　　　　（まとめ）

特徴は、調べ学習と調査を行ってまとめていることである。たとえば、「三、お祭りの日」では、買ったものとして、酒（三升　三円九〇銭）、きりいか（五〇銭）、めぬき（二匹　一円）、からかい（五〇銭）、しらたま（三〇銭）、やきとうふ（四チョウ　四〇銭）、たまご（一〇個　三〇銭）、合計六円九〇銭になることをしらべている。「四、祭りの店」では、尋六のクラス二四人がお祭りでどんなものを買ったのかを調べて、一八の品物をのべ七一人が買って、その合計は一円二三銭五厘になったことをていねいに調べている。

「六、祭りの反省」は次のようなものである。

「1、参拝のとき、雨がふってくやしかった。よい着物がぬれた人もたくさんいる。

2、夜のよきょうがおもしろかった。よきょうのようすもかくとよかった。

3、祭りの前の日は、どこの家も道もきれいでよかったが、祭りのつぎの日は、天神さまのあたりや道に紙などがおちていた。みんな公徳をまもるとよい。

4、夜のちょうちんは町中同じだとよい。

5、お金をたいへん使うことがわかります。もっと倹約しなければならない。」（一―二一一）

三人がていねいに調べていることがわかる。しかし、まとめでは、お祭りが楽しかったのか、買って食べたものはおいしかったのか、それぞれの家庭にどんなお客さんがきて、お酒を飲んだり、おいしいものを食べたりしたのか、どんなことを語り合っていたのか、など地域・家庭をあげてお祭りを楽しんでいる様子は書かれていない。六のタイトルがそもそも「反省」となっていて、自分たちの祭りの感想がまったく書かれておらず、「公徳をまもる」「倹約」という道徳的な内容が主になっている。

俊太郎は、「天神様の祭り」の最後に「綴方に於ける共同作」という短い文をつけている。「科学的生活の認識という立場からみても、集団の思想感情を表現させるという立場からみても、共同作業として、共通の目的のもとに主題を選び協力的方法によって組織的に作品を製作するという態度は重要な任務をもっています。個人の力では到底やり得ない効果をたしかにもっています。私は六年児童にも試していきます。」（一―二一一）

俊太郎は、科学的認識、集団的思考、協力的方法、組織的製作などの観点から、この「天神様のお祭り」について肯定している。

新課題主義の共同制作を批判したのは川崎太治である。川崎大治は、「綴方に於ける『共同制作』の反動性について」（三一年一一月）において、「共同制作」実践を批判しながら、その代表的実践として「天神様のお祭り」を取り上げている。

川崎は、「（俊太郎の「天神様のお祭り」は）、祭りの日のことを文節化して丁寧に調べているが、児童が発見したものは、「私たちはもっとけんやくしなければならないとつくづく思った」という「公徳、節約などという修身を丁寧にやっている」「支配階級に対する従順な意志」(2)にすぎないのではないかと批判をしている。それは、「共同制作」という方法が何かあたらしい理念を提示しているかのように分節化することへの適切な指摘であったともいえる。

こうした批判をする川崎がどのような提案をするか期待をして論文を読んでいくと、提唱するのは「綴方に於ける弁証法的唯物論の方法」が大切であると言うのみで、弁証法的唯物論の教育実践論的展開に関する具体的提案は何もなく期待を裏切られる。

海老原治善は、「天神様のお祭り」にコメントし、「子どもの生活に密着した仕方で題材を選んできている点が注目される。しかし、ここにも、調べ方を科学的に（それも、自然科学的に）するということで、たしかに、問題の社会的歴史的本質はつきとめられていない欠陥が露呈されていた。[3]」と評している。

俊太郎にとって、科学的認識と行動の指導をどう進めるべきかが課題であった。それに対する俊太郎の考えがよくわかるのは、『教育国語教育』（三二年四月号）で編集部から出された問題に回答した短文である（著作集1では「**問題の解答**」になっている）。

編集部からの「問題一」は、次のようなものであった。

「綴方教育をより科学的にしたいという思想あるいは実用的にしたいという希望の正しい意味やご実施の結果についてお伺いします」（一－二一二）

それへの俊太郎の回答である。

「われわれの綴方教育をより科学的ならしめるということは、児童の表現を通してその生活をより科学的に認識させ行動させる指導を意味する。すべての科学は認識の学であると同時に実践的方法論である。したがってわれわれが生活の科学的認識ということは、生活の科学的実践行動を意味する。（略）主観的に歪めることは絶対避けなければならない。児童たちの社会、そして全社会生活に対して正しい認識と行動とを指導しなければならない」（一－二一二）

俊太郎は、学習してきたマルクス主義の理論で綴方教育を組み直そうとする意欲がみられる。それは、主観主義的認識を廃して科学的認識に、認識だけでなく行動・実践を強調していることにあらわれている。「正しい認識と行動」とは、歴史の弁証法にもとずく労働者階級の勝利の方向を意味していたのだろう。

実践「トマト日記」と階級的教育論

俊太郎は、三二年三月二日に検挙され、同じ時期に検挙された六名が五月二～四日に釈放されているので、俊太郎も五月（正確な日は不明）に釈放されたとされている。釈放後、俊太郎は、三二年、三三年に、勝俊夫名で、『教育国語教育』誌に七本の論文を執筆している。三四年には島木和夫名をもつかっている。

論文「生活調査と綴方――農村における理論と実践――」（一九三二年、『教育・国語教育』四月号）は、検挙されて警察にいる間に発表されたものであるから、検挙の直前に書かれたものと考えられる。発表は勝俊夫となっている。検挙前に書かれたものであれば、ペンネームは使わなかったのではないかと考えると、原稿は出版社に入稿ずみで、検挙の後に名前だけをペンネームに差し替えたとも考えられる。しかし、その連絡はどうして行えたか。ちょっとしたミステリーである。

この論文は、この時期の俊太郎の実践構想を書いたものとして注目できる。俊太郎は、論文の冒頭で、「子どもの綴方においては、現実の生活事実を科学的に（略）認識させるものでなければならない」とし、その方法として、「観察・調査・分析・考察」を重視するとしている。（一―二四）そして、綴方を次のように規定している。

「子どもたちの綴方は正しい生活行動であり、生活批評であらねばならない。（略）綴方は強く正しく

旺盛な児童の行動形態だ」（同前、傍点筆者）

この時期の俊太郎の論文には、「正しい」または「科学的」という用語がしばしば使われている。「正しい」とは、プロレタリアの階級闘争の歴史的方向性という意味である。

そして、「科学的認識」とは、「現代における相当に先鋭化された階級社会における農村生活の環境性も認識させる。即ち現在のプロレタリア農民大衆の子弟としての現実の確認」である。

こうしたプロレタリア教育論にたって、俊太郎は、綴方の任務として「農村児童と農民大衆と、農村教育者と、あらゆるプロレタリアートとの大団結において何をすればよいか。この方向に向かってなされる教育活動の中、綴方は実に重要な役割をもつものだと断言できる」「綴方は生活技術の訓練である。農村における現実の環境性が指標するもの、それは正しい労働人としての生活技術ならびに意志の訓練であらねばいけない」（一－二二五～二二六）としている。

そこから俊太郎は、二つの方法を提示している。それは自然観察と生活調査である。

農村の階級的現実（環境）を支配するプロレタリア性を自然科学と社会科学的に観察・調査させて、その認識を深め、そこから行動にむかう――何をなすべきか――生活技術の訓練を綴方の任務にすることを提起している。

「誰だ、農村プロレタリアートに麻酔の夢を強いるものは。そして同じくわれわれ教員にも夢を強いるものは。農村児童と農民大衆と、農村教育者と、あらゆるプロレタリアートとの大団結において何をすればよいか。この方向性に向かってなされる教育活動の中、綴方は実に重要な役割をもつものだと断言できる」（一－二二六）

綴方は、農村におけるプロレタリアートの大同団結において重要な役割をもつものと規定されている。表現も少しアジビラ風になっている。

論文「生活調査と綴方」は、右のような基本的考えをもとに、綴方の実際として「トマト日記」の実践を紹介している。

「トマト日記（六年　山口まつ）」は「家の仕事についてあなたが実際にやられていることについて観察したり調査したりする日記を書きましょう」のよびかけで書かれた課題日記である。三月一九日の温床つくりから、初めて芽の出た日の観察日記、五月の移植、までを綴ったものである。

俊太郎は、ここで「感動がなければ文は生まれぬとか、美的なものでなければ制作欲求が生じないという態度は精算してよい。文は実用的・功利的立場において製作されるもの」（一―二一九）とのべ、従来の文章観・表現観を一変させている。

俊太郎は、「トマト日記」を労働記録的作品と位置づけ、日記文の新しい指導分野であるとのべ、その調査課題として次の三点を挙げている。

「１　生産労働における生産技術方面に関する調査研究。

２　社会関係における生産労働の認識に関する調査研究。

３　生産ならびに消費関係における経済的調査研究」（一―二一九）

トマトの生産場面の生活技術だけでなく、ここからトマトの収穫後の経済的関係を調査的に認識させ、生産労働の社会的役割をとおして階級性の認識を指導していくことをめざしている。マルクス主義経済学の初歩を子どもの作品指導に機械的に押しつけている綴方論になっている。

海老原治善は、『教育国語教育』が三二年四月以降、底の浅い「調べる綴方」からの脱皮を試みていると評価している。その実践例としてあげているのが、俊太郎の実践である。

海老原は「トマト日記」の実践をトマトの収穫や販売による「経済的問題の調査研究によって、生産労働の社会的役割――特に現社会に於ける階級的な――認識をさせるところに指導がある」と書いていることを捉え、「『天神様』段階にくらべると、ずっと焦点が正確になった」[4]と次のように評している。「村山の考え方や実践をみると、まず、子どもの家庭における生産的な労働のなかから作品をうみださせ、しかも、それも、着実に、自然科学的な側面からはいってゆき、そのつみあげのうえに、生産関係において、生活の問題をも考え、みんなで検討するという勉強のしかたに発展させたのは、実に注目にあたいする」[5]

俊太郎の「天神様のお祭り」「トマト日記」の実践は、今日では、「調べた綴方」の実践とされている[6]。しかし、俊太郎の論文を読む限り、二つの実践を「調べた綴方」の実践とは位置づけていない。この二つの実践を「共同制作による新課題主義」と位置づけていた。

そこに込められた実践意識は、綴方に農村におけるプロレタリアートの大同団結において重要な役割を持たせ、その観点から「経済的関係を調査的に認識させ、生産労働の社会的役割をとおして階級性の認識を指導していくこと」をめざしていた。

俊太郎の二つの実践は、この時期の新課題主義と共同制作という提起をうけて取り組まれ、書かれたものであったと推測される。しかし、俊太郎が主張していた実践思想は、峰地や滑川が提起していた新課題主義と共同制作と異にしていた。俊太郎においては、綴方を農村におけるプロレタリアートの大同団結において重要な役割をもつものという位置づけで、その観点から「経済的関係を調査的に認識させ、生産労働の社会的役割をとおして階級性の認識を指導していくこと」をめざすという実践が意図されていた。そこに当時の機械的なマルクス主義を直輸入した俊太郎の階級教育論が構想されていた。

(2) 階級的児童詩論の模索とその教条主義

「生産的綴り方教育」の提唱と階級的作品論

俊太郎は、一九三二年一一月に勝俊夫名で「農村綴り方の新更生 ―― 生産的綴り方への試論 ――」を書いている。そこで、「プロレタリア綴り方」を位置づけ、「生産的綴り方教育」を提唱している。

「プロレタリア綴り方がプロレタリア教育の現実的には政治的に不可能である如く不可能であるとする時、真に農村教育の指標となるものは、正しい労働的教育であらねばならない。少なくとも、現在の学校教育に於ける最大の欠陥は労働的関心の欠如している点である。正しい労働的精神並びに技術の訓練こそ、農村教育の更生道だ。農村綴り方教育の新更生として、生産的綴り方教育の提唱をする」(7)

そこで、生産的綴り方の特徴を定義風に一〇点あげている。

「1. 生産的綴り方は、生産者（又は階級、以下同じ）としての正しい観念形態をもたなければならない。
2. 生産的綴り方は、生産者の思想、感情を組織訓練する技術だ。
3. 生産的綴り方は、生産的社会生活技術への指導だ。
4. 生産的綴り方は、思想、感情及び自然に対する科学的把握と組織化、構成化を目指す。
5. 生産的綴り方は、題材に於ける社会的労働的関心を高唱する。
6. 生産的綴り方は、題材認識に於ける主観的真実性と客観的現実性との統一的表現の完成を目指す。
7. 生産的綴り方は、実用性、行動性、実践性を重視する。
8. 生産的綴り方は、労働的記録文、報告文の新建設に努力する。
9. 生産的綴り方は、適応した文章形態の新創造を意図する。

10. 生産的綴り方は、生産的職場別による組織的集団制作を計画する。[8]」

俊太郎は、史的唯物論の歴史的発展の論理において、「自然主義的リアリズムからプロレタリアリアリズムへ。そこに歴史発展の弁証法がある」とするが、「社会そのものの発展の弁証法は文学発展の弁証法を制約する」という史的唯物論の基本原則において理解しようとしている。こうした論理で、教育問題を次のように語っている。

「農村教育の根本概念は、真の農村機構の上部構造の一部として成立しなければならない。（略）農村教育乃至綴方教育の新建設に当たって、従来の所謂『土の綴方』や『郷土主義綴方』や『村の綴方』と別離しなければならない根本のものは、単に土を愛する精神や、農村の現実の写実的表現や、反動的郷土教育的なものに支配された文章を希望するものではない。農村の生産機構に根を張って、独自の文化形態を創造し、生活を更に前進させるための目的意識的表現を希望するために役だつためのものでなければならない。」

俊太郎は、論文を次のように結んでいる。

「ほんに明るい生産階級としての生産開拓のために、真の農村文化建設のために、明日の健康な児童のイデオロギーをつくるために生産的綴り方を提唱する[9]」

俊太郎は、綴方にプロレタリア意識と行動の指導を求めた。その典型を、この時期に展開した作品論に見ることができる。

論文「綴方の社会性――詩を中心として――」（一九三二年、『教育・国語教育』第二巻一二号、勝俊夫）では、俊太郎の階級的作品論をわかりやすく読むことができる。子どもの詩をA・B・Cタイプに分類し、次のような批評を加えている。

A

明けゆく空よ　朝の窓
夢よりさめて　外面《そと》見れば
うばらも今や起きいでて
風にピンクの顔洗う
流れゆく雲の光り
高く舞うあげ雲雀
歌う声の愛らしさ
若い乙女の胸はおどる
春風かおる若葉の小窓

（少女倶楽部　優等入選）（一一・二・二三）

この作品を俊太郎は、「悪く育った温室の花である。キザな都会少女の夢の小窓からのみ人生を眺めさせられている。（略）『高く舞うあげ雲雀、歌う声の愛らしさ』からは概念的な鑑賞が強いられる。ゴム毬のようであるべき少女の朝の感覚は死んだ木乃伊《みいら》のように感じられる」（一一・二・二三）と論評している。

B

また夜になってきたな
はれあがったゆきやけがいたむ
わら仕事をしている
兄さんのそばで

ずきんずきんといたむ手を
じっとこらえているのだ
吹雪が屋根の上
うなっていく　(尋六女)　(一―二三三)

Bの作品に対しての論評は、次のようなものである。

「Bの傾向にめざめつつあるというところが現在の綴方教育である。浪漫主義作品からようやく自然主義作品に移行しようとしているのだ。(略)Bの詩に於けるリアリズムは、たんなる自然主義的リアリズムであり、素朴な、自然発生的なものである。ゆえにBの詩は農村児童の冬の生活の一面が率直に表現されているのみで、いたいたしい現実生活に対するぐち、詠嘆、失望などの感情がにじみ出ているのみだ。われわれは現実の農村児童は自然主義的にもっともっと意識が高揚されている事実を認める」(一―二三四～二三五)

ここには、雪やけになっていたむ手をこらえている小学六年の女児の生活の現実表現にたいして、「ぐち、詠嘆、失望の感情がにじみでているのみだ」と切り捨てる俊太郎の機械的な教条主義が露呈している。そして、俊太郎は、Bの作品をCへと発展させることを提唱している。

C

風は満州の兵卒を吹いていう
「氷と雪の野原の寒さの中に
銃ををとる君らこそは勇士だ」※

「太陽のない坑につるはしふる
君らこそ英雄だ」
風はシベリアから吹いて来て　※※

※風は百姓に向かって吹いていう
「大地に鍬をふり土をほじくる
　君らこそ英雄だ」
風は工場に向かって吹いていう
「油と汗にまみれながら
　ハンマーふり上げる君らこそ勇士だ」
風は鉱夫に向かって吹いていう

※※いっそう大きく叫ぶ
「おい勇士たちよ
しっかり進め腕を組んで
その鎌で、ハンマーで、
銃で、つるはしで
×の頭を、原をたたき割れ！
×は×にあるぞ！」　　　　　（一―一三四）

俊太郎は、作品Cを「溌溂として躍動しつつある新興階級のそれである」（一―一三四）ととらえ、そのとらえ方の方法論を次のように述べている。

「あらゆる芸術の分野が明確に対立して二つの階級的闘争を開始した。これは芸術の本体が社会的上部構造である以上当然なりゆきであるが、ここに過去のあらゆる生活形態を揚棄して、新興階級のそれの建設的努力をする。個人主義よりも社会主義、主観主義よりも客観主義、形式主義より内容主義、唯心的神秘主義より唯物論的現実主義へ、超階級的より階級的へと変革の過程を急ぐ」（一―一三五）

俊太郎は、機械的な階級理論で子どもの作品を論断する教条主義的な分析に陥っていった。

俊太郎は、同様の論理を「児童詩における『現実』の吟味」（一九三三年、『綴方生活』八月号、勝俊夫）において、より理論化して展開している。この論文では、ブハーリン『史的唯物論の理論』を引きながら「芸術（誌を含めて）を『感情の社会化の手段』ととらえ、詩を次のように定義づけている。

「明らかに人間の思想は、感情は超階級的でもなく、超時代的でもありえない。明らかに階級的である。そして階級社会における上部構造的諸文化がそうであるように、詩もまた根本においては生産力の発達によって規定されたところの、一定の社会的階級的関係の産物であることは、史的唯物論が明らかにしてくれる」、そして、「詩（芸術）はわれわれにとってその特殊な感動力によって組織されゆく『大衆の進軍ラッパ』（鹿地亘）でなければならない」（一―二五〇）とした。

この論文では、例一～例四までの作品を提示しながら、「綴方の社会性」で論じた作品A・B・Cの論評分析から一歩進めている。

（例一）

月夜には　（高二女）

月夜には
月夜には
お月さんから
一ぱい花が落ちてくる
黄色くなってとんでくる
夜の風に乗ってくる

月夜には
月夜には
お月さんのにおいが
ぎぼうしの花の中に
一ぱいたまるよ

（一―二五二）

俊太郎の論評である。

「この詩のもつ空想的感覚の世界は、この作者の世界観、人生観の必然に招致するところのものである。ここには華やかなる芸術至上の世界に幻想的夢幻の感覚を遊ばせているロマンチストたる作者がいる。作者は現実を理想的観念的に把握することによって一つの夢を中軸としてぐるぐる廻転している。」

（一―二五二）

そして、「現在の児童詩の中に、あまりにも多くのロマンチックな感覚主義の残存の多いことを知る。そしてこれらの指導者に対して反省を求める」と結論付けている。（同）

（例二）

飯　　（高一男）

学校からかえると
すぐおかずはという
おかあさんは叱る
おばあさんが
おかずは味噌という
ぼくはかなしくなる
妹はしずかにねむっている
ぼくは本をおろして
飯びつをおろす
そして味噌をやきながら
家のことを思う
自分の家はくらしがきつい
飯は二、三ばいしかない
飯がたらないのをがまんして
草とりにゆく

（一―一二五三）

この詩に対する俊太郎の論評は次のようなものである。

「現実生活の従順なる裸体が描かれている。自然主義的なリアリズムである。例一の現実に対する空想的抒情的なのに対し、ここには現実生活姿態のそのままの描写的叙事的態度を見る。例一には華やかなる空想的憧れがあるのに反し、ここには暗く低迷する憂うつなるなげきがある。」（一―一二五三）

俊太郎は、農村の貧困な生活をそのまま描いた作品「飯」を「くらく低迷する憂鬱ななげき」と論評し、「現実の分析からくる明朗な明日への希望が喪失している。未来への、建設への確信がない」（同）

と切りすてている。この論評には、お腹を空かしている子どもの現実への愛情や共感はまったくみられない。「飯がたらないのをがまんして　草取りにゆく」をたんなる「なげき」としてしか読みとれない俊太郎がいる。
（例三）

煙　（尋六女）

むくむくと
まっくろい煙をはき出している
工場のえんとつ
どんな寒い朝も四時になると
工場はえんとつから煙をはき出す
夏のもえつくようなあつさの中でも
目がくれるまで煙はやまない
むくむくと煙をはいている
あの工場のえんとつの下には
私の姉さんが働いている
多くの人たちが働いている
働かねば食えない私のうちでは
みんな働いているのだ
ああ私も来年からは働ける
あのむくむくはき出す煙突の下で
私は姉さんと並んで働けるといいな（一―二五四）

作品例三は、俊太郎の指導した作品である。この作品の批評である。

「この詩には主題の積極性もなければ、集団の組織の中から生まれたものでもない。だが私の胸をひしひしと打ってくれる力があるのに驚いた。しかも階級的な感情で私の胸は海綿に水をひたした時のようになっていた。

作者が工場の煙に対してよせている感情はただのロマンチシズムではない。しかしその煙をとおして憧れの感情をにじみ出させている。

それはたんに『現実の従順なる裸描』ではない。工場の中に働く労働者との関連において、さらに自分の家庭の生活的現実とに関連して、さらに完全の労働への憧れと確信とをもって煙を表現しているのだ。この詩に表現されている作者の現実に対する態度は、いちじるしく健康性を持っているといえる。そこには社会的経済的関心への萌芽がある。正しく成長すべきプロレタリア・リアリズムへの『芽』を健康にふいていると思う。明らかにプロレタリア的感情をもっているといえる。それは児童であるがゆえのたしかな認識（世界観）は把握していないにせよ、われわれは健康な具体的現実的感情の萌芽として正しく評価していいと思う。」（一―二五四～二五五）

俊太郎は、作品「煙」には、「働いている」「並んで働く」という表現にプロレタリア感情を読んで感動してしまい、工場の中ではどのような労働の現実があり、働く女工たちのリアルな生活感情などが全く書き込まれていない側面を見おとしている。

（例四）

味噌汁の匂い　（尋六女）

日ぐれになると私は忙しい
小さい妹の守りをしながら飯《まま》じまいをする
鍋の味噌汁がぐだぐだねたつ頃
とうさんは土方からかえってくる
かあさんと姉さんは工場からかえってくる
みんな働いてかえる
腹がぺこぺこでかえる
私は二分しんのランプを明るくしてまっている
私の腹もぐうぐうする
ああ、こんな時
味噌汁のにおいはとてもいいな

（一―二五五～二五六）

「私が詩の指導をだんだんこうした叙事的描写的傾向に進めた頃例三と四は私を非常によろこばせてくれたものである。これらの詩には例一にみるような消極的退嬰性は見られない。ただ自分の分担を、仕事を朗らかにやっていく感情がにじみ出ている。こうした日常平凡な現実的具体のことから、これだけの感情を働かせた表現は高く評価してもいいと私は思う。

こうした現実に対する態度はやがてその世界観人生観の成長とともに、この現実の中からもっとも本質的な階級的モメントを抉《えぐ》り出してそれを現実の生きた姿の中に形象化することによってはじめて、われわれののぞむ詩が生まれると思う。主題の積極性ということも自らにして成し遂げ得ると思う。

児童詩における現実に対する態度として、こうした例三、四の方法こそ、正に正しくあるべき態度であると思う。」(一ー二五六)

俊太郎の作品論は、階級的意識を読み取ることに集中され、教条主義的で機械的である。そこには、生活の事実がリアルに捉えられ、そこから生き方をどうたぐり寄せているかという綴方本来のリアリズムの視点からは離れていた。

(3) プロレタリア綴方とリアリズムの問題

俊太郎が「詩もまた(略)偉大なる組織行動の武器」という認識を示すに至った転換には、当時の日本で紹介されたマルクス主義文献の強い影響を見て取れる。山形市内で学習会があったとされているフリーチェの『芸術社会学』もそうした一冊であったとされてきたが、それは疑問である。(10)

田部久のプロレタリア児童詩論

この時期階級的綴方を展開したのは、田部久の『プロレタリア綴方指導理論』（自由社版、一九三一年）である。俊太郎は、田部久の綴方論、児童詩論はどのように受け止めていたのだろうか。

田部久は、『プロレタリア綴方指導理論』（自由社、一九三一年）において、当時の綴方理論の指導的論客であった田上新吉、新潟師範・田中武、菊池知勇、峰地光重、中野信、らをブルジョア的綴方論者として批判し、一つの結論として次のように述べている。

「プロレタリア的綴方の対象は唯漠然としたる子供でなく、大人と対立した子供ではなく、それはプロレタリアートの子供である。ブルジョアジーと対立したプロレタリアートの子供である。しかしてその目的はただ漠然としたエンゼルの如き子供の生活を表現させることではなく、それはプロレタリアートの生々しい現実の生活闘争を表現させることであり、その事によって児童にプロレタリア・イデオロギーを植込み、未来に於ける××的プロレタリアートを養成するための一つの手段である。即ちプロレタリア教育の一方法としてのものであり、それはプロレタリア教育の凡ての連関の下に於いてなされるべきものであり、従って児童の階級闘争の過程に於いて発展させて行かなければならないのである。(11)」

ここでは、子ども観として、抽象的な子ども像でなく、プロレタリアートの子どもを主な対象にし、次に、表現観（何を表現させるか）としては、「エンゼルの如き子供の生活」ではなく、「プロレタリアートの生々しい現実の生活闘争」をこそ表現させることを強調している。そして、最後に、教育観としては、「児童にプロレタリア・イデオロギーを植込み、未来に於ける××的プロレタリアートを養成するため」と述べ、綴方を一つの手段であるとしていた。田部は、生活指導を次のように規定していた。

「プロレタリア的生活指導は、プロレタリア児童に彼等の生活を正しく認識させ、彼等の不平、不満、要求を組織し統一して行く事であり、そして彼等をプロレタリア階級闘争まで参加すべく指導することだ。（略）吾々の生活指導はプロレタリア意識の教育であり、階級闘争への教育である[12]」

田部は、「子どもの表現」をどのようにとらえたのであろうか。

「生活の表現とは、プロレタリア児童の不平・不満の爆発であり、プロレタリアの貧窮化して行く姿であり、ブルジョアジーの反動性、欺瞞性のバクロであり、プロレタリアートの闘争の姿である。そして、綴方に於ける生活表現も正に之以外の何物でもないのである[13]」

田部は、次のような作品を例にあげている。

水のみ百姓といいやがった！

阜岐市　×××

私は百姓の子です。このあいだ野球のシアヒをやりに岐阜に行ったら、岐阜のヤツラがどんびゃく姓の子だ、水のみ百姓の子だというていじめましたが、おれは百姓がいなかったら、おまえたち米がくわれんやろといってやった。

はたらくのは、おれたちで、あそんで夏には海に行ってぜいたくしているのは金持地主たちである。おれたちは、水のみ百姓といわれたことはくやしくて、わすれません。

あんないいきものを着たやつら、いまにみろ、おれたちの天下が来たらドロ田のなかへたたきこんで田植えの苦しいことをおしえてやろうと思った。

おれの方はまだ無産少年団ないけれど、いじめられたので、これからつくろうとおもって、村にかえってから、みんなにはなしたら、よしやろうと云いました。おれたちもみてくれ、少年団をつくるぞ。（「少年戦旗」一九三〇年八月号[14]）

田部は、この作品をプロレタリア綴方の作品として認める理由として、次の点をあげている。

1　この文の作者は自己の階級的地位をはっきりと認識している。
2　地主、資本家との社会関係を具体的に現している。
3　プロレタリアートの反抗、闘争の決意がひらめいている。
4　プロレタリアートの反抗の組織、組織的闘争の決意を充分にあらわしている。
5　全体として、プロレタリア・イデオロギーを以て文を貫いている点、プロレタリア的感情が現れている点[15]

田部のプロレタリア綴方論は、階級闘争をきわめて教条主義的機械的に子どもの作品に求めるものであった。『新興教育』の読者、俊太郎たちは、教条主義的機械論的な田部の綴方論をどのように読んだのだろうか。俊太郎が評価した作品C「凪は満州の・・・」には、田部と近い階級的作品観がみられるが、「煙」や「みそ汁の匂い」には、子どもたちの日々の日常生活の事実から階級的意識の芽生えを意識化させようとする意図が読み取れる。

『新興教育』一九三一年六月号には、『プロレタリア綴方指導理論』の村川英夫による書評が掲載されている。村川は、田部のブルジョア的な綴方論への批判を一定評価しながらも、次のような厳しい批判を行っている。

「『児童の生活指導』に関連して、考慮すべきことは、吾々が、いかなる場合にも、公式主義者・マルクス主義者道学的となってはならぬということである。児童の生活内容は、実に豊富な、みずみずしい、やわらかなものである。われわれは厳格な階級的教育者であると共に、あたたかい親切な児童の理解者でなくてはならぬ。児童の特殊性、を深く理解しなくてはならぬ。ブルジョア童話・童謡に対してもただ階級闘争一点張りの公式的・機械的排撃に止まってはならぬ[16]」

階級的な立場に立つ教育者であっても、子どもの日々の生活のみずみずしさや豊かさを否定するものではなく、子どもの発達の特殊性を無視した公式主義・機会主義を厳しく戒めている。俊太郎は、この短い書評を読んだのだろうか。読んだとしたら、村川の批判的見解に賛成したのだろうか。

蔵原惟人のリアリズム論と俊太郎

俊太郎は、この時期のマルクス主義文献から学んだ理論にリアリズム論がある。俊太郎がリアリズムを学ぶなかで、蔵原惟人「プロレタリア・レアリズムへの道」（初出は、一九二八年五月『戦旗』創刊号）は手に入れて読んだであろう。

蔵原は、プロレタリア・レアリズムを、ブルジョア・レアリズムの対立概念とし、そして、哲学的には、イデアリズム（観念論）と対立する概念として位置づける。蔵原は、レアリズム論をその発展史に基づいて、ある意味とてもわかりやすい図式化をおこなっている。

①「近代的レアリズムは、いいかえればブルジョア・レアリズムは、自然主義とともに発生している」「近代的ブルジョアジーの文学である自然主義はレアリズムをもって出発した。かれらは、あらゆる新興階級の文学と同様に、現実を現実として、何らの粉飾なく客観的に描きだそうと努めた。」

②しかし、その限界は、ブルジョアジーの使命は「個人の解放」にあり、彼等は、「社会から切り離された個別的個人」を出発点とするために「そこでは、あらゆる人間の生活が人間の生物的本能、人間の性格、遺伝などに還元されている。いいかえれば、彼らの生活——現実にたいする認識の態度があくまでも非社会的、個人的である」と特徴づけられた。

③小ブルジョア・レアリズム

「個人主義的観点を有しておりながら、ともかくも、一応は社会的立場をとっている」「彼らの立場は、経済的、政治的にはより多く階級協調的であり、思想的、道徳的には、博愛、正義、人道等の加担者たらんとする。[17]」蔵原は、イプセン、ドストエフスキー、田山花袋、徳田秋声、島崎藤村などをあげている。

④プロレタリア・レアリズム

「真のレアリストたりうるものは、ただ現実をその全体性において、その発展のうちにおいて見る」「プロレタリア作家は何よりも明確な階級的観点を獲得しなければならない」「主題は、プロレタリアートの階級闘争となる」

「プロレタリア作家は過去のレアリズムから何を継承するか？　我々はまず過去のレアリズムからその現実に対する客観的態度を継承する。ここで客観的態度というのは決して現実――生活にたいする無差別的冷淡的態度をいうのではない。それはまた超階級的たらんとする態度を言うのでもない。それは現実を現実として、何ら主観的構成なしに、主観的粉飾なしに描こうとする態度を言うのである」

「我々にとって重要なのは、現実を我々の主観によって、ゆがめたり粉飾したりすることではなくして、我々の主観――プロレタリアートの階級的主観――に相応するものを現実のうちに発見すること[18]」

蔵原は、近代社会における、ブルジョアジー、小ブルジョアジー、プロレタリアートの三つの階級の特徴を機械的にリアリズム論の特徴にあてはめている。この蔵原のリアリズムの区分けは、先に分析した俊太郎の三段階の児童詩分析に影響を与えていることがわかる。

蔵原は、「プロレタリア・レアリズムへの道」とほぼ同じ時期に「生活組織としての芸術と無産階級」（一九二八年『前衛』四月号）を書いている。論文は「芸術は何等かの意味において生活の組織である」ではじまる。

蔵原は、「芸術は感情と思想とを『社会化』する手段であり、同時にまたそれはそれによって生活を組織する」(プレハーノフ)を引用しながら、次の結論を得ている。「プロレタリア芸術は真実なるプロレタリア的感情と思想と意志との方向に大衆の生活を組織することを、その意識的活動の根本に置いている。」そこから、蔵原は、「生活組織」を「アジテーションおよびプロパガンダの役割を果たすものである」[19]としている。

蔵原は、芸術は「生活の認識」であるとするウォレンスキーの説に対して、あくまでも「生活の組織」であると批判している。ここでの蔵原の結論は、「現在のわが国のプロレタリア作家、芸術家は、現代生活の隅々にまで沈潜して、そこからその生活の正確なる客観的、具体的記録をとってこなければならない」であった。そこから「かくて我々は、現代生活の記録を必要とする。しかしここで最も重要なことは、第一にその記録が真実を描いていること、第二にその描写が正確であることである」を要求する。同時にそれは「単なる生活のコピーを取るということを意味しない」[20]ともいう。

蔵原は「生活組織」としての芸術の形態を論じていくが、「正確なる客観的認識」を前提とし、そのためには「生活の正確なる客観的、具体的記録をとってこなければならない」とするものであった。そこには、客観的で正確なる捉え方が求められている。この論には、客観的なるものを正確に捉えることとそれに対して個々人の生活の特殊性がもつ意味論の世界は入り込む余地はなかった。「単なるコピーではない」ということは、階級的に「真実なるもの、典型的なるもの」[21]にとどまってしまうものであった。そこに、芸術が教条主義的なプロパガンダにとどまってしまう理論的問題が潜んでいた。

この生活組織論は、「正確なる客観的認識」が求められることから、その具体的記録を取ることが求められた。その要請が綴方を「調べる」という方向に向かわせたとも言えるのである。

生活綴方の分野では、この蔵原論文で展開されている「生活組織」「生活認識」概念はきわめて重要だったと推測される。俊太郎等は、生活綴方論において「生活組織」を用いていく際に、この蔵原論文が念頭にあったと考えられる。

蔵原は、一九二九年八月に、「再びプロレタリア・リアリズムについて」を書いている。そこで、蔵原は、レアリズムに要求されることは、第一に「事実から出発すること」、第二には、「常に社会的、階級的観点からすべてを見てそれを描いていく」としている。しかし、「プロレタリア・レアリズムの社会的観点ということは、けっして人間を個人を、一様な色彩に塗りつぶしてしまっても差し支えないということを意味するものではない」とのべ、「生きた人間の描写」「個性の存在とその意義」とのかかわりで、人間の意識的な生活と意識下の生活をどう捉えるかと問うている。

「人間は言うまでもなく意識的な生活と意識下の生活とをもっている。（略）だから我々がもしも人間を描く場合に、その人間の意識的な行動のみを描いて、その意識下の行動を描くことをしないとするならば、彼は人間をその具体的な血のある形象のうちに描きえたとは言いえないのである」[22]

しかし、この蔵原の「意識下の生活」の存在の提起も、「正確なる客観的認識」を求める客観的事実の克明な記述の要請や「階級的観点からすべてを見てそれを描いていく」という主張によって、先に述べた「真実なるもの、典型的なるもの」にとどまってしまうものであった。

この時期、ソビエトにおける二〇年代後半から三〇年代にかけてもスターリン的単純化（教条主義）が体制化しており、蔵原は、そのソビエト文献を日本的問題にあてはめて、翻訳的に繰り返している。その論法は、創作上生まれてくる様々な欠陥は、「革命的観点が欠けている」ことからくるものであり、「唯物弁証法」的な見方が弱いからであると結論付ける。そうしておきながら、「革命的観点」「唯物弁証法」の具体的な内容については展開できないでいる未熟性を免れられなかった。[23]

俊太郎の展開した階級的教育論、階級的綴方論は、この時期のソビエト文学理論に強く影響された機械的教条主義的な日本の文学論、リアリズム論の枠を出ることはできなかった。

一九三三年、俊太郎は、論文「児童詩における『現実』の吟味」を書いている。そこで、俊太郎は、全ソビエト作家同盟組織委員会第一回総会（一九三二年一〇月二九日――一一月三日）に注目して、「『社会主義的リアリズム』と『革命的ロマンチシズム』がソビエト文学の方法」（一―二五五）となることに注目している。(24)

「かくしてわれわれの詩には、われわれの生活のリアリズムが表現され、われわれのロマンチシズムの感情が表現されなければならない。（略）労働に対する健康性、現実的役割に対する実践からくる明朗性、未来の可能に対する鉄の意志、そうした具体的現実こそわれわれのが積極的に表現しなければならぬ題材であろう。」（一―二五五）

ロマンチシズム概念の登場は、俊太郎の新しいの実践理論の構築を切り開く重要な提起であった。

〈注〉
（1）俊太郎は論文において「児童」「子供」「子ども」をどのように使い分けたのか。友人に聞かれて正確に答えることができなかった。「綴方に自照文を」（三〇年四月）「環境と個性」（三〇年一二月）においては、「児童」を用いている。「詩の指導に関して――主として基礎的覚書――」（一九三一年四月）では、『著作集』では、「子ども」となっている。ところが調べてみると発表された『綴方生活』では、「子供」となっていた。『著作集』編集の過程で、「子供」は、「子ども」に書き改めたと思われる。一九三九年七月に書かれた「夏休みの臨海生活指導」では、「子供」「児童」がもちいられている。『綴方生活』は、三七年の発行誌をよんでも、「子供」が用いられている。日本の教師達や教育学がいつから「子ども」

を用いるようになったかは、宿題としておきたい。

（2）川崎大治は、「綴方に於ける『共同制作』の反動性について」（『綴方生活』三一年一一月号）三九頁
（3）海老原治善『現代日本教育実践史』明治図書、一九七五年、四三七頁
（4）海老原前掲書、四四五頁
（5）同前
（6）太郎良は、復刻版月報№４（七八年九月三〇日）において、南砂雄が「農村問題と生活指導」（『綴方生活』三〇年一二月号）において述べている次の部分を取り上げ、現場教師からの『調べた綴方』最初の発言」として注目している。

「いづれの学年に於いても、だから、すてておいては児童が正しい意識を持たない。それへ児童が関心を多く持つ様になる程、それを綴文させねばならない。そこに『調べた芸術』『報告文学』の形式は、同じく綴方に於いても生かされねばならぬ。特に課題作に於いて、農村の大人の生活を調べさせて考察させ、指導を加えるという方法を持たねばならない」（『綴方生活』三〇年一二月号五八）

確かに、南は、言葉としては「調べた芸術」をひいて、「農村の大人の生活を調べさせて考察させ、指導を加えるという方法」を提起している。しかし、何をどう調べるのかということには具体的なことは何も述べていない。こうした提起を当時の実践者が「調べた綴方」の提起として受け止めたかはさらに検討が必要であろう。

青野末吉が「『調べた』芸術」と題した単文を書いたのは、『文芸戦線』（一九二五年七月号）である。教育界で「調べた」が話題になっているのは、一九三一年であるから、青野論文から五年以上がすぎている。その後、文学界でどのような論議があったのか。

南論文は、「調べる」をどの論文から引いてきたのかは不明であるが、青野の立論とは必ずしも一

致しないところがある。

青野は、「『調べた』芸術」において、当時の小説を「自然主義運動当時の、『現実』『生活』『自己』などというものに対する、誤った、浅薄な解釈が、その強い伝統として指摘せられる」とし、次のように批判している。

「身辺の雑印象に満足して、それを描いてさえおればというような、無意力な、無尋求的なことでその『掘り下げ』得たものに時代意識が出る筈もないし、時代の苦悶が反映する筈もないのである」

そこから青野は、「現実を意力的に、尋求的に『調べて』行く行き方、それから来た思想なりがいまの文壇を救う一つの大きな道ではないか」と述べていたのである。

青野が「調べる」ということで念頭に置いているのは、調べたことをそのまま文（作品）に書いていくということではない。現実の現象の背後にある「資本主義経済の機構、貨幣万能の機能にたいする、基礎的な研究を」と思想を求めていたのである。つまり、「調べる」ということは、「大衆の生活に対する、作者の側のそうした準備によって成るもの」としていたのである。教育の世界にあてはめれば、南がいうように、子どもたちに調べさせてその調べたことを綴方に書いていくことを指導するというよりは、教師自身が実践を進めるにあたって、日本の現実、地域の生活の実態を「調べる」学習をつんでいくことが必要であることを訴えていたということになる。

(7) 雑誌『小学校』一九三二年一一月号、一三頁

(8) 同前、一四頁

(9) 同前、一七頁

(10) ヴラヂーミル（ウラジーミル）・フリーチェ、昇曙夢訳『芸術社会学』は、一九二六年にソビエトで出版された大著で、日本語訳は一九三〇年四月、新潮社から出版されている。『芸術社会学』は、

大著で教科書的であり、絵画や芸術の歴史的発展については学んだと思われるが、表現論やリアリズム論の具体的展開はほとんどない。『著作集』の解説などで書かれているフリーチェからの俊太郎への影響は確かめられなかった。

(11)田部久『プロレタリア綴方指導理論』(自由社、一九三一年)三六～三七頁
(12)田部久「綴方に於ける生活指導の問題」(『新興教育』三一年二月号)一三三頁
(13)同前、四一頁
(14)同前、八四頁
(15)同前、八五～八六頁
(16)村川英夫「書評『プロレタリア綴方指導理論』」(『新興教育』一九三一年六月号、八三頁
(17)蔵原惟人「プロレタリア・レアリズムへの道」(初出は、一九二八年五月『戦旗』創刊号)、引用は、『芸術の方法としてのレアリズム』新日本出版社、一九七八年、七～一一頁
(18)同前、一七～一八頁
(19)『蔵原惟人評論集』(新日本出版、一九六六年)一二六頁
(20)同前、一三二頁
(21)同前、一三三頁
(22)蔵原惟人「再びプロレタリア・リアリズムについて」(初出『東京朝日新聞』一九二九年八月一一～一四日、引用は『芸術の方法としてのレアリズム』新日本出版社、一九七八年)二五～二九頁
(23)一九七八年に編集された蔵原の『芸術方法としてのレアリズム』(新日本出版社)の解説を書いた水野明善は、「今日『プロレタリア・レアリズムへの道』を読むものは、その課題提起の歴史的条件として示されたいくつかの文学的な記述に疑問をもつにちがいありません」と述べ、その歴史的限界

（略）をも指摘している。水野の解説では、蔵原は、「芸術理論におけるレーニン主義のための闘争」において、「哲学上の唯物論と芸術上のレアリズムとは必ずしも一致しない」と訂正していることも紹介している。[27]

この時期の田部久の綴方教育論や俊太郎の教育実践論の階級的公式主義や機械主義は、当時のソビエトの哲学や文学論、蔵原論文などの文献を学んでその影響下で形成されていったものであった。

(24) 第一回全ソ作家大会において、社会主義的リアリズムについては、ペ・ユージンの報告「ソヴェト作家同盟の規約について」において解説を加えている。

「社会主義的リアリズムは、ソヴェト文学の基本的な方法である。この方法はプロレタリアートの世界観に依拠している。マルクス主義的プロレタリア世界観がその基礎をなしている。従って、世界観の方法と対立させ、また引き離すことは、断じて批評に値しないのである。規約の理論的部分において、社会主義的リアリズムの諸原理を余すところなき明瞭さをもって定式化されている。そこでは、次のごとく述べられている。即ち、ソヴェト芸術文学、及び文学批評の基本的方法たる社会主義的リアリズムは現実をば、その×××発展の過程において、正確に、歴史的・具体的に形象化することを芸術家に要求している」（『第一回全ソ作家大会報告』ナウカ社、一九三四年、二四五頁）

また、文学の教育的課題についても言及している。

「芸術的具体化の正確性、並びに歴史的具体性は、勤労大衆を社会主義の精神において思想的に改造し、教育するという課題と結合しなければならぬ。現実が如何に発生し、如何なる理由によって生じたかを知り、またそれの今日の位置、而してそれが社会発展の法則によって、必然的に何処へ発展していくであろうかを見究わめるところにマルクス主義的歴史観が存在する」（同、二四五～二四六頁）

さらに

「現実の真実なる形象化は、行き当たりばったりの、あれこれの現象の写真化及び再生産を意味しない。現実の真実なる形象化は、歴史的展望、傾向、社会発展の法則の理論および凡ゆる対象のうちより、典型的、基本的そして性格的※なるものの表示を芸術家に要求する。社会主義的リアリズムは、その本質上批判的なものであり、また新しい世界観、新しい生活を肯定するところのものである。新しい世界観、新しい現実を肯定しつつあるところの方法としての社会主義的リアリズムを、その批判的本質と対立させてはならない。マルクス主義の創設者たちは、本質的にマルクス主義が批判的であるとわれわれに教えている」（同、二四六頁）

＊「性格的」は（ロシア語のハラクテルの形容詞）と思われる→「特徴的」と訳すのが良い

ユージン報告は、社会主義的リアリズムに関して三つのことを語っている。

第一は、社会主義的リアリズムを芸術文学とその批評の「方法」（方法論）として位置づけ、その基本はマルクス主義的プロレタリア世界観においている。ロシア語において、「メトド」（方法）と「メトドローギヤ」（方法論）は異なる。「研究の方法」という場合と「研究の方法論」という場合、後者は課題に対する哲学的立場を表している。つまり、社会主義的リアリズムの方法論としてのマルクス主義（マルクス主義的歴史観）に立つということである。

第二は、社会主義的リアリズムは、「勤労大衆を社会主義の精神において思想的に改造し、教育するという課題と結合しなければならぬ」とし、勤労大衆への教育的役割を持たせていることである。文学や芸術が勤労大衆を教化（教育）することから、宣伝・煽動の役割を持たされることとなった。

第三は、社会主義的リアリズムは、「あれこれの現象の写真化及び再生産を意味しない」「現実の真実なる形象化は、歴史的展望、傾向、社会発展の法則の理論および凡ゆる対象のうちより、典型的、基本的そして性格的※なるものの表示を芸術家に要求する」とし、「新しい現実を肯定しつつある」ものの表現を求めた。文学が社会主義建設の成果、あるべき生活、その人間像を描くことを文学者に求めたのである。

「新しい現実を肯定しつつある」ものの表現は、俊太郎の「あるべき生活」論につながるリアリズム観ではないだろうか。

第三章
北方性教育の理論構築とリアリズム論

1936（昭11）年2月末、一ツ橋教育会館地階食堂での「生活童詩の理論と実践」出版記念会。（前列左から6人目が村山）。このときは、上田庄三郎、今井誉次郎、野村芳兵衛らの著者の合同の出版記念会であった。

（前列左から）木村不二雄ひとりおいて野村芳兵衛、上田庄三郎、今井誉次郎、村山俊太郎、小川実也、大矢輝昭、池田種夫、（中列左から）中村新太郎ひとりおいて野口茂夫、川原慎、藤谷重雄、長谷健、小砂丘忠義ひとりおいて山崎善照、松永建哉、久米井束、牧沢伊平、（後列左から）福井浄輔、二人おいて滑川道夫、木戸若雄、高野柔蔵、工藤享、上田唯郎、城戸薫、戸塚廉、井野川潔。

俊太郎において三四年から三六年は、機械的な階級的教育論からリアリズム論を深化させ、北方性教育の理論化に力を注いだ時期である。リアリズム教育論の構築に多くの論文を書いている。この章では、その「北方性教育の理論構築とリアリズム論」の発展深化を読み解いていく。

1　免職後の俊太郎の生活（三二年〜三六年）――記者生活、結婚、長男誕生――

俊太郎は、三二年三月二日、教員組合の組織に参加して検挙され、免職になる。俊太郎二七歳であった。俊太郎は、検挙から二ヶ月して釈放されると、山口村原崎（現天童市）の実家にもどり、父母、弟たちと生活を共にしながら、文学・社会科学の学習に力をそそぎ、勝俊夫、島木和夫などのペンネームで旺盛な執筆活動を続けている。三三年一月、俊太郎（二八歳）は、天童尋常高等小学校佐々木忠蔵校長の骨折りで、「日刊山形」新聞の記者となっている。

大きな出来事としては、三二年「山形詩人」の機関誌に投稿した荒木ひで（当時、北村山郡小田島尋常小学校訓導）の詩に批評を送ったことから手紙の交換がはじまり、結婚を約束する。[1] 俊太郎とひでが結婚にいたるまでは、荒木家をとりまく親戚からの断絶をせまる反対があった。また、俊太郎の父・乙松からひでの母・たかに結婚みあわせを通知する手紙が送られている。日付けは、三三年二月一三日である。

「実は、俊太郎の身の上につき、目下尤も大切な場合、特に例の一件（教員赤化として免職のこと）に付き謹慎中の折り、縁談の事は、しばらく内御見合せくださる様御願い申し上げます[2]」

さまざまな困難を乗り越えて、三三年四月、俊太郎は、荒木ひでと結婚する。結婚後、俊太郎は山形で記者生活、ひでは東根の実家から小田島の小学校に通勤する。三四年、俊太郎は、「日刊山形」新聞の学芸部長となり、週一回の学芸欄を編集するとともに、教育問題、児童文化問題を積極的に取り上げている。三四年四月には、妻ひでが山形市の小学校に転勤し、いっしょに住み始める。その時期のひでの回想である。

「村山はたいへんな読書家で、夜は遅くまで本を読み、原稿をかき、日刊山形新聞の学芸欄を一人で編集していた。（略）このころの私たちの生活のなかで、たった一つのぜいたくといえば新刊書がズラリと並んでいる村山の書棚だけだった。（略）わたしは村山の当時の月給を決してきかなかった。夜食代、洗濯代、本代をはらえば、わたしにくれるお金はなかった(3)」

そして、五月には長男宏が誕生する。

「村山は新聞記者をしていたので、朝の出勤はおそかった。毎日くる産婆さんを待っていて宏の『ゆあみ』をみていたが、産婆さんがこなくなると村山は毎日宏におゆをつかわせてくれた。（略）この村山のお湯つかわせは、宏が成長して頭がタライにつかえるようになるまでつづいた。(4)」

『著作集二巻』には、この時期の心境をよく表している随筆「宏に」が収録されている。

（略）

部屋の中にいるとほっかり汗ばんでくる五月の朝明け
お前の母の陣痛の声に目ざめ
金の工面をしたり、産婆を呼んだりした昼すぎ
お前はとうとう大きなうぶごえをあげた
男だ！　と直覚しながらも

あつくなってくる瞼をひらいて
私はあふれる感情をこめてしみじみとお前に見入ったっけ

此の父がどんな思想を持ち、どんな本を愛し
世間が何とののしろうとも、またほめようとも
私は、お前とお前の母と、そして正しいものを愛する人たちのために
あらゆる弱さをしりぞけて強く生き、育たねばならない
育つことはお前だけの持前ではない
私も、お前も、そしてみんなが
此の世の中が正しく育つことを求めている！

宏よ、さあ庭を歩こう
（略）
さあ、ここの日だまりへおいで
落葉をかさこそと踏みならして
もうしばらくここの温かさにいよう　（三五年一一月一日　二一三一四）

俊太郎にとって、この時期は、検挙されて教職を追放されたが、山形新聞に職を得て、そして、結婚、長男の誕生と四三年間の人世の中で、最も安らげた時代だったのかもしれない。治安維持法の弾圧が暗い影を落としていた時代、「もうしばらくここの温かさにいよう」という一行は、その後の自分の人生

書いている。

が直面する困難を感じているようでもある。三四年には、雑誌論文、評論など一四本、三五年も一四本

三四年一一月二日、山形の俊太郎宅に秋田の佐々木昂、加藤周四郎が訪ねてきて歴史的な出会いがあり、国分一太郎をまじえて、北方の教育について話しあっている。次の日、三日、仙台市で北日本国語教育連盟結成準備会が開かれることになっていた。佐々木・加藤はその打ち合わせに山形の俊太郎を訪ねたと言われている。

村山ひでは、その日のことを次のようにふりかえっている。

「十一月のはじめだった。北方教育社のメンバーの秋田の佐々木昂さん、加藤周四郎さんが、山形にやってきた。

わたしの家の八畳の真中に、大きな村山の机を出して話しあいがはじめられた。わたしはこのお客さまの御馳走づくりで台所に立っていたが、その討議をききたくて、台所と座敷をなんかいか往復しては話をかじりきき、また台所で手をやすめては、きき入るのだった。

佐々木さんが歯切れのいい口調で、『北方教育のメンバーは』と机の前に背をのばして座りなおした姿がわたしには印象的であった。それに加藤さんの元気な大きな声、国分さんの具体的実践のはなし、きれぎれにしかきくことができないはなしではあったが、それにわたしは胸を躍らせた」(5)

三五年（三〇歳）、一月、北日本国語教育連盟が結成される。八月に、仙台で開かれた第二回北日本国語訓導協議会に、俊太郎は、「日刊山形」の記者として参加、教職復帰への約束があり、終止沈黙を続けた。

俊太郎は、三五年も精力的に論文を書き続けている。そして、秋には、存命中書いた唯一の著書『生

活童詩の理論と実践』の執筆に取組み、年末には書き上げている。
三六年、二男、哲誕生。二月に『生活童詩の理論と実践』を啓文社より出版（教職復帰の願いが強かったため原稿は内藤県視学の校閲を受けたといわれている）。二月の末に、井野川潔等が呼びかけて野村芳兵衛、上田庄三郎、今井誉次郎、村山俊太郎の四人の合同出版記念会が開かれる。（一六七頁写真）
三五年八月、俊太郎は、のちに詳しく触れるが、念願の教職復帰のために日本精神文化研究所の赤化教員再教育講習（いわゆる「色上げ講習」）に参加する。この講習には、山形からは、山形教労を共につくった前田卯門、西村力弥、武田竹男らも参加している。講習の参加にあたっては、当時の山形市長大沼保吉、弁護士大内有恒から旅費、滞在費などの援助を受けたと言われている。

2　階級的児童詩論からの転換と調べた綴方批判
——リアリズム論の建設　その1——

俊太郎の論調は、三四年に入ると、それまで展開していた階級的児童詩論に変化を見せている。「童詩についての感想」（三四年二月）において、「生活的な詩が尊重されるようになってから子どものもつロマンチシズムが童詩の世界から影を消してしまったようだ」とし、「子どものもつ健康な生活者としてのロマンチシズムも詩のなかに生かされていいと考えられる」「生活的抒情詩がもっとあっていいように思う」（二―一五六）と主張している。ここでは、ロマンチシズム、生活的叙情詩の再評価が語られている。

六月に発表された「児童詩に於けるリアリズムの問題」（三四年六月）では、それまでの自説への反省が語られていく。

「ぼくらはいまこそじっくりと足を地にふみしめて、出発し直さなければならない。抽象的な言葉の羅列詩、公式主義的の左翼張りの詩をすてて、真に児童生活の中から生きた感情を歌ってやろう。児童生活への共感から湧く生ま生ましい感情をいちばんぴったりする言葉と形式で表現しよう」（二―一六三）

さらに、「新展開の姿相」（三四年一〇月）において、「子どもにはどんな詩を作らせればよいか生活感のにじみ出た詩がほしい」とし、「農村の児童には独自の生活感があり、漁村、山村、都会、小都会などそれぞれの自然乃至経済機構から必然的に生まれている児童の生活があり、意欲があり、感情がある筈だ。おのおのの生活の特性を具体的に反省して歌った詩が『さけび』が『現実的な夢』がもっとほしい」（二―一六七）とのべ、次の作品を例に出している。

煙　（尋六女）

むくむくと
まっくろい煙をはき出している
工場のえんとつよ
どんな寒い朝も四時になると
工場はえんとつから煙をはき出す
夏のもえつくような暑さの中でも
日がくれるまで煙はやまない
むくむくと煙をはいている
あの工場のえんとつの下に
私の姉さんが働いている

働かねば食えない私のうちでは
みんな働いているのだ
ああ、私も来年から働ける
あのむくむくはきだす煙突の下で
私は姉さんとならんで働けるといいな

この作品のあとにつけた俊太郎のコメントが、この時期のロマンチシズム（夢）についての俊太郎の考えをよく表している。

「この作者が工場の煙にたいしてよせている感情はただのロマンチシズムではない。だがこの子どもは煙に対してはげしい憧れの感情を燃焼させている。それは単なる『現実の従順なる裸描』ではなく自分の家庭の生活的現実との連関におけるはげしい意志と感情との中に燃えた夢である。こうした夢をこそ求めるべきではなかろうか。」（二ー一六八）

このロマンチシズムの捉え方は、次のような反省からつかみ取られたものであった。

「われわれは今児童詩の指導にマルキシズム張りの世界観やプロレタリア詩論を直輸入する必要を認めない。それは、いちじるしく子どもの詩をリアリズムの道から遠ざける場合が多い。（略）現実の生活を健康に育むところに正しいリアリズムの途が拓けるのである」（二ー一六八）

ここでも、俊太郎は、一時取り入れた階級的プロレタリア詩への反省をのべ、それにかわるリアリズム論の構築をめざしていた。(6)

俊太郎の児童詩論の転換から、俊太郎が、公式主義的な教育論からの離脱・転機したのは、論文上は、一九三四年の初頭であると言ってよいだろう。そして、その教条主義的公式主義からの離脱は、いわゆる調べた綴方、科学的綴方への批判に発展していく。

調べた綴方批判は、この時期に三つの論文を書いている。
・「調べた綴方の再構築――綴方のあたらしい出発のために・調べた綴方の再吟味――」（『実践国語教育』三四年七月号）
・「調べた綴方の進路――綴方的リアリズムの問題――」（「綴方生活」三四年七月号）
・「綴方教育における科学性の在り方」（『綴方生活』三五年三月）
論文「調べた綴方の再構築」では、作品「稲の研究」（紹介は略）を取り上げて、批判を展開している。第一に、ひとつのテーマを数項目に分けて、各項目を調査して羅列するという記述の形式が一般化してマンネリズムに陥っている。そこには、記述における羅列主義と構成主義とのはき違えがあると批判している。

第二は、題材が生産場面からとられていることが「いかにも進歩的なるが如く見せかけるのである。だが、いったいこの調査のどこに農村の生きた生産機構が表現されているのだろうか。農村の血がどこかに通っているのだろうか。そして克明なこの調査のどこが農民の子弟に迫ってくるのだろうか」（二一九五〜九六）と厳しく批判している。さらに、稲から米になるまでの過程まで克明に調べあげる程度の児童であったならば、もっともっと農村の生活機構についての関心を持つであろう。生きた農村の心臓をつかんでいるに違いない」（二一九六）と批判している。

論文「調べた綴方の進路」ではさらに次のような批判を展開している。

「いわゆる科学的綴方と称される中心は、さまざまな形態が具体的に発展させられた、いわく調べた綴方、いわく観察の綴方、いわくプロレタリア綴方、いわく生産的綴方、いわく科学的綴方等そしてその結果、いずれの作品を見ても申し合わせたように生活の抽象的概念化があり、表現性の喪夫があり、現実の児童生活の息吹きが失われて無味乾燥の理科教科書みたいな文章になっているのである。なかんずく調べた綴方として製作された作品群を読まされてこの感を深くする。」（二一八五）

そこで、俊太郎は、作品例「炭」を提示する。

「炭には堅炭と土炭との二つの種類がある。これはそれぞれ作り方がことなるのである。堅炭は雑木や楢などの木をきってくる。夏は奥山から切り、冬は手前山から切り取るのである。だから夏は冬にくらべてよい炭があまり出ないのである。その切り取った木をいいあんばいに同じに切り、かまの中にきちんとそろえ積み重ねて入れ、それから火を入れてえぶらせ始める。えぶり終わるとかまの口をあけて長いもので中からかき出す。その取り出した物に炭水をかけて冷やすと炭ができ上がる。堅炭はこのようにすぐ急に冷やしてしまうのでかたいし、またむさいのである。（以下略）」

作品は、この後、炭窯に入れて火をいれ炭ができあがる過程、炭の種類と値段、山形県の炭の産地などがくわしく書かれていく。俊太郎の批評である。

「この文は木炭の生産の方法や、価格などを念入りに調査して、生産面や経済面を取り扱っているが如く、頗《すこぶ》る進歩的偽装をなしている文である。生活面や経済面への意識的関心は、なるほど、綴方として進歩的な方法である。だが、この文には生活意識が至極希薄になっているたんなる説明文の如く見えるのはどうであろうか。（略）（炭は粗末にしてはいけないなど——筆者）節約主義的の修身的復習外（ママ）にでていない。」（二一八七）

さらにその理論的弱点として、次の点を上げている。

「生活とはかくの如く個々に切り離されていたり、抽象的な概念化されたものではない。この表現は教科書的臭味があって、作者の躍動していないのは作者の生活に対する認識が、いいかえれば生活の行動が形式的であるからであろう。生活認識の抽象化、表現性、形象性の喪失、生活行動性の希薄などは調べた綴方の陥った大きな欠陥であり、綴方教育の明瞭な反動性として是正しなければならない点である」(7)（二一八七）

そこから、俊太郎は、教条主義を乗り越えるリアリズム論を次のように提起している。

「リアリズムの原則は、『あるがままに描く』ことである。作者があるがままに描くことは、単に精神を喪失した抹消主義や公式主義に堕することではない。あるがままに描かれた一行一行には、作家の目的意識に浸された感情の燃焼がなければならない。したがって読者は、あるがままの人生の外に、あるべき人生を感得する。（略）調べる、観察する、実験するということは、決して写実的に細かに調べ、観ることのいわれではない。」（二一八八）

ここで、俊太郎は、エンゲルスから「リアリズムは、細目の真実さの外に、典型的な諸性格の伝達の正確さを意味する」を引用し、この「言葉には、含蓄ある創作技術上の信条が含まれている」（二一八八）と述べ、調べた綴方のおちいった欠陥を克服する道をリアリズムの建設に求めた(8)。

俊太郎は、このエンゲルスのリアリズム論を引用した（注8、二一七～二一九頁参照）後、次のようにひきとっている。

「今われわれはこの文学上のリアリズム探究の精神を、綴方の世界に直輸入する場合には、多分の危険性があることは認めるが、少なくとも横道に踏みこんだ調べた綴方、前記の如き欠陥を克服する道は、現実の綴方的生活に於けるリアリズムの建設にあると思う」（二一八八）

俊太郎は、エンゲルスのリアリズム論から、リアリズムとは作者がある社会的政治的見解を賛美してみせることではないことを読み取り、「芸術作品にとっては、作者の見解はむき出しに現れていなければばいないほどよいのです」に共感したのであろう。そして、そこに、俊太郎が学んでいたソビエトの文芸理論のリアリズム論とは異質のものを学んでいたのではないだろうか。

この時期の論文で、もう一つの変化を見ることができる。それは、俊太郎が再び表現における「内面生活」へ着目していることである。『綴方生活』三四年七月号に発表された「思索と観察とを」では、和歌山の二沢章三氏の一五年間の学級文集のまとめである『燭光』を論評している。そこで、作品を批評し、「われわれはこれら人物の内面的生活の深さについては物足りなさを感ずる。ことに高学年児童の作品を通読してみると、もっと深い内面的思索や悩みがあってもいいように思えた。否あるべき思索や内面生活の安易さは文章における文以前のものの欠乏として物足りなさを感ずる」（二一八九）と指摘している。俊太郎は、ここで、「内面的生活」「内面的思索」に再び注目し、作品を批評している。

さらに、俊太郎は、「われわれは、もっと文において作者の個性といったものを強調していいだろう。内在的な個性というものは一定の目的を追求のなかに連帯性として現れる。」とのべ、調べた綴方批判からの出口として「外在的に調べられた材料をもう一度われわれの内面生活のなかをとおして消化される時はじめて形象化された文章としての完成の途が開けるのではあるまいか」（二一八九〜九〇）と論じている。

描かれる対象は、内的生活をくぐり抜けたところに個性が発揮されるのであり、そこに調べた綴方を脱却するリアリズムの道があるとしたのである。綴方におけるリアリズムの再出発である。

3　俊太郎はマルクス主義を放棄したのか
――荒木ひでへの手紙にみる俊太郎の本音――

三四年になって、「抽象的な言葉の羅列詩、公式主義的な左翼張りの詩をすてて」「児童詩の指導にマルキシズム張りの世界観やプロレタリア詩論を直輸入する必要を認めない。それは、いちじるしく子どもの詩をリアリズムの道から遠ざける場合が多い」と書いた俊太郎は、マルクス主義の立場を放棄したのだろうか。教労・新教運動を精算的に総括していたのだろうか。そうではない。俊太郎は、公式主義批判を展開しながらも、教労・新教運動の精神を継承し、マルクス主義を放棄するのではなく、さらに学習を深めていった。その一端は、免職になった直後の三二年八月にはじまり三三年五月まで続く荒木ひでへの手紙のなかに見ることができる。荒木ひでへの手紙は、私信であるために、俊太郎の本心が語られているとみることができる。

三二年一〇月二四日の手紙では、レーニンの文化論についてふれている。

レーニンを「ある人にとっては、全人類の教師であり、他の人には悪魔である」と紹介しながら、レーニンは、文化を「生活に奥深く根ざしていて、書物からできたものでない習慣や観念であり、自然的に何物かを遂行する能力、および一定の形で行動する習慣の意味の技術であるというはっきりした規定をしている」（二−二六七）と語っている。そして、美学の社会科学的基礎について触れ、「ヘーゲル、マルクス、レーニンによって確立された実証論的哲学を基礎とした社会科学的研究」（二−二六七）をあげている。こうしたレーニンへの評価が今日的に見てどうであるかは一端おいておこう。言えることは、マルクス主義を放棄していないということである。

一一月七日、ロシア革命記念日の日には次のように書いている。

「今夜は、（幾多の闘志の血は燃えているだろう）ロシア革命記念日！（略）ロシアにおけるプロレタリアートの勝利によるソビエト建設の輝かしい一五周年記念日にあたっているということだ」と前置きして、教労結成の事実を伝えている。

「去年のこの夜、私たち同志数名は××市の×所に会合をもって『全教一般使用人組合教育労働部山形県支部』を設置したのであった。それからわずか四ヶ月の月日は、私をどんなに成長させてくれたか。教員生活権擁護、新興教育の建設的努力に熱中した。私は主としてプロレタリア教育理論と実際方面を進めて努力した」（一―二八五）

俊太郎は、検挙され、教壇を追われても、社会科学の原理をマルクス主義にもとめ、ロシア革命への信念をまげず、教労活動への参加を「私をどんなに成長させてくれたか」と肯定的に自己総括している。

一一月一〇日の手紙でも、教労に参加した精神を堅持していた。

「果たして、今の教育者層の多くに、貧農も労働者も乞食も自分たちを同じ労働者であるという真の協働精神を体認しているものがどれだけあるであろうか。然ればこそ、われわれが教育労働者という言葉さえも一般人はきらっているではないか。

子どもたちについて建設しなければならぬ教育的任務は、科学的教育であり、社会的教育であり、政治、経済から遊離したものでなく、正しい労働教育であらねばならない。

――これがわれわれのやろうとした目標であるのに、支配階級はこの正義に対して弾圧をしなければならないのだ！」（一―二九二）

一一月一二日の手紙を読むと、その日の新聞報道にあった弾圧にふれて「都下全校に根を張る赤化教員検挙。三十数名あげられたと。三十数名検挙すれば根こそぎしたつもりでいる。芽をちょんぎってもちょんぎっても根が張っているもの伸びますね。その根っこは、青白い手袋の中の手ではほりかえせぬでしょうよ。多難の秋！　苦悶の世界！　ギマンの社会！　その中に根を張るもの　真実！」（一―二九九）と書いている。

さらに、教労運動については、一九三三年一月八日の手紙でもふれている。
「われわれは視学制度テッパイ、校長公選を叫んだ。視学と校長は教育界の支配階級である。がゆえに支配階級のための代弁者であり、その利益のために働く人びとである。反動教育界の根幹として、ブルジョア教育の売買者として、さては帝国主義戦争、ファッショ運動の支持者として、さては下級部下教員から搾取者として働いている。これらに対立しての闘争は一般大衆の解放運動と手をつなぐことにより、教員自身の解放運動をかきおこす以外に方法はない（そのあと、六項目の要求を書いている（略）」（一―四〇八）

俊太郎が教労に参加した意思は不変であり、この時点でも「教員自身の解放運動をかきおこす以外に方法はない」と確信していることがわかる。

この時期、俊太郎は、マルクス主義の学習も積極的にすすめている。

一一月一〇日の手紙では、「子どもはほんとうのものを放射しているのだ」と述べた後に、「子守り」、「お母さん」、「手」などの作品をとりあげて、「階級的な何ものも感じ取れない。自然主義的なにおいがあるだけだ」（一―二九四～二九五）と当時の階級的な視点から批評している。そして、「私は、ゆうべからよみかえしている野呂栄太郎『日本資本主義発達史』の七十二頁をひらいています。この本はとてもいい本です。一度よむべき本ですよ」（一―二九六）とすすめている。そして、今読んでいる本として、黒島伝治『浮動する地価』、山本宣治『性教育』をあげている。『日本資本主義発達史』を「よみかえしている」という文面からは、日本の経済社会の史的発展とその矛盾のマルクス主義的分析をさらに深めようとしていたことが読み取れる。

一一月一三日の手紙では、レーニンやエンゲルスを引用しながら、弁証法を説いている。そして、「われわれが事物をより正確に認識すればするほど、弁証法的思惟（略）の正しさはますます証明されるのである」（一ー三〇一）と書き送っている。一二月一〇日の手紙では、マルクス、エンゲルスの略伝と主な文献を書き送っている（著作集の組で八〇行）。そして、次のような解説をつけている。「以上、マルクス、エンゲルス、によって基礎科学が成立し、レーニンによってロシア革命が実践せられた。『マルクス・レーニン主義』といえば革命的マルクス主義のことであり、その線に沿うてのみ、ただちに労働者農民の解放がなされると書き送っている。また、『芸術に於けるマルクス・レーニン主義』の確立こそが「一九三〇年以後ことに昨年以来プロ文学の重要事項だといえる」（一ー二四八）とも書いている。

一二月二三日の手紙では、マルクスの夫人であったイエニーについて詳しく紹介している（著作集の組で、六七行）。一二月二七日の手紙では、ローザ・ルクセンブルグ、カール・リープクネヒトについても詳しく紹介している。

三三年二月六日の手紙には、「カウツキーの新版資本論解説を求めました」（一ー四一三）とある。そして、二月一〇日の手紙には「『資本論解説』と『マルクス・レーニンの経済学入門』というのをよみかけています」（一ー四一七）と書き送っている。

俊太郎のマルクス主義学習は、荒木ひでとの文通の間継続的に続けられていた。

三三年二月二三日の手紙では、「惜しくも同志小林多喜二を奪った。殺した。偉大なる作家だった。

彼の業績は理論活動に於ける蔵原惟人とともに日本のプロレタリア文学運動の最高峰だ」（一―四一九）と書いている。多喜二にたいして「同志」と呼んでいるところに、俊太郎のこの時期の社会運動家としての自己認識が現れている。

これらを見ると、俊太郎は、検挙後、退職させられたが、自己の信念を変えることはせず、さらにマルクス主義の学習をつんでいたことがわかる。教労運動を組織したことをも否定的には総括していない。こうした俊太郎の思想的立場は、二章で紹介したように、国分一太郎が「わたしはせっかちな教組運動や公式主義的な『新興教育』運動よりは、地についた教育実践の道＝綴り方を中心としてするしごとに全力をかたむける決心をした」という総括とは全くちがっていた。また、岡本や井野川らによって批判された国分の個人総括に影響されて書かれたとされる教育運動史研究に対しても重要な問題提起となっていた。

真壁仁は、『著作集一巻』の解説の中で、俊太郎とひでの書簡にふれて、俊太郎研究の課題を次のように提示していた。

「『プロレタリア教育理論』を具体的、現実的な教育実践として生かすこと、生活綴方や童詩の教育とをどう関わらせていったか。それは彼の論文について見ることにして、すくなくとも両者の運動の方向を統一し、結合しようとした理論家であり実践者であったことを、書簡の中から読みとるべきであろう」（一―四四〇）

俊太郎は、日本におけるプロレタリア教育の実践と理論については、公式主義的なものであったと総括しつつも、マルクス主義そのものから離れるのではなく、むしろ、マルクス主義の学習をより深めることで公式主義を脱し、生活教育と生活綴方の実践の方向性を探究し、リアリズム論の構築に向かっていくのである。

4　北方性教育運動の理論化と生活綴方
――北方の生活台と文化にたつリアリズム論の建設　その2――

山形の俊太郎の自宅に秋田の佐々木昂、加藤周四郎が訪ねてきたのは、三四年一一月二日の事であったことはさきにふれた。東北の教師たちは、一一月三日に北日本国語連盟結成準備会をもっている。そして、翌三五年一月に北日本国語連盟が結成され、機関誌『教育・北日本』が創刊されていく。俊太郎は、八月に開かれた第二回北日本国語訓導協議会には日刊山形の記者として参加している。

俊太郎は、この時期、一方でプロレタリア教育論を公式主義と自己総括し、他方では科学的綴方、調べた綴方を批判し、この時期北方の教師たちのなかで高揚していた北方性教育運動の実践的方向を理論付けるとともに、リアリズム論の構築に向かっている。しかも、マルクス主義を捨てないでより深めた学習を進めながら、どのような教育理論を構築していったのだろう。

北方性教育の実践理論

俊太郎は三五年、集中的に北方性教育、北方性の綴方論を展開している。論文「農村・生活・綴方」（三四年一〇月）においては、当時の農村の疲弊している実態を分析し、生活綴方の進むべき方向を次のように述べている。

「われわれが農村教育ないし綴方教育の新建設に当たって従来の『土の教育』や『郷土主義教育』や『村の綴方』と別離しなければならない根本の理由は、現代の農村社会は単に土を愛する精神や、農村の現実の写実的表現や、郷土教育的なものに支配されていては健康な農村子弟の生活意識を育てることができず、独自の農村文化形態を創造することができないからである。農村的綴方は従来の都会的色彩をまったく揚棄してまったく独自の形態をもって建設されなければならない」（二一一六〜一七）

三四年の年末に書かれたと思われる「一九三四年の反省と三五年に論議されるべき問題」では北方的綴方の自己宣言とも読み取れる次のような文を書いている。

「村には村のリアルな生活があり、街には街のリアルな生活がある。『街の逞《たくま》しさ』『村の野性的強靭さ』――まず地方的独自性の方向に於いて子どもの全生活現実を組織昂揚するところに、綴方教育の新しい任務がある。（略）北方的な組織に於いて、北方独自の綴方文化を建築するのだ。北方的現実を捉える指導から北方意識の確立へ、そして北方的綴方文化の建設作業を急ぐのだ」（『綴方生活』三五年一月号、二一一九〜二〇）

この論文で、俊太郎が課題としたのは、北方的リアリズムの問題である。

「われわれにには北方の自然社会そのものによって、付与された特殊な正しい感傷があり意欲があったのだ。われわれはその意欲によって、われわれの現実を粉飾することを握らねばならないのだ」「われわれの現実における『現実以上の現実』を描き、構成し、組織していくところに、真のリアリズムの道は展けるのだ。しかも北方的意欲によって描かれる現実以上の現実――それはまったく新しい北方的性格を構成する」（二一一二一）

俊太郎は、北方性教育論を構築することに向かった際、その土台としての北方の生活台、北方の文化論をどうとらえたのだろうか。

俊太郎は、東北の冷害凶作は、自然的な要因だけではなく、半封建的生産関係に規定された社会的・経済的要因、そこからくる農業技術の後れが強いことを指摘している。その具体的例として岩手地方にのこる名子制度（まったくの農奴制で、生産物の全部を地主に貢納し、全労働力を地主のために奉仕する制度）や刈り分け制度（青田のうちに検見して四分六分とか五分五分とかに田に縄を張って、五割なり、六割なりの全部を地主が収得する）をあげている。こうした東北の現実に「北方地域における文化形態の立ち後れの諸原因」（二一三〇）を見出し、次のようにのべている。

「北方のそれは『踏んでも蹴られても立ち上がる、雑草のような強い生活意欲を根底にして、北方的な愚鈍・北方的な世態人情』（鈴木道太）を反映しており、雑草のような野性的強靭さと、愚鈍さを両面とするものである。そこにはいちじるしく知性の欠如した生活感情的に構成された諸文化の原始形態さえ見られる。したがってたとえば詩人にしても人間の必理的内面生活に食いいって把握するというよりも、素朴に、無技巧的単純さの中に生産場面の中から現実生活を剔抉《てきたく》する態度が多い。そして素朴なる北方農民の感情には、どこか明るい人生肯定の現実的契機が秘んでいる。」（二一三〇）

俊太郎がリアリズム論としての展望を託したのは「素朴なる北方農民の感情には、どこか明るい人生肯定の現実的契機が秘んでいる」ということであった。

俊太郎が「北方性」概念をより本格的に展開したのは、「読み方教育の北方的実践」（上田唯郎編『読み方教育実践の進歩』一九三五年、論文の末尾には一二月二〇日と入れてある）である。俊太郎は、北方性教育運動を次のようにとらえている。

「この運動は、封建的残存性をもっとも濃厚に現存し、半農奴的農民性のうえに構成せられている北方地帯の諸文化構造に対する正しい批判運動であり、明るくも健康なる北方文化の明日を約束する文化修正運動の教育側からの抬頭である。」そして、「北方地帯の文化姿勢を特徴づけているものは野性味である。」この野性味とは「いちじるしく不健康な封建性をさえ多分にふくんで北方の生活台の暗さを反映している」（二一三三）

東北の半封建的な土地所有と小作制度が半隷農的零細耕作を存在させ、その上に育成された生活文化を生活台ととらえている。東北では全国の小作争議の四分の一がおこっており、娘の身売りは三三年が三万二千人、三四年は九月までに五万八千人におよんでいた。また、乳児死亡率が全国一高い地域でもあることを指摘し、北方性の教育運動を次のように特徴づけている。

「北方に於ける生活教育運動も、こうした全体観のうえに立って、とくに北方生活台の特殊性を認識し、世代に於ける教育姿勢の探求に外ならない。（略）教育が真に生活運動の線に沿うためには、文化の総量から教育も一つの文化運動であることを自覚する。低く惨めな東北地帯のなかに生きねばならぬ子ども・教師の『生き方』の問題として『生活を生活で教える』教育を原則として教育の全面的建て直しを組織的に展開したのである」（二一三四）

次に、俊太郎は、子どもたちの「国語実力の貧困」――語彙の貧困、方言問題、発表力の欠如、言語力の鈍重、言語アクセントの不正、読書力の低度、読書環境の不備、家庭生活の非文化性など――も東北の生活台・生活文化に規定されていることを詳細に分析している。こうした現実を分析せず、学校は、子どもの言語力の低さを嘆いている。そして、都市の子どもたちと同じような教育方法を押しつけているとしている。

そこから、「読み方教育」において大切なことは、「生活感情や生活思想が現実生活に肉体化している北方地帯においては『読み』という一つの事実さえも生活との密着なる統一に於いて実践されなければならないのである」（二一三七）という結論を導いている。

そして、読み方教育の北方的特殊性を次のように述べている。

「文の事象を理解する『力』は北方的知性と感情とをもつ生活観に於いてし、文の理念としての作者の意図すなわち文の主題を理解する力は北方的生活性によって鍛えられたわれわれの意志であり、文の情

調に感銘するわれわれの情調もまた長き北方生活の伝統を自然力に育てられた感情である」（二ー三八）

さらに、

「北方的知性といい、北方的意欲といい、北方的感情といいそれを貫くものは北方地帯人の持つ生活観である。生活観（または世界観）は自然、社会、人間に対する包括的、全面的な理論的見解である。したがってそれは自然観、社会観であるとともに、人生観、道徳観、政治観などの要素を含んでいる。いまわれわれが北方の生活性という場合、北方の生活台に必然された知性、意欲、情調などを統一した北方人のもつ生活観の志向性の謂である。われわれはこの生活観においてのみ正しい読み、正しい解釈、正しい理解へと到達することが可能であることを信ずるのである。」（二六四）

正しい読みは、生活観においてなされる、これが北方の読み方論の核心である。

俊太郎は、こうした読み方論を基本にして「一つの文章、一句、一文字といえども生活の肉体性に於いて理解するのである」（二ー三八）として次のような例を出している。

「オカアサン　モ、ネエサン　モ、コノ五六日　ハ　夜モ　ロクロク　オヤスミ　ニ　ナラナイノデス。）」

（二ー三八）

そしてこの文の理解として次のような解説を展開している。

「この文を生活との肉体性に於いて読むとき、『コノ五六日』のコノという一つの代名詞にこもる作者が母や姉の夜を日についでの労働と辛苦をじかにみて苦しみ、ともに疲れている生活者の生活語として読むとき、作者の生活感情を読者のものとして感得できるだろう。このことは教材の素材的要素に対しても、表現的要素に対してもこうした生活性の態度に於いて読みの心構えをするのである。読み（解釈、理解）に於ける生活的姿勢はかくて概念的形式的な読み方を具体的生活的に、主観的・個人的な読みの姿勢から客観的な仕会的な生活的読み方へと正しく展開する。そして字を読むことが単に字を覚えるため、事柄を知る博識者を養うためのものではなく、なによりも生きていく生活の眼、生活の技術を学ぶためにすなわち生きる態度のために必要なものになる。」（二ー三九）

これは今日的に言い換えれば､自己の生活をもとにしての個性化的読み方論であり､自己の生活にとってどのような意味があるのかという意味論的読み方論である。そこに、俊太郎の読み方教育のリアリズムが展開されている。

この生活性を基本とする読み方論から、俊太郎は、当時論議されていた方言詩に言及している。「方言詩は地方的な特殊性の表現であり、日常生活をその肉親的な愛情に委ねるものであり、長い伝統生活が持っている精神」（二ー四〇）を体現しているものだとし、この時期、加藤周四郎、国分一太郎、高橋啓吾氏らが「真剣な討論の結果､方言詩というものを建設する必要はないという結論」（同）にいたったことを、間接的にであるが多くの行を割いて批判している。標準語を機械的に否定せずに子どもたちが習得することは大切であるが､方言は､「現実生活にもっとも接近した具体性をもっている」のであり、日常生活語として生活感情を表す点において欠かせないとのべている。北方の生活台に立脚した生活教育を構築しようとする運動内部で、そのリーダー的存在であった加藤周四郎、国分一太郎、高橋啓吾らが方言否定論にたっていることに、俊太郎はかれらの北方性の生活台認識、「子どもの生活感情」の捉え方に大きな疑問を持ったのであろう。

こうして、俊太郎は、生活的読みにおける生活観・生活姿勢の重要性を主張していった。

俊太郎は、生活読み方姿勢として、五点にまとめている。

「一、読みの理解はその人の生活に規定される。したがって読みの深さは文意欲と生活意欲との接触面に於ける距離に比例する。
二、文を解釈することは文を生活（体験）の志向性に於いて限定しながら生活を外部的に表現しようとする意欲による生活の表現過程である。
三、生活的立場に於ける解釈は、常に生活理解と生活表現との二重的意味に於いて生活文化への組織的任務を持つ。文化は詮じつめれば生産の行程である。
四、生活的読み方は、生活台の構造に規定された生活観 —— 生活知性、生活意志、生活意欲、生活情調、生活科学などを基準として方法が打ち樹てられる。そして態度として生活イズムのもつ意味的行動性をもつ。
五、生活的読み方は生活人に育つ子どもとしての目的意識と意欲姿勢をもつ。文は生活勉強のために読むという勉強姿勢を学習生活にもはっきりさせる。」（二ー四四）
生活台にたって読むということは、今日のことばでいえば、自分の生活にとってどのような意味があるのかという視点で読むということにつながる。つまり、北方的読み方の提起は、生活に根ざした意味論的読み方の提起でもあった。加えて、その過程が認識過程に限定されず、それが「生活の表現過程」であり「生産の行程」であり、「意味的行動性をもつ」とされており、実践行動過程としてもとらえられていたところに今日も積極性を持っているのではないかと考えられる。

佐々木昂と俊太郎

俊太郎と佐々木昂が始めて出会い、一晩語り合ったのは三四年一一月、山形市の村山宅であった。そこでは北日本国語連盟の組織化に向けての話がなされたとされている。二人の間で語られたもう一つの問題は、リアリズム論であったのではないか。まだ、テープなどなかった時代、その夜、熱っぽく語られた議論は残されていない。

佐々木は、俊太郎をどうみていたのだろうか。「リアリズム綴方教育論」のⅢ（三五年五月）に次のような記述がある。

「地蔵尊村山俊太郎は先に中央派として挙げたが、中央派であるよりも生粋な北方人で私たちの純粋な陣営なのである。『綴方生活』の筆法で『日刊山形』新聞の学芸欄を統制している」(9)

俊太郎は、どう見ていたのか。「綴方論壇展望」（『綴方生活』一九三四年一一月号）において、地域で出されている雑誌が活気があり充実していると評価し、その代表的なものとして『北方教育』を取り上げている。

「成田忠久の『実践の方向性』は実にいい。言々教えられる点多し。『リアリズムが単なる空虚な概念の構築ではなくして、生活のなかに流れるものであれば積極的に組織されたリアリズムはさらに生活を昂揚し前進せしめる拍車となる』はまったくそのとおり。佐々木昂の『リアリズム綴方教育論』はそうとう組織的な主張であるが成田親分のいうとおりに実践的な具体的諸問題にまで発展させてくれることを切望する」（二一―六六）

三四年一一月前後の二人の論文を並べてみると、俊太郎は、『綴方生活』三四年七月号に「調べた綴方の進路――綴方的リアリズムの道へ――」を書いている。そこで、俊太郎は、二章でも紹介したように、リアリズムの原則を展開していた。

「リアリズムの原則は、『あるがままに描く』ことである。（略）あるがままに描かれた一行一行には、作家の目的意識に浸された感情の燃焼がなければならない。したがって読者は、あるがままの人生の外に、あるべき人生を感得する」（二一―八八）

そして、このあとに、二章で紹介したようにエンゲルスの引用が展開されるのでる。

佐々木が、「リアリズム綴方教育論」の第二論文を『北方教育』に発表したのは三四年八月である。そこで、佐々木はリアリズム論を展開していた。

「『あるがままに描け』というリアリズムの方法論に於ける『あるがまま』とは客観的事実存在そのものではあり得ない。必ずそこには我によって『観られたありのまま』が描かれるに違いない。観る者は我である。そして観る我なくして表白は保たれない。ここに選択があり、主観があり、誇張があり、偏向がある」[10]

佐々木は、俊太郎がつい最近までプロレタリア綴方・階級教育論を論じていたことも知っていたから、その公式主義を自己批判していることを肯定的に受け止めていただろう。その夜、二人は綴方におけるリアリズム論を熱く語り合い、佐々木は、俊太郎が「あるがままの人生の外に、あるべき人生を感得する」というときの「あるべき」とはどういうことなのか質問をしたのだろうか。そして、北方の生活台に立つ教育を語り合い、どのような部分で認識を共有し、どのような部分で意見の違いがあるかとを確認し合ったのだろうか。

佐々木は、三五年五月になって、「リアリズム綴方教育論」のⅢを書いているが、それは、七ヶ月前に俊太郎と論じた「あるべき生活」への佐々木の解答でもあったと読むことができる。佐々木は、佐藤サキの作文「職業」に対して「百姓はいやだ」の表現にリアリスティックでないものを指摘している。そして、「真の作品処理は作者――サキに『生き方』を教えることでなければならなかったのだ」とし、サキに「適した職業で、家の手助けのできる職業」、すなわち「サキにとって正しく『夢のようなこと』を私たちも真身（親身か？――筆者）になって考えることであった」[11]と書いている。それは、俊太郎のいう「あるべき生活」論と交わるものであったのか。

佐々木昂の綴方リアリズム論

ここで、俊太郎論からは少し離れるが、佐々木昂のリアリズム論の発展をたどりながら、俊太郎との距離をノート風に書いておきたい。

佐々木の教育に関しての三〇年の初期論文「感覚形体」（『北方教育』一九三〇年六月）は、「綴方の問題は生活と表現だ」と書き出している。佐々木は、文学論として「一つの作品が各特定の主題を持ち、それによって組織構成されることは重要である」が、その「主題を規定するものがそれ以前に存在する即ち人間生活である。（略）生活を単に表現の対象であるとするだけでなく、その主題を規定するものとして捉えている。佐々木は、作品に「理論のみが直立して感情、感覚の動きがない」傾向を批判して、表現に生活感情・感覚を求め、「兎も角も生活感情 ―― 感覚のないところに肉迫力の強烈な作品が生誕する根底がない」と断言している。こうして、佐々木は、対象に対する模写や対象に対する理論枠での表現を廃し、表現に対して個の感情・感覚を求めていた(12)。

この時点で、階級的綴方論に立ち、調べる綴方実践を展開していた俊太郎とは対立的な位置に立っていたと考えられる。

佐々木は、三二年に公表された「綴方に於けるリアリズムの問題」（『北方教育』三二年一一月）において、プロレタリア文学のリアリズム論を批判している。佐々木は、リアリズムを二つのタイプとし、まず、自然主義文学のリアリズムを「個人的な主観的なリアリズムにとどまっている」（同、二七頁）とし、対抗する「プロレタリア文学は客観的、社会的なリアリズムをねらいすぎて（そうでない作品もあるよ）理論だけが創作の中に棒立ちになる傾向を持つ、思想が生活的なリアリティとして迫ってこない」（同）と批判する。そして、結論的には次のように述べている。

「吾々はどうしても子供の『ありのまま』に立脚しなければならない、それが何をさしおいても第一のリアリティだからだ。しかしこの『ありのまま』も単なる純客観の映写ではなくてその一つの事象と個人の意識の関渉によって構成されたものだ。（略）子供の自然発生的な『ありのまま』から次第に目的意識的であり、目的意識的であるが故に逆に今度は個人のリアリティが一段克明であるという高次な関連をたもつ様になる。(13)」

子ども「ありのまま」を第一義的に考える、これは佐々木の卓見である。次のような批判意識も述べている。

「目的意識性を、殊に強く追うものでは、作者の、複雑きはまる、心的内容や意識傾向が殊に強く切捨てられる。切り捨てられた部分が、案外、ほんとうの気持ちであり、そしてそれこそが、共感を求む、役割をもつものではないかと、たびたび思ってみるのである。」

そのあとに、佐々木は注目する文を残している。

「フロイドが、意識下に抑圧された意識の、潜在的な心理現象への作用に着目したが、僕も案外人間なんて弱いもんだし、またずるいものだから、表現する強い意識のかげに、反対にこのような反意識的なものも、はたらいているんじゃないかと思う(14)」

俊太郎がマルクス主義文献を学んでいる時、佐々木はフロイドに関心を持っていた。

上記の経緯とたどって佐々木のリアリズム論は、有名な「リアリズム綴方教育論」にいきつく。「リアリズム綴方教育論」は、Ⅰ・Ⅱ・Ⅲからなる。その発表時期は、Ⅰが一九三四年一月、Ⅱが三四年八月、Ⅲが三五年五月に発表されたものである。ⅠとⅡの間には七ヶ月、ⅡとⅢの間には九ヶ月の時間がある。つまり、Ⅰ〜Ⅲまでの間には、一年数ヶ月の期間がある。論文がある時期に一気に書かれて、分量などの理由や雑誌の発行などの理由で発表が分けられたというよりは、Ⅰ〜Ⅲは、一定の時間をおいてそのつど書かれたものであると判断される。したがって、これらをひとつの論文として読むよりは、第Ⅰ論文から第Ⅲ論文として、三つの論文として読む方が良いと思われる。事実、Ⅰ～Ⅲの論文の間には、論理の変化・発展が見られる。

第Ⅰ論文において、佐々木は、「表現に於ける私とは何か」を問い、「これは『意識以前の意識』とも『真我』とも『無』とも称され、称されなければならないものである。それ故根源的なる意識としての『私』――『無』の自己発現乃至自己実現は個の最も純粋なるリアリティである」とする。佐々木は、この「無」概念を用いて、有名なリアリズム論を展開している。

「人間は自らの意識の関渉地帯に於いてのみ『無』を形成しそしてその関渉の関係に於いてのみ『無』を自己実現しているのである。即ち関渉の関係が個のリアリティなのである[15]」

『佐々木昂著作集』の解説論文は、佐々木のリアリズム論における「我」――「無」概念をどうとらえるかを次のように説明している。

「佐々木は、既にみたように認識論における機械的反映論を批判する地点に立っていた。だとすると彼があくまで『陶冶可能』な対象として提起した『無』乃至『我』は、やはり、基本的には『客観的事実存在の運動過程』を自己の内に取り込む主体的態度、内面の傾向性を示したものと解するのがふさわしいと言えよう。

我々は、論稿の文面にあらわれた形式論理上の矛盾を指摘する以前に、彼が当時の教育学・哲学の水準のもとで、『我』『無』としてしか表し得なかったもののもつ積極的意味を第一義的に汲み取るべきであろう。その上でなお不可知論への『め』を指摘しうるのなら、それはひとえに佐々木自身の責任に帰されるべきものではなく、彼がリアリズム論形成に際して示唆を受けた三木清らの哲学的変遷などとの関連において、歴史的脈絡の中でこそ明らかにされなければなるまい[16]。」

この解説では、「無」概念に観念論的問題性を指摘されるならば、それは、歴史的限界であると結論している。しかし、「解説」は、佐々木のⅠ・Ⅱ・Ⅲの論文を発展的に捉えようとしてはいない。
佐々木の第Ⅰ論文は、発表後、批判を受けたらしく、第Ⅱ論文の冒頭で、「あれでは結局主観的、心理的リアリズムに転落してしまい、リアリズムの強靱な、積極な性格を踏みつぶしてしまう恐れはないか[17]」との批判を紹介している。

筆者の意見としては、佐々木の第Ⅰ論文と第Ⅱ論文はリアリズム論として同質ではなく、変化発展があり、第Ⅱ論文では、第Ⅰ論文の「我」――「無」概念での説明は取り下げていると読み取るべきではないか。

佐々木は、第Ⅱ論文で、リアリズムの根本問題から解き明かそうとしている。それは、「存在するところのものを表白する」さいの、距離、むすび、つながりの関連を明らかにすることである。佐々木は、「我」の前に、客観的事実存在をみとめる。しかし、その客観的事実存在が表白に結びつくには「必ず我がなければならない」とする。

「そこで始めて主体――我の位置が正面にまで出て来る。最早云うまでもなく存在と表白をむすぶものは我であり、距離を保つのも我である。」

「現実の構造とは、客観的、主観的なものでなければならない。それは、一方的に意識に独立する客観的事実存在でもなく、単なる主観の世界でもない。（略）我の意識の直接対象なるものは単に存在そのものというが如き自然科学的物質ではなく、それは勿論それあることによってであるが、現実の一連の意味層なのである[18]」

客観的存在と我との関渉によって捉えられた「意味層」に着目している。そこから、佐々木は、先に引用した有名なリアリズム論を展開している。

「『あるがままに描け』というリアリズムの方法論における『あるがまま』とは客観的事実存在そのものではあり得ない。必ずそこには我によって『観られたありのまま』が描かれているに違いない。観るものは我である。そして観る我なくして表白は保たれない。ここに選択があり、主観があり、誇張があり、偏向がある。」

さらに、

「『ありのままに描く』ということは（略）我の観た相のままを描くことであった。従ってそこには必ず存在事実そのものではなく存在と我との関渉の（略）一つの変容として表白される。それ故バラバラなる事実の模写としてではなく我の自律に於て如何なる部分も部分としてそれ自身単独で意味を有つことのないように組み立てられる(19)」

第Ⅱ論文では、第Ⅰ論文ではあれほどリアリズム論の中心的概念としていた「無」概念を一度も使っていない。「無」概念を取り下げて、リアリズム論を展開している。佐々木は、自己のリアリズム論を作品論を加えた自己の綴方実践論として本格的には展開しなかった。残念なことである。

第Ⅲ論文に移ろう。第Ⅲ論文では、鈴木正之指導の佐藤サキ「職業」（高二）への論評が注目される。この作品を前にして、「たくましい表現力を称讃する」表現面での処理が課題なのではなく、「真の作品処理は作者――サキに『生き方』を教えることでなければならなかったのだ」としている。しかし、佐々木は、作品はリアリズムであるが、「作者の生活意識自体のうちに少なくともリアリスティックでないものを発見した」としている。それは、「『私には農業が適していない――百姓はいやだ――私は一生百姓で終わるのか』という意識の必然性に関してであるが、これについてサキはさっぱりふれていない。むしろふれようとしていない。(20)」という部分に、リアリスティックでないものを感じ取ってる。

佐々木は、この「百姓はいやだ」という認識の歴史的問題性を指摘している。第Ⅱ論文の個のリアリティ論からすれば、現実に対して個が意味化したことについて（百姓はいやだ）は、それを彼女のリアリティとして受け止めていくはずであった。しかし、サキの「百姓はいやだ」に対して「リアリスティックでないもの」を指摘する佐々木の論は、第Ⅱ論文から変化・深化してきていると思われる。佐々木が求めているリアリズムは、歴史展望にそったサキの生き方を探究させることを要求しているのだ。第Ⅲ論文は、「リアリズム綴方の問題にとどまらず、『生き方』自体までの問題をも含むものである」[21]で終わっている。つまり、佐々木は、第三論文では、北方の生活台における「あるべき生活」の探究にリアリズム論を展開しようとしていたのである。ここに到達した時期が、三五年五月である。

俊太郎のリアリズム論もまた、三四年以降、二転三転しながら展開していく。二人のリアリズム論が変動・発展しているなかで、まさに、二人は三四年一一月に出会っているのだ。だから、その夜の二人の熱い論議を再現してみたいものである。残念ながら、その後二人は、であって意見を交わすことはなかったのかもしれない。彼らが再び交わるのは、とはいっても直接出会って論議をしたわけではないが、次章で触れることになる生活教育論争にかかわっての発言である。

5 『生活童詩の理論と実践』――リアリズム論の建設 その3――

一九三六年二月、俊太郎が存命中に書いた唯一の著書である『生活童詩の理論と実践』[22]（以下『生活童詩』とする）が発刊される。俊太郎は三〇歳であった。冒頭の「小序」において俊太郎は、「私は、一九三五年の秋を、この小著に筆を運ばせながら、しみじみと童詩教育を中心に、自分の歩いてきた途をふりかえり得たことを喜んでいる」（二一―二〇一）とのべている。俊太郎は、一九三五年の秋、この本の執筆に集中している。

『著作集』の「解説」によれば、出版にあたっては以下のような事情があったとされている。

「この本は、〈教労事件〉で教職を追放されたあと、県から示された復職の約束をほごにしないように細心の周囲をはらい、前もって県視学の校閲をうけてから、同時代の穏健な斯界の指導者のひとりとしてとおっていた『実践国語教育』誌の主宰者西原慶一氏の推薦で、西原氏の関係する啓文社から出されることになったのである。」(二―三三三)

その時期、俊太郎には、後で詳しく触れることになるが、赤化教員再教育講習を受けて、復職する段取りが進んでいた。

『生活童詩』には、三五年までの俊太郎の童詩を中心とする教育論の発展段階が集約されていると読んでいいだろう。同時に、復職のために県視学の校閲を受けるために書きたかったことをかけない部分があり、「奴隷のことば」で表現している部分もあることを念頭に置かなければならないだろう。

時代は、三五年、二月に美濃部達吉の天皇機関説が問題となり、九月に美濃部は貴族院議員を辞任している。美濃部の著書は発売禁止になっている。同年八月には、文部省は「国体明徴に関する内閣声明」をだしている。東北地方は凶作に見舞われ、娘たちの身売が社会問題となる。三六年には、二・二六事件がおきている。

『北方性』にこめた課題意識

俊太郎は、『生活童詩』によせる問題関心を「世代の人びとの生への苦悶の姿をさぐり、児童詩教育論との関連」を明らかにすることとし、それを「世代を貫く人間の生き方への意欲と、その解決のためにいかに途を拓くべきかが、童詩教育の根幹精神であるべきだと信ずるからである。」としている。そして、その根幹精神とは「与えられた現実社会の具体相から肉体的に時代精神を把握しようとする『生き方』の問題にかかっている。即ち現世代の教育姿勢は『生き方』への意欲的指向にあるといえるのである」（二－二〇二）としている。俊太郎は、「生き方」の問題として生活性重視の北方性教育論を展開している。

「一九三四年以来、北日本の生活台に立つ教育人によってとり上げられた『北方性』の問題は北方の生活性、北方の意欲性などを強調し、今や日本の教育史を飾る提唱として注目されてきた。（略）北方の生活現実に立つ北方的情熱と良心とを持つ実践人は冷たくも温かいリアリストの『眼』をもって北方地帯の特殊性を分析し、その生活台に立って新しい生活教育運動を展開した。」（二－二〇五）

俊太郎は、北方性の生活綴方運動ではなく、生活教育運動と認識していることに注目しておきたい。

俊太郎は、北方性教育を「一つの生活運動として」捉えており、その課題を次のようにとらえていた。

「一、いかにして生き――教師の生活問題

二、いかにして生きさせるか――児童の生活組織の問題

を強調する。北方的情熱と意欲が、科学的知性を把握し、生活的知性にまで昂め得た時そこには強靭な生活運動の開花が約束されるであろう。」（同前）

そして、生活詩の問題もつまりはこの教育的意図の方向においてのみ再吟味し、実践構築をつづけなければならない。『子どもの詩』という一つの問題をとりあげても結局は人間の生き方に関連する重要な問題であることの自証に、この小さい論述が役に立てば私の意図するところのものが伝達されたことになるのである」（同前）と述べていた。

その時期に北方性教育運動に参加した実践者の間でも、のちの教育実践史研究においても、北方性教育運動＝生活綴方運動として捉えていた人も少なくなかった。しかし、俊太郎は、北方性教育運動は生

活教育運動でありその一部に生活綴方があると捉えていた。

北方性綴方のリアリズム論　──生活詩の実践的展開──

問題を前にすすめる前に、ここで、前章とのかかわりで、俊太郎は、プロレタリア綴方をどう総括しているかについて引用しておきたい。

「新興綴方は（厳密にはプロレタリア綴方）新鮮で尖鋭な若い教育人の情熱をそそったがこれは生活指導を、おとなとの共同戦線による日常の階級闘争の指導であるとの立場から、現実の階級社会の暴露に出発したが、その左翼的偏向と、機械的公式主義に対し、厳密なる否定的批判が行われ、日本の小学校教育の位置にある教育人には許容されざるものとして姿を消してしまう」（二一二〇七）

ここには二つの意味があると思われる。一つは、文字通り、プロレタリア綴方を機械的公式主義であったと総括していたことである。同時に、その時期、俊太郎は機械的公式主義に立たないプロレタリア綴方を模索し、マルクス主義を学ぶことを継続していたが、「許容されざるものとして姿を消してしまう」と書いている。それは、復職をかなえるには、自分はかつてのプロレタリア教育・綴方から完全に離れていることを示す必要があったと推測されるのである。

俊太郎が階級的教育論を歴史的総括の上に構築しようとしていたのは、教育実践・綴方におけるリアリズム論である。その基本的立場は、「時代を必然の方向に貫いて規律する歴史性のもつ精神と、あるべき生活を希求するロマンチシズムの精神との統一された立場に立つ生活の新たなる組織への意欲である。この歴史的精神に沿ってのみ生活の真と実とが探求されるし、正しい教育観、正しい綴方の目的観をも再認識することが可能なのである」（二一二〇八）としていた。そこから、リアリズムの原則を次のようにのべている。

「リアリズムの原則は『あるがままに描く』ことである。作者がありのままに描くことは精神を喪失した抹消主義や公式主義に堕することではない。あるがままに描かれたものには一行一字にも作者の目的意識に浸された感情の燃焼がなければならない。したがって作者はあるがままの人生の外にあるべき人生を感得する」(二一二〇九)

そして、綴方のリアリズムは、生活台に立脚することによってのみ構築されると考えていた。

「生活綴方の根本は、教師の人間が悩み、歓び、悲しむ世代の哀歓を、子どもたる人間が各自の生活台から認識し実践するところに正しく構築される。しょせん人間性も生活台から離れて存在しない。生活台こそは人間性の燈台であり、文化の母である。われわれは一刻も早く人間の母である生活のうえに、教育による生活真の燈明台を築かなければならぬ」(二一二一〇)

児童詩に即して言えば、「叫びは個人の感情を、民族の感情を昂揚させる。詩はこの感情を組織する一手段である」(二一二一二)とし、「現実の条件や、生起する事実の克明な把握だけでなしに、その事実に対し、意欲と、情緒を燃焼させた情感の豊かさにおいて主題を発見把握しなければならないのである。主題の積極性ということも、作者の情感の豊富さなしには真実に迫る作品効果はあり得ないのである」(二一二二五)

次のようにも語っている。

「子どもにとって詩は生き方の一方法であり、現実認識の意識的方法であり、児童の世代的感情の方向を組織する技術として認識しなければならない。児童詩を教育のなかに、綴方教育の重要な方法として認識しようとするのは、児童詩を『表現による生活の認識と組織の一方法』であるという任務を自覚するがためである」(二一二二七)

俊太郎は、『生活童詩』の第三章以下において、リアリズム論を作品読みにおいて具体的に展開している。いくつか、作品をあげながら俊太郎の作品評を読んでみよう。

俊太郎は、「病気」と「秋」のふたつの作品をあげている。

病気

歯の痛い朝
枕もとの茶碗に
飲み残した水がさびしい
蜂の飛ぶ音がしずかに
学校に行く生徒の声がするよ　（高二女）

秋

風呂をたく煙が
竹の葉の間を上がる
突き立った杉のてっぺんで
百舌が夕日を噛む
今年はぼくの目白をとるなよ
明日は稲刈りで
あの錆びた鎌も光るのだ　（高二男）

俊太郎は、二つの作品に次のような論評を加えている。

「『病気』には生活的要素が多いと言えるだろう。だが、私たちはこのゆえをもって前者を後者よりもすぐれた生活詩だと言いきることはできない。なぜかというに、『病気』には感傷的抒情があるが『秋』には抒情のなかに燃焼している生産的生活としての稲刈りへの意欲がある。したがって『秋』には生活抒情の明るさがあり、健康な意欲がある後者を生活詩とするゆえんもここにある」（二一一二二）

そして、生活詩の核心を「現実の生活を貫く作者の精神のあり方によって、すなわち作者の生活態度

（意欲のあり方）」（二一二二二）に求める。そして、生活詩を「素材的な在り方でなく、生活視覚の在り方によって規定すべきである」（同）と結論づけている。

このとらえ方は、生活詩においては対象（素材）に対して、作者の「生活視覚」すなわち「生活態度（意欲のあり方）」がどう対象に向かって働いているかをリアリズムの中心問題としてとらえている。

そこから、俊太郎は、一〇編の詩を具体的にあげ、生活詩の特徴を五点析出している。

「一、題材の把握が生活的である。
二、どの作品にも暗さ、退嬰性がなく明るい生活意欲が満ちている。
三、生活行動のなかに人間としての愛情が濃厚に表現されている。
四、生活描写の克明さの中に児童の性格が浮き立って感性的に迫る力がある。
五、素材としての自然的要素が生活の中に肉体化されている。」（二一二二六）

次に、当時論じられていた生活詩における「芸術性と生活性」の問題に触れ、稲村謙一を批判しながら「生活性と芸術性とが離れ離れに存在するというが如き態度をとらない。生活の高さ、深さ、豊かさなどが即ち芸術の性質を規定するものである」（二一二六七）と結論する。そして、俊太郎は、次の作品を例に出し、リアリズム論の核心をついている。
日ぐれになると私は忙しい
小さい妹の守をしながら飯《まま》じまいをする
鍋の味噌汁がぐたぐたねたつ頃
とうさんは土方からかえってくる ※
腹はぺこぺこでかえる
私は二分しんのランプを明るくしてまっている
私の腹もぐうぐうする
ああ、こんな時 ※※

※かあさんと姉さんは工場からかえってくる　※※みそ汁のにおいはとてもいいな
みんな働いてかえる　（尋六女）
（二一―二三〇）

俊太郎は、ランプのしんを明るくして働いて帰るとうさん、かあさん、姉さんを待つ作者の姿に、「働くことへの愉快さ」「生活者のみがもつ愛情」を読みとって、生活のあるべき方向性が描かれていると評している。

「生活詩の現実性は、単なるあるがままの描写ではない。生活性によって生活意欲によって貫かれた現実性のいわれである。そこには単なるありのままから『あるべき』現実への飛躍がある。暗さを通過した明るさが構成される」（二一―二三〇）

この時期の俊太郎のリアリズム論で注意してよまなければならないのは、生活感情によって外なる客観性が意味化されるところに表現性（表現活動）が位置づけられているのだが、その生活感情じたいが対象に働きかける能動性を持つものとして捉えられていることである。つまり、題材（対象）が「生活感情精神」によって受け身的に意味づけられるのではなく、「対象に働きかける」能動性によって、生活的題材に生活的意味が付与されていくととらえている。

俊太郎は、詩教育における生活性と芸術性の二元論を廃して、生活性を基本とする「詩を書かせることが生活教育の一方法」（二一―二七二）としてとらえる。

ここでは二つの作品を例に出している。

子もりの夜
とうちゃんが
向こうから稲しょってくる
私は子守りをしながら
月を見た
月はうす青く
ぶたごやをてらしている
ぶたごやのほうに歩いて行った
ややがねむくて泣く
母が大根を切る音、きこえてくる

（尋五女）

夕方のこもり
せなかで泣く子の
こえが
家にきこえたのだろう
母がみそつけにぎりめしを
もってきてくれた
やろは
大きな口で
ひと口くった
やろはよろこんで
「んまあ」といってまた泣く
せなかで泣いたやろのこえ
やかましい

（尋四男）

俊太郎は、この二つの作品を較べると、これまでは「子もりの夜」が「芸術的にすぐれていると鑑賞した」。その理由は、子守りしている生活性と自然の情景を描写している芸術性が組み合わされているというもので、その点、「夕方のこもり」は生活の「素材の並列に終わっている」というものであった（二一－二七三）。これに対して、俊太郎は「どちらからどんと胸うつ生活感情が訴えてくるかといえば野性ながら『夕方のこもり』からである。それは生活態度が真を探求する方向にあり、しかも生活に意欲があるからである」（同）と評価している。そして次の結論を述べている。

「私たちは綴方教育が、いついかなる時代においても表現指導の独自的任務を実践することによって生活の認識を高め、生活を統制してより高次なものへと止揚構成させ、そうしたなかから生活感情を豊かにするものであるということを信じている」（二一二七四）

　他方で、俊太郎は、「リアルを追求させようとしていたずらに生活の苦しみを体験させたり、冷酷な現実面のみ掘り下げろというのではない。生活のなかから悲歌をさぐることがリアルなのではない」（二一二七五）と生活性の歪んだ捉え方に注意をうながしている。

「子どもの詩におけるリアルは子ども性を度外視して成立しない。子どもはいつも健康で明るい肯定的生活面を持っている。そこには健康な夢がある。（略）子どもには子どもなりに育てるべき生活面があり、主観性があり、夢があってよい」（二一二七五）

　俊太郎の『生活童詩』は、唯一のまとまった著作である。この時期の児童詩論を鳥瞰し、論評している点ではきわめて先鋭的で理論的である。しかし、実践論に関しては、評論的で具体的な展開にはなっていない。構想を整理したものにとどまっている部分も少なくない。また自己の児童詩論を展開するのに、自己の実践から生まれた作品がなくて、全国の実践者の作品をかりる形で論を展開せざるを得なかった。実践論がモザイク的になってしまっていた。その理由は、俊太郎が三三年より教壇を離れており、自分の実践展開をすることができなかったことにあると思われる。

『生活童詩』における俊太郎の一つの結論として、次の部分を引用しておきたい。

「農民の生活を暗いものにしてしまう否定的リアリズムをわれわれは棄てよう。農村の生活を描け、リアルに描けということは、苦しさを、暗さを描けということではない。その暗さを、苦しさを悲惨さを、起ち上がる農民の肯定的リアリズムによって把握するところに健康にして明るい農村生活詩があるのだ。（略）否定的リアリズムを棄てて明るい農民魂によって貫かれた生活詩を求めよう。生活指導は生活意欲の鍛え上げにならなければならない。健康な野性、強靭な生活意欲こそが農村生活詩を貫くイデオロギーでなければならない。」（二一二八八～二八九、傍点筆者）

俊太郎は、リアリズムのなかに「健康な野生、強靭な生活意欲」を求め、綴方におけるロマンチシズムを展望しようとしていた。

6　綴方における生産的リアリズムとロマンチシズム――リアリズム論の建設　その4――

三六年に入り、俊太郎は、『生活童詩』のあと、綴方におけるリアリズム論をもう一歩発展させようとしている。

俊太郎は、論文「『生き方』における芸術性と環境性」（三六年）で、「綴方教育の独自的任務が『文章表現による生活の認識と組織の一方法』であることは、いついかなる時代にも不動の公式であろう」のべ、にもかかわらず、「綴方教育の形式主義者は、その本質を『表現性』にもとめ、いかに描くべきかに綴方の主体的任務を求める。そして何を描くべきかについて切り離して考える」（二一一一九）と批判している。そして、綴方教育のリアリズムの核心を次のようにとらえている。

「創作された作品は現実生活の単なるカットではなく、題材化された現実は一度作者の肉体を通過した現実雰囲気の『創造』であることが原則とされている。したがって作者の現実に対する角度が作品現実となって反映する。作品現実即ち作者のリアリズムはその人間の主観の燃焼度によって進展する。そして人間の主観の燃焼が、その社会集団の世代的典型の性質に於いて客観的であると称することができるように思う。そしてわれわれの生活実践（主体的活動）の過程に於いて客観は徐々に意識の中に移植さ

れ、人間の意識はまた生活実践を通じてのみより深い本質的な客観へと進む。」（二一一～一二二）

この規定には、戦前に到達した俊太郎のリアリズム観の特徴があらわれている。

第一に、客観的世界である「生活現実」はそのまま「作品現実」ではないとして、表現は、題材を作者の内面を通過する「主観の燃焼」による「現実の創造」であるという実践的反映論に到達している。

第二は、反映の内的要因を「主観の燃焼度」ととらえているが、その「主観」は個人的なものでありながら、純粋「主観」ではなく、「主観」もまた「社会集団の世代的（時代的・歴史的――村山）典型」に規定されており、その意味では歴史的であり「客観的なるもの」であるという唯物論的把握がなされている。

第三は、その表現――創造のダイナミックなプロセス全体を生活実践（主体的活動）としてとらえている。したがって、表現―創造は生活実践、すなわち「生き方」の問題であるとしている。

このリアリズム論は、この時代に俊太郎が到達した結論であった。

このリアリズム観は、環境と人間の相互交渉について「環境が人間を作る以上に人間が環境を創る」（二一一二三）、つまり、環境が人間形成に外的諸条件として働くだけでなく、人間の環境への働きかけが人間性を形成するというマルクス主義の立場を学び取っていた。俊太郎は、マルクスの「フォイエルバッハにかんするテーゼ」から有名な「環境の改変と人間的活動との一致はただ変革する実践としてのみとらえられて合理的に理解されうる」を学び、「環境性」という概念のもとに人間の発達を実践として捉える視点に立っていたのだろう。

「村の子どもが都会の環境に育った子どもより劣るという時、それは文化的知識関係に於いて全く正しい」としながら、「しかしその反面に於いて彼らが直接生産機構や土地に接触しているということによって彼らの持つ特異な性格を知ることができる」（二一一二三）とし、農村の子どもは、環境に働きかける機会を都市の子どもより多く持っており、その環境に働きかけることによって農村の子どもたちは「特異な性格」、すなわち、都市の子どもにはない諸能力をもっているとしたのである。「農民はその環境性と伝統性からして卑屈で狡猾で、保守的な反面に野性的で生活の積極性と闘争とをもつ」（二一一二三）のであり、相矛盾する否定的な性格と肯定的な性格とをもっているとした。そこから綴方論に次のような提起をしている。

「綴方教育に於ける環境性も、単に何を題材とさせるか、環境に向かう子どもの角度などの問題だけでなく、やはり環境と人間性との相互作用＝生活態度の問題をして認識行動化するところにのみ綴方がより科学的体系と根拠とを持つことになる。環境に対しいかに作用するかの問題は、環境からいかに作用するかとの相互関係に於いてのみ人間による環境の発展、世に人間性の向上が約束されるのである。即ち『生き方』の問題に関連し環境性の新しい認識が綴方を更新するうえに重要な役割をもつ理由である」（二一一二三〜一二四）

ここでは、環境への働きかけによる環境そのものを組みかえていく「変革する実践」に人間の形成・変革をとらえている。

俊太郎は、この人間の形成・変革——発達観——を基礎に綴方論を綴方学として構想する試論を展開している。「世代に於ける綴方教育がはっきりした綴方学としての組織と体系とをもつためにその目的観を再吟味し、新目的観の建設を可能とする基礎工作」（二一一一九）を構想し、綴方教育の新しい組織の試論を展開しようとしていた。

俊太郎は、一九三六年、さらに、二つの重要な提起をしている。

そのひとつは、生産的リアリズム論の提起である。生産的生活への着目はすでに、三五年の諸論文や著書にみられていた。その提起は、論文「生活綴方の新しい努力――生産的綴方への試論――」（三六年七月）においてより深められている。

そこでは、生活主義綴方の現状を分析し、「われわれが生活主義綴方の停止状態を嘆かねばならぬのはいったい何故であろうか」と問い、次のように述べている。

「教育がほんとうに生活教育としての成果をあげ得る時は、生産との結びつきにおいて表現される。そして教育は、直接間接に人間の生産的陶冶を目標として行われる。生産的能力は、即ち生活的能力である。（略）生産的リアリズムは、題材に於ける生産面、勤労、労働材を重視し、表現に於けるリアリズム的描写と構成とによるスタイルを創造する」（二―一四二～一四三）

また、次のようにものべている。

「私たちは綴方によって子どもの精神を豊かにし、生活認識をたかめ、生活技術を学び、生活を組織するとき、生活のもっともおおきな領域を示している生産をめぐる技術、労働などの過程や、精神のあり方などを表現することは、製作過程そのもののもつ重要性として認められる。」（二―一四三）

俊太郎は、この生産的リアリズムにそって系統的に実践を展開していくことが、停滞している生活綴方を前進させていくと結論付けている。一九三六年、俊太郎にとって、三四年からの北方性の教育運動の高揚から停滞しているという認識であった。その停滞する綴方実践の一つの突破口が生産的リアリズムの提起になっていたのだろう。

生産的リアリズムの提唱は、俊太郎のマルクス主義教育から影響を受けた労働教育、「労働と教育の結合」やソビエトの労働教育論から学んだものを生活綴方論に組み入れようとしたものと考えられる。

俊太郎のもうひとつの提起は、ロマンチシズムへの着目である。俊太郎は、生産的リアリズムを提唱してから四ヶ月後に論文「綴方における夢と現実」は、(三六年一〇月)を発表している。
この論文は、『村山俊太郎　生活綴方と教師の仕事』(桐書房、二〇〇四年)の編集作業の過程で、著作集に収録されている論文を初出論文と付き合わせたところ、論文の冒頭の一の部分が欠落(約一一〇〇字)していたことが分かった。(なぜ、欠落したかは不明)
欠落していたこの部分から、論文は、生産的リアリズム論の続編的論文であることがわかる。俊太郎は、冒頭、「私はここで生産的綴方の技術としてのロマンチシズムとリアリズムのあり方について述べる」とし、次のように書いている。
「真のリアリズムは、ロマンチシズムの持つ創造性、芸術的概括力などの広大な自由性のうえに立たなければならないと思うのである。ここでリアリズムに対立するもののごとくに誤られていたロマンチシズムの本質を考えることができよう。[23]」(同、一八〇頁)
ここでは、ロマンチズムの再評価がなされている。
「ロマンチシズムは単なる生活のニュアンスではなく、現実生活に対するわれらの能動的な実践的感情として高い創造性(想像性)と芸術的概括性とをもち、芸術が形象として成立する第一条件でなければならない」(同、一八〇頁)
こうして俊太郎は、「生活綴方は、子どもの夢を忘れた日常生活主義に堕してしまってはいけない。また子どもの夢を生活現実から遊離させてしまってはいけない。貧乏綴方万能主義に陥ってもいけない」(二一一四四)と述べ、「もみふみ」や「アンゴラ兎」の作品例を挙げながら、生産生活場面での「勤労に対する明るい感情」、兎に向ける子どもの愛情のなかにロマンチシズムの萌芽を読みとり、次の結論に導いている。
「現実生活に立脚した生活の夢、恒に夢を追い求める生活方法 —— この中に生産的綴方の向かうべき

基本方向があるように思われる」（二―一四六）

俊太郎は、ロマンチズムについて、かつて、荒木ひでへの手紙（三二年一二月二七日）で「ロマンチシズムはブルジョア的ロマンチシズムでは決してあり得ない。それはあくまでもプロレタリアートとしての熱情のあふれるロマンチシズムであらねばならない」とし、「創作方法に於ける最も大きな問題に於いて『社会主義的リアリズム』と『革命的ロマンチシズム』この二つの完成へ突進しなければならぬ」（一―三九〇～三九一）と書いていた。その思想を放棄せずに、三六年になって、その革命的ロマンチシズムを綴方論に組み入れて展開したのが、ロマンチシズムの再評価につながっているとみることができる。

俊太郎がこの時期にリアリズム論の発展として研究した生産的リアリズム論は、マルクス主義の「労働と教育の結合」やソビエトの労働教育論に影響を受けたものであると考えられる。その提唱は、綴方実践においては、題材面における生産面、労働過程などに傾斜するもので、「生活綴方の根本は、教師の人間が悩み、歓び、悲しむ世代の哀歓を、子どもたる人間が各自の生活台から認識し実践するところに正しく構築される」（本書、二〇二頁）とした捉え方からの後退ではないかと考えられる。また、生産的リアリズムと連動しているロマンチズムの再評価も、俊太郎の綴方論においては積極的な意味を持っているが、社会主義的リアリズムのなかでの革命的ロマンチズムの影響をうけたものであり、今日、あらためて再検討されなければならないだろう。

7　俊太郎、復職への想いと色上げ講習

俊太郎は、新聞記者としての仕事にやりがいを感じつつ、教壇への復帰を願っていた。とりわけ、北

方性の教育運動が高揚し、多くの仲間が教室での実践を展開していくなか、俊太郎も教師として教壇にもどりたいと強く願うようになったのだろう。

俊太郎は、三六年六月、当時、国民精神文化研究所と密接な関係のある日本文化協会でおこなわれていた赤化教員再教育講習（「色あげ講習」と俗称された）を受けている。俊太郎は、先にもふれたように、著書『生活童詩の理論と実践』を県の視学の目を通してもらうなど、細心の注意を払いながら、復職を周到に準備していた。そして、三七年一月に念願の復職がかなっている。この講習には、前田卯門、西村力弥、武田竹男らも参加している。その際、山形市長大沼保吉、弁護士の大内有恒から旅費、滞在費などの費用の援助を受けたとされている。

俊太郎が教壇を離れていた三二年から三六年の五年間のあいだには、日本の大陸侵略が本格化し、学校も一段と厳しい国家統制が敷かれていったことを考えると、三六年段階で復職しようとした意図は複雑だったろう。教師生活に戻れば、軍国主義教育体制のもとで、日々の教育活動をすることになることは、だれよりも俊太郎自身が理解していたはずである。それでも復職へのねがいは強かったのだろう。

俊太郎が参加した日本文化協会が主催の小学校教員思想事件関係者に対する第二回日本精神講習会とはどのような背景のもとで組織されたものなのか[24]。

国民精神文化研究所の重要な事業のひとつは、教員への思想教育であった。教員研究科は四月と一〇月に入所を募集し、六ヶ月間の教育がなされた。研究員は現職のままの入所とし、この間には月三〇円の研修費が支給される。三三年から四二年までの一〇年間に一二七〇名の受講生があった。三四年国民精神文化研究所の外郭団体として日本文化協会が創設されている。協会の活動で最も注目されるのは、『思想部』設置による『転向者』への働きかけであった。

三五年七月、思想部主催による小学校教員転向者対策研究会が開かれ、その会議で転向を確認する講習会をもち、復職への道を開く方向が追求された。その後、具体的な準備が進められた。

萩野富士夫の研究によれば、期間は一〇月二〇日から一ヶ月間、資格参加は『転向ノ状態顕著ナルモノ』とし、各府県の学務部・警察部・検事局の推薦が必要とされた。二〇名以内の定員の合宿形式で、「『行』の上から心身の鍛錬を行うと共に毎日午前には正課の講義、午後には特別講義、研究会等により国民文化を体得せしめ国民的志操練成する」（『教育週報』第五四一号　三五年九月二八日）という内容である。

主要な講師陣は、国民精神文化研究所から派遣され、多摩御陵の参拝などもなされた。講習の最後には、講習生一同の感想を語る座談会が開かれた。そして感想を書いた[25]。

俊太郎が参加した講習会（小学校教員思想事件関係者に対する第二回日本精神講習会）は、六月二〇日から一ヶ月間で、予定の倍の四一名の参加があったとされている。

講習の日課は、起床午前五時、三十分間清掃、二十分間流汗運動、午前六時神殿拝礼、十分間静観、六時二十分朝食、午前八時半より正午まで講義三時間、午後二時間特別講義又は自習、夜分午後六時半より座談会又は茶話会、午後九時拝礼、九時半修身消灯[26]

講習を企画指導した日本文化協会の感想として、第一に、講習生は、講習が進むにつれて「漸次宗教的になってきたこと」「内観的自己反省的になって行ったこと」「無我の世界の回心」が見られたことを指摘している。第二に、最初は肉親に対する恩や述懐から「広く社会の恩、国体の有り難さ」を感じるようになり、「普遍化的、抽象的、科学的思考の限界を教えられ、人一般の抽象的人生観から、君臣、父子、夫婦、国民同胞等の具体的人生観への道を開眼せられた」と分析している[27]。

これまで、俊太郎がその講習会に参加してどのような教育を受け、どのような感想を持ったのかについては不明であった。ところが、最近になって日本文化協会『小学校教員思想事件関係者に対する

第二回日本精神講習会　聴講生感想集』が発見され、そのなかに、村山俊太郎のものと思われる感想がでてきた。

『感想集』には「本感想集は表記第二回日本精神講習会を終了するに際して講習生四十一名に受講感想を綴らしめたるものにして筆者姓名は便宜上匿名とせり」と断りがあるが、俊太郎の感想文と見られるのは、「感想　其の十二」、山形県T・M（三二歳）のものである。

その「感想」には、これまでの俊太郎の思想からは遠くかけ離れたもう一人の俊太郎が存在している。

「私の魂をゆり動かすものは、浅間しくも思ひ上って左翼運動に走った罪の子への自責でありました。今、無遍の大慈悲の大御心に、人々の限りない愛情に鞭うたれながら、安らかに『赦された』といふ絶大な歓喜と感激の中にある私を発見して心から謙虚になるのであります。」

「三十有余年、親に反抗し、友情に温まらず、社会を憎しんで来た私の魂を呼びさますもの、それこそ人間本来のもの、自然たるものへの覚醒でなくて何でありませう。」

「私には今、一ヶ月の講習によって生活観を貫く日本精神の大きな流れの方向だけは発見し得たやうに思はれます。始めて人間本来のものへの覚醒が展け、国家的全体観に立つ私のつとめを痛感することが出来たやうに思はれます。」

「今、私は長い冬籠りから開放された雪国の農夫が重々しい綿入れをすっぱり脱いで、鍬を大地にうち立てて大空を仰いでゐる時の如く、何のわだかまりもない清明さと力強さで一杯です。紀平先生が私の感想発表の時「力強く起ち上った時の気持を忘れるな」と御激励御教訓下さった言葉をかみしめて、新しいスタートに立つことが出来た喜びにふるえています。(28)」

俊太郎が書いている右のような自己反省と新しい境地は、講習会に出て、無事に終了するために偽装したものという読み方があろう。

しかし、簡単に偽装としてだけ読むことが出来るだろうか。偽装文を提出するだけであれば、「新しいスタートに立つことが出来た喜びにふるえています。」の部分までで十分ではなかったのか。そのあとに、七月一八日の「明治御宮にて御禊りをなす」として歌五首を加えていく必要があっただろうか。その歌は、六月二六日に、明治神宮に参拝した時に、俊太郎が自主的にノートに書き記したものだと思われる。

　六月廿六日、われら四十余名明治御宮にて御禊りをなす。

みあかしの水のきよらな体あたり瞼おもしく黙祷をささぐ
神苑の朝のしじまを禊する證據《あかし》の水にただ洗はれにけり
おろかしき現実のわれが洗はれてしばしうつろなる心には居つ
神ごころの失はれたわが心に明るくさしこむもの、證據《みあかし》に黙祷の瞼はおもく
神水の冷厳な体あたりにああ、遠い遠い夢がよみがへってくる
（七月十八日記）[29]

「おろかしき現実のわれが洗われて」とノートに書き記した俊太郎の真意は何であったのか。すくなくとも、俊太郎において、「日本精神」にもとずく天皇制国家に対する「ゆらぎ」がみえる。

　そもそもこの講習会は、転向者対策として企画され、参加資格は「転向ノ状態顕著ナルモノ」で、県の推薦が必要であり、最終的には「参加者の転向を確認する」ものであった。その重要な判断材料の一つが「感想」であったとすれば、俊太郎は、転向を証明するために偽装する内容を書いたという線も否定できない。

講習会に参加しての思想的成果を示して、復職を確実なものとするために書いたものであれば、痛々しい。

一九三五年二月、貴族院で美濃部達吉の天皇機関説が国体に背く学説であるとの批判がなされ、三月貴族院では『政教刷新ニ関スル建議』によって天皇機関説排撃が決議された。政府は、八月と一〇月に「国体明徴に関する政府声明」を出すにいたった。美濃部は、不敬罪で告発され、著書は発禁処分となり、九月に貴族院議員を辞職している。つまり、俊太郎が講習会に出ていた時期は、まさに、この国体論が焦眉の課題となっていた。

こうした背景をもって出された「国体明徴に関する政府声明」(一九三五年八月)は、大日本帝国憲法第一条において「大日本帝国は万世一系の天皇之を統治す」と明示されており、統治の大権は天皇に存することは明瞭であり、「統治権が天皇に存せずして、天皇は之を行使する為の機関なりと為すが如きは、是れ全く万邦無比なる我が国体の本義を愆《あやま》るものなり」と機関説への批判を徹底している。

この日本精神に基づく国家観は、「講習」での重要な講義内容であったと考えられる。俊太郎の「転向」問題とは、文学者や社会科学者においての「転向」におけるマルクス主義を否定するというよりは、天皇制国家を認めるか否かが問われていたとみることができる。

単に偽装文とは言えないのではないかという理由は、もう一つある。それは、色上げ講習に一ヶ月参加したその直後に書かれた論文「文化についての感想[30]」である。

論文の冒頭、俊太郎は次のように述べている。

「私はいま、一ヶ月にわたる日本精神講習会(日本文化協会主催)を終え、明るく澄んだ清明心の中に、限りなく愛され、慈《いつく》しまれ鞭うたれ、啓発された感激の行の生活を反省している。自分が今まで迷いつづけてきた知の組織や人生、社会、国家に対する観念への暗い残滓がどうやら洗われて、生活的具体知に出発する一つの世界観への自信と自覚への喜びに明るく胸をおしひろげて文化・教育・芸術などに関する内省を展げたいと思うのである」（二―三二五）

ここで俊太郎が用いている生活的具体知とは、抽象的知に対応して用いられており、「生活的なもののみが、もっとも具体的な知である」ということである。

そこから、日本精神や民族精神を担ぎまわる人びとには「偏狭な公式的機会主義者」や出世のために利用している人が多いこと、さらに、「日本文化の体系から外来文化を排撃せよとする偏狭なる愛国主義などを批判している。他方、「自由主義思想への闘争としての共産主義も、自由主義、個人主義、共産主義思想への闘争としての右翼思想も、ともに日本の国家社会を有機体国家として自覚しない立場に発生したものと」排している。

そこで、俊太郎は、自分たちが展開してきた北方性教育運動を以下のように総括している。

「リアリズムを探究した人びとは現代の暗澹《たん》たる人間生活、社会生活そのもののリアルな観察に基づいて、人びとの生活の内面の苦悩と、社会人生への懐疑を展開しながらも、新しいモラルを求めていったが、社会の現実からつきまとっている絶望的な暗さをどうすることもできなかった」（二―三二六）

そこから俊太郎は、次のように論点を転じている。

「教育文化の領域においても混沌とした思想的苦悶によって、教壇は理論的にも現実的にも悩み続けてきた。いま日本の教育は大きな安住の世界を求めて、何かしらゆるぎない力を欲している。それは活発な左翼や右翼の論理体系をも日本的な力によって抱擁し、伸ばしてやろうとする思想の流れではなかろうか」（二―三二六）

俊太郎は、「何かしらゆるぎない力」「日本的な力」を「民族の特異性」に着目し、「有機体国家」論に行き着いている。

「私たちは日本民族としての世界的使命に思いを走らせ、有機体国家としてのわが国を知るのである。（略）私たちは今、日本文化の民族的整理を心掛けなければならない。それは有機体国家の具体としての生活文化を基礎とする発足である」と述べて、「生活綴方も、生産的綴方も、実用的綴方も上述の如き大きな力のうえに営まれてこそ始めて日本的な落ち付きと、文化問題としての教育または国語、綴方の意義も全体観のうえに定位するのである」（二―三二五～三二六）と述べている。

また、俊太郎には、折衷主義的認識が顕著になっている。

「科学の真実を追究する人々は宗教という超越の世界を否定する。だがわれわれの思想成果は人間的主観を強く念頭において考える時、宗教も科学も生活のために意義を認めることができる。」とし、「宗教の立場も文化の論理として生活の規範たりうる」（二―三二七）と結論づけている。

俊太郎は、これまで「科学的真理」にのみ忠実たらんとしてきたが、ここでは、宗教的認識（俊太郎にとってこれまで観念論としてきた）をも否定しない両者の折衷を試みている。

俊太郎の戦後において話題になるが、かれは、戦後まもなく教育改革論を構想した際に、一九四六年の構想においては「国体護持思想」の堅持を主張していた。その国体護持思想を戦前のどの段階から持ちはじめたのかをたどる時、この講習会にでた体験が強く影響を与えたのではないかという仮説もなりたつ。[31]

いずれにせよ、俊太郎も自己の信念を信じつつも、時代の抑圧が強まる中、その時代の流れに折り合いを付けていかなければ、学校現場へは戻れないところにきていた。俊太郎は、そうした矛盾をかかえて、三七年一月復職する。

〈注〉

（1）その時に交わされた書簡は、俊太郎の分が『著作集1巻』に収録され、その後、ひでの分も含めて『この魂ひとすじに　上・下』（新生出版、一九七五年）として出版されている。

（2）村山ひで『北方の灯とともに』（麦書房、一九五九年）、二六一頁

（3）同前、八九〜九〇頁

（4）同前、九一頁

（5）同前、九三〜九四頁

（6）作品「煙」についての論評は。論文「児童詩に於ける『現実』の吟味」（『綴方生活』三三年八月号）でもふれている。

「作者の現実に対する態度は、いちじるしく健康性を持っているといえる。そこには社会的経済的関心への萌芽がある。正しく成長すべきプロレタリア・リアリズムへの『芽』を健康にもっていると思う」（一ー二五四〜二五六）そこでは、まだロマンチシズムという視点からの評価は見うけられない。

（7）なお、この時期の生活綴方人の調べる綴方・科学的綴方への反省・批判の厳密な検討が必要である。同時に、この時期の「調べた綴方」の歴史を取り上げた先行研究も厳密な検討が必要である。とりわけ、今日の「総合学習」の実践的課題との関係で、「調べた綴方」を再評価する論文も見受けられるが、何が評価され、何が批判されなければならないのか、歴史的視点を鋭くしておく必要がある。

（8）俊太郎が引用したエンゲルスの文は、「エンゲルスからマーガレット・ハークネスへの手紙」（一八八八年四月初旬ごろ）からのものである（「ハークネスへの手紙」は、龍崎安之助訳『マルクス・エンゲルス芸術論（上）』（岩波書店、一九五七年）。

ハークネスは、エンゲルスと同年のイギリス女流作家である。エンゲルスは、ハークネスから送ら

れた『都会の娘』への感想を手紙に書いて送っている。手紙の冒頭でエンゲルスは、「私は、何よりも、あなたの作品のリアリスティックな真実に心を打たれるとともに、あの作品が真の芸術家たるにふさわしい勇気を示していることに、深い感銘を与えられました」(『マルクス・エンゲルス芸術論(上)』、二一六頁)と賞賛している。そして、作品批評として「何か私が言うべきことがあるとすれば」、「この物語が、それでもまだ十分にはリアリスティックではないということでしょう」(同前)と述べ、俊太郎の引用した文が続いている。

龍崎の訳は以下の通りである。

「私の考えでは、リアリズムとは、細部の真実（＊1）を意味するばかりでなく、典型的な事態（＊2）のもとにおける諸々の典型的な性格（＊3）を真実に即して再現します」（同、二一六～二一七頁）

（＊1）rutht「真実」、もしくは「真理」とも、「忠実」もしくは「真実」とも訳しうる言葉。エルベンベックに添えられたドイツ語訳では「忠実」（Treue）という訳語をあてている。いずれにしても、勝手な歪曲を加えないというのが本意

（＊2）circumstances「事情」、「情況」を意味するとともに、「境遇」をも意味する。ドイツ語訳では、Umstande 主体の周囲をとりかこみ、主体とさまざまな関係をもっている諸事情の意

（＊3）character「人物」の意をも含む

エンゲルスは、ハークネスの作品のどこがリアリスティックでないと批判したのだろうか。

「あなたの人物たちは、そこに描かれているかぎりでは十分典型的であるといえます。けれども、これらの人物をとりかこみ、これらの人物を行動させている事態は、おそらく、おなじだけ典型的であるとはいえません。『都会の娘』では、労働者階級は、自分で自分の窮地をきりぬける力もなく、自分で自分の窮地をきりぬけるために努力しようとする試みすら敢えてしない、消極的な大衆として描かれてい

ます」（同、二二七）

　こうした労働者階級の描き方は、エンゲルスによれば、一八〇〇年頃のサン・シモンやロバート・オウエンの時代なら「正しい描写であった」としても、それから「五〇年近くの間、戦闘的なプロレタリアートの闘争の大部分に参加する光栄を担ってきた一人の人間の目から見れば、労働者階級の姿がこのように見えるということはありえません」（同）とのべ、次のようにのべている。

「自分たちをとりかこむ抑圧的な環境に対する労働者階級の反逆的な反抗、自分たちの人間としての地位を挽回しようとする彼らの試み――衝動的なものであれ、半意識的なものであれ、もしくは意識的なものであれ――これらのものは、歴史の一部であり、それゆえに、リアリズムの領域の中にもその席を要求するものでなければなりません。」（同）

　エンゲルスは、労働者階級の戦いが高揚しているその姿を描いていないことを非リアリズム的であると批判したのであろうか。そうではない。

「私は、あなたが正真正銘の社会主義小説、つまり、私たちドイツ人のいわゆる『傾向小説』を書いて、作者自身の社会的、政治的見解を賛美して見せなかったからといって、それがあなたの誤りであるとなどと言おうとするものでは決してありません。そのように考えていただいては、とんでもないことです。芸術作品にとっては、作者の見解はむきだしに現れていなければいないほどよいのです。私の言うリアリズムとは、作者の見解にさからってでも現れうるものです」（同、傍点筆者）

　他方、エンゲルスは、リアリズムとは、作者がある社会的政治的見解を賛美してみせることではないとする。それでは、「作者の見解にさからってでも現れうるもの」とはどういうことか。

　エンゲルスは、バルザックの『人間喜劇』のリアリズムを例に出す。

「バルザックは、正統王朝派でした。彼の偉大な作品は、良き社会のとどめがたい崩壊に対する不断の嘆きの歌（エレジー）です。彼のすべての同情は滅亡を宣告された階級の上に注がれています。ところが、それにもかかわらず、彼の風刺が最も辛辣に現れるのは、まさに、彼が誰に対してよりも深い同情をよせている当の男女たちの――つまり、貴族の――動きをとらえるときなのです。そして、彼がつねに率直な賛嘆をささげてやまない唯一の人々は、政治的には彼と激しく対立するサン・メリ修道院の英雄たちなのです。しかも、これらの共和主義者たちこそ、実は当時（一八三〇―三六年）の民衆の代表者でした。」（同、二一八）

「バルザックが、自分自身の階級的同情や政治的偏見に逆行する描き方を実行させられたということ、そして、彼が、自分の大好きな貴族たちの没落の必然性を見てとり、もはや一層よい運命を恵まれるに値しない人々として彼らをえがきだしたということ、そしてまた、真の未来の担い手たちを、その時代にとって唯一の場所において見てとったということ――これこそ、リアリズムの最も偉大な勝利の一つであり、わがバルザックにおける最も堂々たる特徴の一つであると私は考えます」（二一九）

　エンゲルスは、歴史の必然を、すなわち、貴族たちの没落の必然と勃興する労働者階級の成長する姿を描き出すことにリアリズムの本質を見いだしている。

（9）『佐々木昴著作集』（無名舎出版、一九八二年、七九頁）
（10）同前、七四頁
（11）同前、八二頁
（12）同前、一一～一五頁
（13）同前、二七～三〇頁
（14）同前、四二頁
（15）同前、七〇頁

(16) 同前、三一五頁
(17) 同前、七一頁
(18) 同前、七二～七四頁
(19) 同前、七四頁
(20) 同前、八二～八三頁
(21) 同前、八三頁
(22) 『生活童詩の理論と実践』は、「実践国語教育新問題叢書」の一冊として啓文社から出版された。四六版、二八八頁の本であった。『著作集2巻』に全文収録。
(23) 村山俊太郎『生活綴方と教師の仕事』(桐書房、二〇〇四年)、一八〇頁
(24) 文部省は一九三二年、国民精神文化研究所を設立している。吉田熊次、紀平正美らが中心で、所長は文部次官の粟屋謙であった。国民精神文化研究所の「研究精神」は、次のように規定されている。

一、忠誠奉公ノ精神ヲ以テ研究ニ従フベシ
一、肇国ノ精神ニ則リ皇国日新ノ原理ヲ究明スベシ
一、学問ハ抽象ニ止マラズ実ヲ以テ之を全ウスベシ
一、学問ハ現実ニ即シ現実ヲ指導スルモノタルベシ
一、研究ハ常ニ有機的関聯ヲ保ツベシ

(荻野富士夫『戦前文部省の治安機能――「思想統制」から「教学鍛錬」へ――』校倉書房、二〇〇七年、九三頁)

紀平正美は「何事を為すべきか、取敢ずには左翼思想、それの温床たる自由主義に我等が対する議論に、日々が費された」と回想している。(同前、九四頁)

「国民精神文化研究所で研究部以上に重要なのは、小学校教員の思想対策と転向学生を扱う事業部である。事業部は教員研究科と研究生指導科に分かれる。事業部長紀平正美、教員研究科主任小野正康、研究生指導科主任山本勝市が中心である。」(同前、九五頁)

(25) 萩野富士夫『戦前文部省の治安機能——「思想統制」から「教学錬」へ——』一五〇〜一五一参照頁

(26) 日本文化協会『第二回日本精神講習会報告』(一九三六年八月)三頁

(27) 同前、七〜八頁

(28) 日本文化協会『小学校教員思想事件関係者に対する第二回日本精神講習会　講習生感想集』昭和十一年八月

(29) 同前

(30) 俊太郎は、この論文の末に、七月二七日といれている。発表は『実践国語教育』三六年九月号である。中内敏夫氏は『著作集』二巻の解説で、「文化についての感想」にかかわって「村山の真意はおしはかるほかはないが、講習会に参加したことの影響が読みとれ、村山の転向問題を検討する特異な一文となっている」(二一三三六)と書いている。

(31) 佐藤広美は、論文「村山俊太郎の教育思想と生活綴方教育実践——村山はなぜ教員再教育講習を受けたか——」(H一六・一七・一八科研費研究成果報告書　二〇〇七年、四月)において、俊太郎が三六年八月に赤化教員再教育講習を受けた後、なお、一方では「偏狭な『日本精神主義』を批判していることは注目される」としながら、他方では、共産主義思想の崩壊と語り、「当時大量に生じた転向者の『共産主義思想』批判とも読める」と整理してつぎのような課題を提起している。

「『有機体国家』や『日本民族主義』という用語を使用した問題はあったが、この感想には、何としても自分の思想的良心を曲げたくないという意地の表出を感じる。ここには、重要な思想問題がある。村山は教職復帰のために日本精神主義にいかに妥協したのか、あるいは、しなかったのか、という問題である。すなわち、村山の思想転向問題である」

佐藤の関心は、俊太郎が「色上げ講習」に批判的な意見を持っていたとしても、また、日本精神主義批判を書いているとしても、「色上げ講習」に参加した事実は、たとえそれがポーズであったとしても、深く俊太郎の思想の深部に影響をあたえたのではないか、にある。

そこには、当時、知識人のあいだにに広がっていた転向問題を俊太郎も自分の問題として考え、悩んでいたのではないかという佐藤の読みがある。それを佐藤は、「転向問題は、村山自身にとってものっぴきならぬ問題であり、つきまとう自身の問題ともなり、悩みの根源であり、時々もたげてくる不安の悪魔であった」と表現している。

第四章
軍事色強まる学校で子どもたちと学び・綴る
――教師の良心と苦悶の闘い（三七年～四〇年）――

……村山先生學級……

1938 年・39 年に担任した生徒たちとの卒業写真。
上列右端が金子静江、上列右から４人目が佐々木マサ。

はじめに　戦時教育体制の進行

俊太郎が現場復帰した一九三七年一月、日本は戦時体制に突入していた。国は、一九二五年に制定した治安維持法を二八年に改正し、共産党や民主的な運動や良心的知識人への弾圧を強めていった。俊太郎が教労の組織に参加したことで検挙され、教壇を追放された三二年三月には、満州国建国宣言がなされた。軍国主義教育に反対する教員たちは「赤化教員」として弾圧されていった。

その後、京大・滝川事件[1]（三三年四月）、美濃部天皇機関説事件（三五年二月）があり、学問・研究・教育の自由への抑圧が格段と強まっていった。

軍部は、三四年一一月に「国防の本義と其強化の提唱」（陸軍省）を発表している。

一九三六年一〇月「教育刷新ニ関スル答申」（教育刷新評議会）は、「大日本帝国ハ万世一系ノ天皇天祖ノ神勅ヲ奉ジテ永遠ニコレヲ統治シ給ウ」にはじまり、教学の基本方針を「我ガ国ニ於テハ祭祀《シ》ト政治ト教学トハ、ソノ根本ニ於テ一体不可分ニシテ三者相離レザルヲ以テ本旨トス」として、宗教・政治・教育の一体化を原則とした。そして、学校には「我ガ国古来ノ敬神崇祖《けいしんすうそ》ノ美風ヲ盛ナラシメ、コノ精神ノ徹底ヲ図ル」ことを要求した。三七年二月には、臨時教科書審議会を設け、教科書の内容の検討を強化し、国体明徴と国民精神の昂揚のために「国体の本義」（三七・五・三一）を刊行した。『国体の本義』は、天照大神以来の天皇の由来をひもとき、次のような国家観を提示している。

「我が国は、天照大神の御子孫であらせられる天皇を中心として成り立っており、吾等の祖先及び我等は、その生命と活動の源を常に天皇に仰ぎ奉るのである。それ故に天皇に奉仕し、天皇の大御心を奉体することは、我等の歴史的生命を今に生かす所以であり、ここに国民のすべての道徳の根源がある[2]」

さらに、「忠は、天皇を中心として奉り、天皇に絶対随順する道である。絶対随順は、我を捨て私を去り、ひたすら天皇に奉仕することである。この忠の道を行ずることが我等国民の唯一の生きる道であり、あらゆる力の源泉である。」そして、「我が国の教育も、亦一に国体に基づき国体の顕現を中心とし、肇国以来の道にその淵源を有すべき(3)」としたのである。

満州侵略の行き詰まりと国内の経済体制の矛盾の激化は、国民の不満を増大させた。三七年四月の総選挙では、無産政党が得票一〇三万票を獲得し、四〇名の当選を出した。その矛盾の発露として戦争政策が一段とつよめられていく。三七年七月七日の蘆溝橋事件は、その後八年にわたる日中全面戦争の発端となった。

近衛内閣は、「国民精神総動員運動」を開始し、文部省思想局は、「国民精神総動員実施要項」（三七年八月二四日、閣議決定）をだす。そこでは「挙国一致堅忍不抜ノ精神ヲ以テ現下ノ時局ニ対処スルト共ニ（略）愈々皇運ヲ扶翼シ奉ル為官民一体トナリテ一大国民運動ヲ起サントス」とされ、「挙国一致」「尽忠《じんちゅう》報国」「堅忍持久」が目標とされた。こうして、この時期、教学刷新評議会を中心として、復古的な日本的教学の理念と政策が構築されると同時に、日本の戦時体制を担うべき優秀な兵力と安価で無権利な労働力の養成が学校に期待されていく。

子どもの生活や学校にも軍事色が強まっていった。

秋山正美氏は、『戦時下の子供たち　1巻』のなかで、子ども新聞の記事を通して、子どもたちの生活に軍事的色彩が色濃く表れ始めることを跡づけている。

「日本と中国の衝突が全面戦争になって最初の秋、各地の小学校の運動会に『戦術競技』や軍国歌謡の遊戯などが目につくようになってきた。それまでの運動会にも、騎馬戦や陣取りなど戦争ごっこと同じような種目はあったが、この秋からは、肩に棒を担いで行進したり、敵前渡河を模した障害物競走をやったり、秒きざみで『名誉の負傷者』に包帯を巻いたりする本格的な戦場の競技が取り入れられ、高学年の小学生がスピーカーから流れ出るマーチや軍歌に合わせて勇ましく入退場、というようなセレモニーも欠くことのできないものになる。手作りの機関銃や張り子の大砲で日本軍の大勝利を演じるゲームまでプログラムに加えら(た)[4]」

一九三七年、日中戦争の開始とともに、軍国主義体制は益々強められていった。国民生活も学校も戦時色が強まっていった。

「見よ東海の空あけて・・・」の「愛国行進曲」(三七年)、「海ゆかば」(一九三七年)、「勝って来るぞと勇ましく、誓ってくにを出たからは、手柄たてずに死なりょうか、進軍ラッパ聴くたびに、まぶたに浮かぶ旗の波」の「露営のうた」(三七年)が盛んにラジオから流され流行した。出征兵士を送るときには、小学三年以上と校区の在郷軍人会、国防婦人会、青年団、などが集まり、壮行会が行われた。そのあと、日の丸手旗を振り、軍歌を歌いながら村の境まで隊列を組んで見送った。駅が近いところでは、駅まで壮行行列を行った。戦死者帰還の時も、出征兵士を送るときと同じ人たちが集まり、行列でお迎えし、告別式を行った。壮行会や告別式には、学校の児童生徒も動員されるようになった。

三七年一一月に、東日小学生新聞と大毎小学生新聞の主催で「少国民愛国歌募集」があった。一万一千の歌詞が応募され、当選したのは次の歌で、曲をつけて発表されている。

少国民愛国歌

星野尚夫

国を思えば血が踊る、
胸のしるしも日の丸の、

われらは日本少国民、
われらは日本少国民。
かけよ、かけ、かけ、
走れよ、走れよ、
愛国競争、それ、かけよ。　（以下、四節まで）

「少国民愛国歌」は、「愛国行進曲」の子ども版で、その発表会は、三八年一月に日比谷公会堂で午前午後の二度にわたり盛大に開かれた。[5]

学校でも日本精神を高揚させ「忠君愛国」を教え込む役割を強要されていった。各学校の朝会では皇居の方にむかって敬礼する神宮遥拝《ようはい》を行うことと登下校時に奉安殿奉拝《ほうはい》が推奨された。政府は、戦場での軍の膨大な資金と消費とを供給するために、国民に「質素倹約」を訴えた。そのために、日本精神の昂揚を宣伝し、「挙国一致・尽忠報国・堅忍持久」のスローガンを広めた。

一九三六年、閉塞しつつあった教育界に自由教育の新風を送り込んだ児童の村小学校が解散（一九二四年四月開校）する。そして、俊太郎が大きな影響を受け、編集同人にもなっていた雑誌『綴方生活』は、一九三七年の一二月号「小砂丘忠義追悼号」をもって、編集同人を解散するに至った。

〈注〉

（1）三三年京大滝川幸辰教授の講演「『復活』に現れたるトルストイの刑罰思想」にたいして、鳩山一郎文相は、共産党弁護、政府批判だとして滝川教授の『刑法読本』を発禁にすると共に、罷免を要求した。教授会はこれを拒否したが、文部省は休職処分にした。これに抗議して法学部教官は全員辞表を提出し、学生もこれを支持した。末川博、佐々木惣一教授らは立命館に移り、学生運動も弾圧された。

（2）宮原誠一他編『資料日本現代教育史4』（三省堂、一九七四年）二八八頁

（3）同前、二九四頁

（4）秋山正美編『戦時下の子供たち　1～3巻』（日本図書センター、一九九一年）は、戦前に発行されていた「日本小学生新聞4」（時事新報社）の子どものかかわる記事に解説を加え編集したものである。一六五～一六六頁

（5）同前、一七八頁

1　五年一組の子どもたちと「学級経営」案の実践

村山俊太郎は、三七年（昭和一二年）一月一一日、山形市第三尋常高等小学校に復職した。三二才であった。その学校は、妻ひでの勤務校でもあった。同年、四月、俊太郎は、山形市第八尋常高等小学校に転任し、そこで、五年一組を担任することになる。このクラスの子どもたちとの出会いは、俊太郎の教師生活、その後の人生にとって格別の意味を持ってくる。

俊太郎は、三七年四月より、尋常小学校五年の男女組五〇名を担任している。教職は、三二年三月から三六年一二月まで四年九ヶ月のブランクがあった。教育に関しては多くの論文を書いてきたとはいえ、学校の体制も軍事色が強まっており、戸惑うことも少なくなかっただろう。復帰をはたした俊太郎は、当時では札付きの「赤い教師」として見られていたのだろうから、学校でも地域の父母の間でも慎重に担任教師としての仕事をはじめただろう。俊太郎は、どのような学級経営をおこなったのだろうか。[1]

俊太郎研究において、三七年四月から三九年三月までの五・六年生への二年間の学級担任の仕事は光

が当てられてきたわけではない。この章では、俊太郎の学級指導の全体像を限られた資料によって復元していきたい。

(1) 学級経営の基本的構想 ――「協同とはげましの愛情に生きるわれらの学級」――

俊太郎のこの時期の学校での仕事の資料で残っているものは、ほとんど『著作集』に収録されている。しかし、四〇年二月の検挙で、俊太郎の大量の本と教育実践の資料（指導ノートや文集など）が自宅と学校から没収され戻ってこなかった。唯一、学級指導の全体像がわかる資料として一九三八年の「尋六の学級経営」(著作集では二段組一四頁)が残っている。(2) 一九三七年の学級経営案は残されていないので、尋五からの持ち上がりであった学級の三八年の「尋六の学級経営」案で見ていきたい。

俊太郎は、まず、学級経営を「教授・訓練・養護」の三領域でとらえ、学習については、当時の「各科の教授を孤立した一系統として取り扱う」制度や考え方は「捉え直しが必要だ」としている。そのうえで、「行動の規制をめあてとし、教科書をよくおぼえ、おとなしい行儀のいい子を育てる」ことに疑問を投げかけ、「子どもができなくてだめだと嘆くまい。きかんぼでこまるとこぼすまい」とのべている。この「子どもができなくてだめだと嘆くまい。きかんぼでこまるとこぼすまい」という短い表現に、俊太郎の実践指導観が端的にあらわれている。俊太郎の学級経営の基本的観点は次のようなものであった。

「子どもの生活は学級だけにあるのではない。学校では、教科を中心とする組織のほかに教科意識をこえたさまざまな集まりのなかに、自治的に仕事をやることが大事なのだ。学級だけに閉じこもって、子どもらに排他的感情を植えつけたくない。学級外、学校外の仕事に積極的に参加させることによって、学級の活動もより活発になる。学級は子どもにとって一つの生活の場である。さまざまな社会につながる生活の場であることを念願におこう」

目標としては、「子どもの生き方、生活のし方を学ばせる自治的訓練と、子どもの個人的、団体的訓練や、学習計画を営ませる」とし、「このような目標を時局の中に具体化する」（傍点――筆者）としている。「時局の中に具体化する」という文言を入れておくことが、学校への提出が前提で書かれている「学級経営」案での一種の防衛だったのだろうか。

続いて、生活（態度）の目標、学習の目標、学級の生活標語（目標）をあげている。

「学級経営」案の「生活の目標」では、「級友とともに物を考え、仕事をなし行動する」ことが第一に掲げられ、「なかまの悩みを自分の悩みとし、仲間の苦しみを自分の苦しみとし、ともに喜ぶ」学級がイメージされている。それは、学級の生活標語として「協働とはげましの愛情にいきるわれわれの学級」と表現されている。こうした学級の基本的考えは、残されている学級の生徒たちとともに作っていた『5年生版・教室文化』誌（一九三八年三月号、第六号、B四版）に具体化されている。

『教室文化』誌の表紙を開くと、上の部分に横書きで学級の目標「協同とはげましの愛情に生きるわれらの学級」が掲げられている。（俊太郎の「尋六の学級経営」では、「協同」が「協働」となっている）その下に、俊太郎が学級の子どもたちに向けて書いた呼びかけ文「僕らの力」が掲載されている。

僕らの力

おもおもしく　大地をかくしていた雪が
すっかりきえてしまうと
もう　僕らは　たまらなくうれしくて、
青空にさけぶのだ

どこに　こんな力がねむっていたのだろう
どこから　こんな力がわいてきたのだろう
僕らはうれしくてたまらない

ぼくらには　うんと　力がでてきたのだ
どんなしごとだって　この力で　やりとおすのだ
かたい鉛筆を　にぎりしめて、ぐいぐいと字をかき
かたい鉛筆をうごかしては、原紙をきる
そして　僕らの本をつくるのだ
絵でも、詩でも、文でも　ぐいぐいとかく
僕らには　なんでもできる力があるんだ

もう僕らは　六年になるのだ
まだまだねむっている力をさがしだすのだ
そしてこの力を　すばらしくのばすのだ
僕らには、こんなすばらしい力があるんだ

俊太郎は、長い冬が終わり春の息吹が感じられる東北山形の三月、六年生になることへの思いを重ね、「僕らには、こんなすばらしい力があるんだ」と力強く呼びかけている。

次の頁は、ツェザール・フライシュレンの有名な詩「心に太陽を持て」（山本有三訳）が全文掲載されている。

心に太陽を持て

心に太陽を持て、
あらしが吹かうが、雪がふろうが。
天には雲、
地には爭ひが絶えなかろうが！
心に太陽を持て。
そうすりゃ、何が來ようと平氣じゃないか！
どんな暗い日だつて、
それが明かるくしてくれる！

唇にうたを持て、
ほがらかな調子で。
日々の苦勞に
よし心配が絶えなくとも！
唇にうたを持て。
そうすりゃ、何がこようと平氣じゃないか！
どんなさびしい日だつて、
それが元氣にしてくれる！

他人のためにもことばを持て、
なやみ、苦しんでる他人のためにも。
そうして、なんでこんなに朗らかでいられるのか、
それをこう話してやるのだ！
唇にうたを持て、
勇氣を失ふな、
そうすりゃ、何だってふっとんでしまう！

詩「心に太陽を持て」は、俊太郎が五年生の四月に読んであげ、その後、五年生が終わる三月に『教室文化』誌で再び子どもたちに贈っている。俊太郎が紹介している詩「心に太陽を持て」は、今日私たちが読んでいるものとでは、訳文が違うだけでなく、現在の訳にはない部分が加えられていたのだ。その結果、詩のトーンがちがっている。高橋健二は、次のように証言している。

「『路傍の石』の吾一のように、苦しい人生の闘いを生き抜いてきた有三には、受け身的な態度はもの足りなく感じられたにちがいありません。『心に太陽を持て　そうすりゃ、何がこようと平気じゃないか！』というふうに強く表現しました。」第三節の終わりも、原詩では「心に太陽を持て、そうすれば、なにごともよくなる！」の最後の一行も、有三は「そうすりゃ、なんだってふっ飛んでしまう！」とした。有三は、誤訳だと言われたら、おれが責任を負うとにいった[3]」

俊太郎は、有三がフライシュレンの原詩の「受身的・感傷的」トーンを「意志的で、闘争的な主題」に組み替えて訳した「心に太陽を持て」に共感し、子どもたちと共に読み合おうとしたのだろう。

俊太郎は、『教室文化』誌に掲載した詩「心に太陽を持て」の下段には、俊太郎が「五年を終える皆さんへ」をよせている。

五年生を終える皆さんへ　　むらやま

心に太陽をもてー

私たちは、この詩を四月のはじめによんだ。五十人の口をそろえて、この詩をよんだのだった。しかし、五年のはじめには、君たちはこの詩をむづかしかったにちがいない。詩なんていうことばさえ君たちにはわからなかったにちがいなかった。

しかし、今、三月になって、もう一どこの詩を味わってみようと思う。績《いさお》が去って、茂也が入って、又五十の口をそろえて、心を込めて読んでみようと思う。きっと君たちの心をつよくうってくれるひびきをもっているにちがいないのだ。

そして、私たちは、この詩を六年になっても、社会に出てからも口ずさむことにしよう。大きくなったら誰と一しょにこの詩を叫ぶであろうか。きっと、この詩を心に入れて口ずさんでくれ。

お母さんにも、
お父さんにも、
読んであげてくれ。

巻頭の「僕らの力」、そして詩「心に太陽を持て」の下段によせた「五年を終える皆さんへ」からは、時代の波に抗して勇気を持って生きて欲しいと呼びかける俊太郎の情熱が伝わってくる。俊太郎は、山本有三に対して、「私は、山本先生のこの二つの物語をとおして、現代の人びとの胸につよくひびく感情のたかまりを、山本先生自身の学問的〈または文化人的〉良心と、人間愛のつよい正義感であることを信じる」(三ー一七五)とし、「作家的良心のほとばしり」に感動している。

〈注〉

(1)『村山俊太郎著作集　第三巻』は、この時期の論文を「綴方教育の諸問題「綴方指導の実際」「児童詩教育の諸問題」「国語教育論とその実践」「教室文化・学級経営をめぐって」とテーマに沿って編集しているが、そのテーマの設定は機械的で便宜主義的で実践構想が浮かび上がらないものとなっている。なぜ「綴方教育の諸問題」と「綴方指導の実際」とを別々に収録しなければならなかったのか。

その結果、ひとりの教師の教育活動をぶつ切りにしており、論文の書かれた年月日もばらばらにされて編集されており、俊太郎を時代を生きたひとりの教師として、また、教育実践の構造をとらえることが難しい編集となっている。

（2）『著作集三巻』の解説には、（学級経営簿から）と付記されている。しかし、その学級経営簿なるものが何であったのかは説明がない。今日残されている手書きの「尋六の学級経営」は、「山形市第八尋常高等小学校」と印刷された用紙に書かれたもので、かつ、切りとった資料が張り付けてあるので、原本と判断できる。検挙時にほとんどの資料が持ち去られたのに、なぜ、この原本の「尋六の学級経営」だけが残されて保存されたのかは不明である。

（3）詩「心に太陽を持て」は、山本有三が企画編集した『日本少国民文庫』全一六巻の第一二巻『心に太陽を持て』（一九三五年十一月に第一回配本）の巻頭に入れられたものである。興味深いのは、『教室文化』誌の詩「心に太陽を持て」は、今日私たちが読んでいる「心に太陽を持て」とはかなり違った訳であることである。今日、私たちが手に取っている新潮社文庫版『心に太陽を持て』（初版一九八一年）には、ドイツ文学者高橋健二の解説がついている。それによれば、「心に太陽を持て」の原作者はドイツのツェザール・フライシュレン（一八六四～一九二〇）である。現在の新潮社文庫『心に太陽を持て』に入っている詩「心に太陽を持て」は、一九三五年の初版本の詩とかなり違っているとして、高橋は次のように解説している。

「戦前の初版本にのったこの詩の訳は、原詩と同じ長さですが、内容的には原詩からずっと離れています。フライシュレンは、その時代の印象派の影響を受け、受身的に感傷的で、情調を貴ぶ詩人でした。その点、意志的で、闘争的な主題を好んで扱う劇作家だった有三とは正反対でした。」山本有三『心に太陽を持て』（新潮社文庫版、八一年、二八三～二八四頁）

戦後発売されている『心に太陽を持て』（新潮社、一九六九年）では、「心に太陽を持て、あらしがふこうが、ふぶきがふこうが、天には雲、地には争いが絶えなかろうが！　いつも、心に太陽を持て」となっているが、戦前の初版本では、「心に太陽を持て、あらしが吹こうと、雪が降ろうと、地上に争いが満ちていようと！　心に太陽を持て、そうすりゃ、何が来ようと平気じゃないか！　どんな暗い日だって、それが明るくしてくれる！』というふうに改作していた。二節でも「どんなさびしい日だって、それが元気にしてくれる」、三節の最後は「そうすりゃ、何だってふっとんでしまう！」としていた。

(2) 子どもたちの生活文化環境と学級自治

俊太郎の「学級経営」案において興味深いのは、子どもたちの生活環境と子ども分析に「学級経営」案のほぼ半分の頁を割いていることである。タイトルは「学級の組織体としての児童を見る環境」である。少し詳しく見ていこう。

「職業」については、児童の親の職業を農業一三、商業九、工業一二、官吏五，ほか教員、会社員、運搬業、雇員、僧侶、無職を男女別に表を作っている。

「保護者」については、両親と同居が四〇名、母が保護者六名（父死亡）、養父が保護者一名、祖父が保護者二名、祖母が保護者一名。

「身体的情況」については、トラホームは九名、近視四名、扁桃腺肥大（男子一八人、女子一二人）、せぼね　左側湾一二名、右側湾九名、円背三名、むし歯（男子一九人、女子一六人）、それぞれ、名前を書き出している。

「性格的方面」は、特に考慮をはらう子どもとしてA子、M子、N子をあげ、ともに盗癖があり、
　家庭の貧困も影響していると記している。
「児童の文化的環境」は、
・毎月雑誌を購読しているもの　五名（名前を挙げている）
・家庭で新聞をとっているもの　二五名（男子一二、女子一三）
・ラジオ備え付け家庭（男子八、女子三）
「学歴」についてもくわしく調べている。父親は尋常小学校と高等小学校卒が三九人、母親は四五人であった。専門学校と中等学校は父親が一一名、母親が五名であった。
当時は、プライバシーへの配慮は今日とは違うが、クラスの子どもたちの身体的状況、生活的文化的環境や親の意識をていねいに調べていることがわかる。

俊太郎の「学級経営」案において力点を置かれているのは、学級を自治的に運営することと、その自治的活動によって教室文化をつくることである。

「学級経営の方案」
1 教室の自治組織
2 教室の内面的組織
3 教室文化の編集
4 教室文庫の経営
5 生活の反省

6 保健訓練
7 作業技術の訓練
8 会合教育の訓練（自治会、学級学芸会、勉強競技会、学級展覧会、学級裁判会）
9 学級壁新聞
10 週間教育（健康週間、衛生週間、勉強週間、勤労週間）

この「学級経営の方案」は、教科指導の前に置かれ、重要な指導内容に位置づけられていた。俊太郎は、学級づくりの基本を以下のように考えていた。

「学級教育の根本は、子どもの学級における自治組織である。自治会の組織について、私は、〝児童に自治組織の必要を感じせしめる如き実際生活上の具体的問題をもって出発し、教師からの天下り命令を必要としない〟を原則とする。そして、この組織の必要を直接裏づけるものは、学習の共同化である。学習は利己によって統制されるものではなく、公利によって統制されるべきものであるとの団体的自覚活動にまで導く」

学習にあたっては「競争するより協議せよ。（略）自分を学級のために役立てるような競争をさせる。」「ひとりひとりが、常に学級全体の学習のためによき教材をとらえ、喜んでみんなのものとする」ことを強調している。（三―二〇九～二一〇）

俊太郎は、教室を「自治組織」として構想し、その中心には「学級自治会」を置いている。学級自治会は、一方で学校自治会と他方では校外自治会と連結されている。学級自治組織には、教師も加わる学級裁判会も位置付いている。

学級自治会には、四つの部がある。

学芸部（勉強係、編集部、文庫係）、
規律部（規律係、整理係）、
運動部（剣道係、野球係、相撲係、競技係）
学園部

「学級経営」案は、教室の内面的組織として、次の五点をあげている。
（イ）日記の指導――学級日記（毎日）、学園日記（随時）、生活反省記（毎日）、個人の日記、読書日記などの日記活動
（ロ）『教室文化』の発行
（ハ）生活の本〈教室のパンフレット〉の発行（随時）
（ニ）手紙の交換
（ホ）学級学芸会　（三―二一〇）

教室文庫の経営にも力を入れ、単行本一〇九冊、雑誌類八四冊を所蔵していた。当時の学級ではめずらしいことであったと教え子たちは回想している。

学級裁判

俊太郎は、「尋六の学級経営」において、教室の自治活動の組織図を示している。それによれば、中央に「学級自治会」が置かれ、両脇に学校自治会と校外自治会がおかれ、その下に学級裁判が位置付いていた。この学級裁判会はどのように運営されたのだろうか。記録の残っているのは、実践報告「学級裁判」（『生活教育』三七年一〇月号、『著作集』三巻）である。五年生六月の実践である。

俊太郎は、自治的な学級訓練が進んでいない学級で、二つの学級裁判を行ったと報告している。

そのうちのひとつである。事の発端は、次のようなことであった。クラスで担当している掃除分担ヶ所をそれぞれ掃除をはじめていたが、外庭分担の男子六人が農家のグミもぎにはいり、それを見つけた女子がはやし立てたら、男子が女子に暴力を働いて泣かせてしまったことである。男子は、まだグミを取っていないのに女子がはやし立てたので暴力を振るったのであり、先にはやし立てた女子が悪いと言ってゆずらない。担任は、双方を呼んで言い分を聞いたがお互いに譲らない。そこで、教師が学級裁判を開くこととした。

次の日の朝、級長によってつぎのような「おしらせ」が掲示された。

> おしらせ
>
> 今日、勉強が終わってから学級裁判をひらく。きのう善三くんたちが、ぐみもぎをしたのを女たちがはやしたので、善三くんたちは、おこって女をなぐって泣かせた。
>
> この出来事のようすを、くわしくきいて、どこがわるいか、どこをなおせばよいかを、学級のみんなの力できめるのだ。授業が終わってもかえらずに、みんなこの会に出てください。
>
> 学級自治会　（三一一九八）

学級裁判会は次のようにすすめられた。

「議長に級長の松沢くんがなる。書記に金子静枝と岩崎ユキ子の二人。会議の進め方の指揮を私がやる。

そしてこの会議の中心テーマは、

一、ぐみもぎ事件のもつ学級的な友情の問題

二、二つの事件における動機と結果

三、共同生活者としての行為の批判」（三一一九八）

男子は前日と同じように、「とってもいないのにはやすのは悪い」と主張するが、女子も負けずに「掃除作業をなまけて、グミもぎするのが悪い」の応酬になるが、教師が「もいでも、もがなくても、もごうとしていったところがゆるされない」と発言し、おさまる。しかし教師は続けて、女の人たちは「これまでも善三くんたちを、にくにくしいとおもっていることはなかったか」と問い、学級の友情を作るにはどうするか、学級をよくしていくにどうするかをかんがえさせている。こうして、「共同の問題を、共同できめるという生活態度」を育てようとしている。ただ、俊太郎は、「私はしゃべりすぎた」と反省している。

確かに、「もいでも、もがなくても、もごうとしていったところがゆるされない」という結論を子どもたちの討論の中からでてくることを待ちきれずに俊太郎が発言してしまっているところは失敗であったろう。

金子静江は、自治的活動などについて思い起こしている。

「学級で、文庫係、整理整頓係、勉強の係、学級新聞係、とかをつくり、希望をとってかならずみんなが係にはいる。その係の活動を行い教室が運営されていった。新聞係だった私と佐々木マサエちゃんは、仕事が遅れて先生が宿直の時に、宿直室によく遊びに行った。そうするとお菓子屋さんからお菓子をとってくれた。十一屋からとか。当時は配達があった。宿直の時にご馳走してくれた。文を書いて、ガリを切って、印刷もした。」

また、次のようにも話してくれた。

「学級討論会もやった。学芸会の時に芝居を作った。みんなで裁判をする劇だった。そのときにみんなで色々意見を出した。これは自治的な活動だった。当時の他の学級の学級運営とはまったくちがっていた。今の学校に持ってきても進んでいるかも知れない。

学級自治ということばを子どもなりに使っていた。他の学級から見るとびっくりしていた。私たちの一組は、子どもたちが変わっていくのが見えていた。クラスに光が灯っていたようだった。村山先生は、真剣に子どもたちと向き合っていたので、真剣さが伝わってきた。真剣におこるし、おもしろいことは笑うし。真剣に怒られた。怒られて帰ったこともあったが、恐いという感情はなかった。泣いて帰るのだが淋しくない。愛されているという感じだった。」

クラスのまとまりがよかったせいか、高等科の時から同級会をやっていた。戦後も何度も同級会をひらいている。

(3) 読・書・計算への取り組み

子どもたちの学力は、遅れている子どもが多く困難を抱えていた。三八年の「尋六の学級経営」案には、六年生の四月段階で調査した学力の実態が書き込まれている。「劣の%」は、筆者が計算して書き加えたものである。

読み方

	優	普通	劣	劣の%
朗読力	一〇人	二七	一三	(二六%)
読解力	八	二四	一八	(三六%)
語句力	一三	二〇	一七	(三四%)

算術（計算力）

	優	普通	劣	劣の％
加法	一七人	二二	一一	（二二％）
減法	一三	二五	一二	（二四％）
乗法	一四	二二	一四	（二八％）
除法	一一	二四	一五	（三〇％）
分数	七	二五	一八	（三六％）

＊問題は大伴氏の東京高師範案を使用し、優は八〇点以上、普通は四〇点以上、劣は三九点以下とことわってある。

俊太郎は、学力不振の子どもたちの回復をめざして多くの力を注いでいる。五年一組の生徒たちは、担任した俊太郎のさまざまな努力にもかかわらず、五年生終了段階でも、読み・書きで三分の一が十分な到達が見られない「劣」評価であり、四則の計算においては、加減は四分の一くらいだが、乗除・分数はやはり三分の一をこえる生徒が「劣」評価であった。六年生になっても「文表現の意味不明瞭なもの」――七名、「十以下の加減に努力すべきもの」が七名もいた。

教え子の金子静江は、インタビューのなかで学級の学習の様子を回想している。「学級がみるみる変わっていくのがわかった。特に、字を書けない子ども、劣等生扱いされてきた子どもの指導に力を入れていた。カタカナから（当時は一年ではカタカナから教えていた）一年生の教科書を持ってきて教えていた。席も比較的出来る子どもと出来ない子どもとを並べてすわらせていた。そして、学習の援助をするように指導していた。」

もうひとりの生徒、草刈マサの記憶に残っている教室風景である。

「先生は、みんなひとりひとりに応じてそれぞれの能力にあわせてくれた。五十嵐まさえさんと堀さんはいつも一番前でカタカナから指導してくれた。私は、二人に教える係になった。勉強がまったく分からない人がいたが、それぞれに係をつけてみんなで学習した。

金子さんが、ある時、彼女は算数の時間に絵を描いていた。金子さんの係になっている人が算数が分からなくて、「まる」をもらえなかった。金子さんがしっかり教えていないので、先生はおこって紙を丸めて金子さんの頭をたたいたことがあった。また、あるとき、勉強が遅れている人が放課後点検されたが、わかっていない人がいて、その時、担当の係の人が怒られた。怒ると怖い先生だった。みんなで協同して学習しようということをすすめてくれた。勉強はとても厳しく指導していた。たくさん本も読ませた。」

ふたりの回想から、学級に教え合い・学び合いの「協働学習」を自治的に組織して、全体の取り組みとして展開していたことがわかる。

学習の遅れへの取り組みの成果を子どもたちが編集してつくった『5年生版・教室文化』（あとで詳しく紹介）にでている「努力賞きまる」というニュースに見ることができる。そこには、俊太郎は、努力賞の理由を簡単に述べたコメントがのっている。

努力賞では五人が表彰されている。古沢正男、金子静江は、級長と副級長で成績もよく頑張っており、学級の仕事もすすんで行ったことが評価されている。のこり三人への評価を読んでみよう。

まず、佐々木マサ（草刈マサ）の評価である。

「よく家のてつだいをしてくれた。お母さんをたすけて子守やなんかをよくしてくれた。そのひまひまにとても勉強にがんばり、考査の成績はいつも九十点以上をとった。その他に学級の仕事も、金子さんをたすけてがんばってくれた。よくはたらきながら勉強にも努力することは、人間としてごく大事なことだ。」

斉藤マサエの評価視点も大切である。

「一日もかかさずに学科の復習をしてくれたのはえらい。先生も感心してしまった。その帳面をしらべてみて、復習の努力だけでもすばらしいと思った。しかも、そのかいがあって、一学期より二学期、二学期より三学期と成績がよくなっている。そのよくなり具合がとても大きい。みんなこのようにねばりづよく、だまっていて、努力をつづけてほしい。一歩一歩進むべんきょうであってほしい。人にくらべてできるできないを問題にするより、自分がすすんでいるかどうかを反省してほしい。」

もうひとり、小林清之助については以下のように評価している。

「清之助君も勉強がすすんだ。一学期にはちょろちょろして落ちつきがなく先生はこまってあっ《ママ》た清之助君だった。ところが一学期の末ころから清之助君はまったくかわった。教室ではおちついてきた。二学期ころから、勉強している時の清之助君の目は光るようになった。話をする先生にくいさするように目を光らせてきくようになった。復習や朝自習もよくはげんだ。成績がぐんぐんすすんだ。みんなが、五十人の目が清之助君のように光ってきたら、先生もどんなにお話しすることがたのしかろうかといつも思った」

俊太郎は、佐々木マサ、斉藤マサエ、小林清之助の名前を挙げてがんばったことが成果につながっていることを喜んでいる。佐々木さんは生活が困難ななかでも立派な生活を送り学習にも成果をあげていること、斉藤さんは、「四年かかってカナもおぼえられなかった斉藤さんが、りっぱにカナをつかって綴方をかけるようになった」こと、教室で落ち着きのなかった清之助が落ち着いて学習に取り組むようになったことなど、問題の抱えた子どもたちの成長を、とりわけ学習面での成長をしっかり励まそうとしている。そこから俊太郎がクラスの子どもたちへ日頃語りかけていたはげましの様子の一端をみることが出来る。

(4) 子どもたちの手による「教室文化」誌の発行

『教室文化』の編集方針

学級のさまざまな自治的な活動のなかで、俊太郎がとりわけ重視していたのが『教室文化』誌の編集発行である。『教室文化』誌は、生徒の力で自主的に編集されていた。先に紹介した「尋六の学級経営」案では、『教室文化』誌の編集方針として、次の点をあげている。

(イ) 子どもの生活計画と反省の記録
(ロ) 子どもの自然、生活、社会の観察記録報告など
(ハ) 教師の日記、記録、作品
(ニ) 社会の行事、ニュースなどの解説的報道紹介
(ホ) 子どもの勉強の計画、しおり、反省
(ヘ) 科学的な読み物、童話
(ト) 偉人(文化的な)の伝記、郷土人物の紹介
(チ) 自治会の記録
(リ) たかい文化や作品の解説、鑑賞
(ヌ) 子どもの作品――文、手紙、日記、詩歌、句、など

(三ー二一〇～二一一)

学級づくりの中心的活動のひとつに位置づけられていた『教室文化』誌は、二冊残されている。一冊は、第八小学校五年一組勉強部編集（B四版二五頁、一九三八年三月二〇日発行の第六号、『五年生版・教室文化』版）である。もう一冊は、六年一組学芸部編集（B四版二八頁、一九三八年九月、以下『六年生版・教室文化』とする）である。『5年生版』の編集にあたっている勉強部は児童八人と先生である。三月で六号なので、二ヶ月に一度発行されたのだろう。表紙に梛野栄造と手書きされているので、五学年二組の担任であった梛野栄造が保管していたものと考えられる。梛野は、俊太郎の教室経営、教育実践、綴方実践を学ぼうとしており、彼の学級も俊太郎学級と同じスタイルの「教室文化」を発行していたものが残っている。

表紙「春がきた」（金子静江さく）に

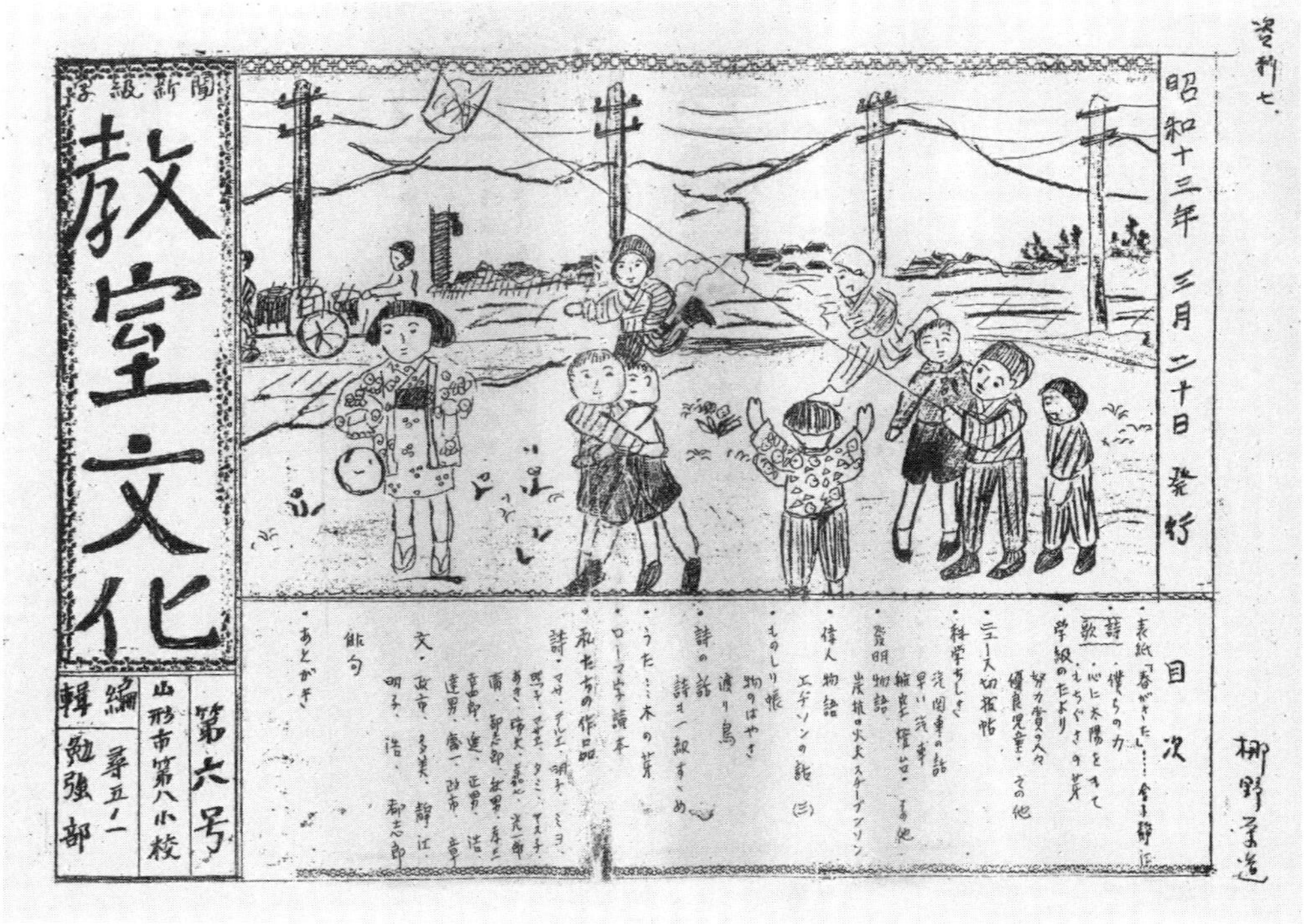

俊太郎の学級経営の中心になった『教育文化』は、生徒たちの手でつくられた。
学級のスローガンと俊太郎による「僕らの力」は、俊太郎の学級の精神を反映している。

は子どもの書いた絵がのっているが、春になり空き地に花が咲き、たこ揚げ、まりつき、相撲、走っている子ども、自転車に乗っている子どもなど遊んでいる姿が描かれている。

その中には、すでに紹介したように、巻頭には俊太郎の呼びかけ文があり、「心に太陽を持て」が掲載されていた。

『5年生版・教室文化』誌のニューススクラップ（三月一五日）では、「ナチスドイツがオーストリアを合併した」こと、一二月から大雪だったために「物凄かった雪の害」、「雪どけがおくれる」ニュース、そして、「物のねだんがあがった」として、事変前（ここでは、事変を三七年七月としている）と「今」（三八年）の二〇品目の物価の比較を記事にしている。ここでは、一〇項目のみ紹介したい。

協同とはげましの愛情に生きるわれらの學級

僕らの力

おもおもしく 大地をかくしてゐた雪が
すっかり きえてしまふと
もう 僕らは たまらなく うれしくて、青空にさけぶのだ

どこにこんな力がねむってゐたのだらう
どこから こんな力が わいてきたのだらう
僕らは うれしくって たまらない

僕らには うんと 力がでてきたのだ
どんなしごとだって この力で やりとほすのだ
かたい 鉛筆を にぎりしめて、ぐいぐいと字をかき
かたい 鉄筆を うごかしては、原紙をきる
そして 僕らの 本をつくるのだ
繪でも、詩でも、文でも ぐいぐいとかく
僕らには なんでも できる 力が あるんだ

もう僕らは 六年になるのだ
まだまだ ねむってゐる 力をさがしだすのだ
そして この力を すばらしく のばすのだ
僕らには、こんなに すばらしい 力があるんだ。

原紙をかいた人

金子靜江
柿崎多美
鈴木明子
五十嵐けい子
吉沢正男
佐藤彦三
小川浩
高橋都志郎
先生

物のねだんがあがった

	今（三八年）	事変前（三七年）
白米三等（一升）	三六銭	三二銭
しょうゆ（一升）	七〇	六四
みそ（一〆）	八五	七〇
白さとう（一きん）	三三	二五
さらし木綿（一反）	一円三〇	六四
酒（一升）	一円七〇	一円四〇
牛肉（百匁）	九〇	七〇
しおさけ（百匁）	一七	一〇
木炭	一円四〇	一円
半紙（一帖《じょう》）	七	五

＊一〆は、一貫〆（三・七五キログラム）
一匁は、一貫の一〇〇〇分の一。三・七五グラム。
一斤は、六〇〇グラム。一六〇匁
一帖は、半紙は二〇枚、ノリは一〇枚

さらに、一九二九年から一年ごとの物価（一九三七年は月ごと）の物価上昇を「ぐんぐんあがった物のねだん」のみだしで克明に紹介している。二九年を一〇〇とすると、三七年一月には一〇三、三八年一月には一一〇・七に高騰している。そして、「みんな生活をひきしめよう」と書いている。

続いての特集記事は、科学の世界に目を開く話である。最初は「ノリモノの話」である。つぎつぎ新しく開発される機関車の話、イギリスの高速鉄道の話、熊本県にできた第一白川鉄橋の話、航空灯台の話が記事にされている。

続いて、「発明の話」コーナーで、「炭鉱の火夫　スチーブンソン」、「エジソン（三）」が掲載されている。「エジソン」は、ある本からの書き写しであるが、B四で三枚で読み応えがある。

続いて「物のはやさくらべ」で一秒間で何メートルすすむかの比較である。人の大動脈が一秒間に〇・三一メートルからはじまり、人の走力、自転車、電車、くじら、伝書鳩、飛行機、音波、地球の自転、流れ星など二一種を比較している。

全体として科学への関心をよびおこす内容が多く見られる。

『六年生版・教室文化』では、八月三一日にあった大雨のニュースが「風害に畏し聖慮」「大水に水飢饉」「日本一の大鳥居おつ」として取り上げられている。「宇垣外務大臣が急に辞職した」は時事ニュースへの関心度を示している。この号で特集しているのは、「チェコ問題」である。ドイツ、イタリア、フランス、イギリスの四ヶ国の首脳が集まって、チェコのズデーテン地方をドイツに委譲することをニュースを一頁にわたりくわしく地図入りで報じている。

そのあとに、詩と綴方のコーナーが一三頁続く。ここでも、子どもたちの自主編集のおもしろさを見ることが出来る。それは、さいしょに、「詩も一級すすめ」と題して、詩の書き方を一歩進めるにはどうするかを生徒たち自身が書いている。最後の頁は、日記勉強室コーナーでは、一九三七年七月に出版されたばかりの吉野源三郎『君たちはどう生きるか』の感想文がのせられており、世界に疑問を持って目を開いていくことが綴られている。

二月十九日（土）
今日は、先生からかりてきた「君たちはどう生きるか」という本をよんだ。はじめはおもしろくなさそうだったが、がまんしてよんでいたら、だんだんおもしろくなってきた。そして何となく、新しいきぼうが心のなかにわいてきたように感じた。この本では、「この広い世の中の人がみんな分子だ」というのだ。そしてこの分子というものがあつまって、世のなかができているのだし、そしてみんな世のなかの波にうごかされて生きているのだという。またこの本はこんなこともいっている。「僕らは、ひれつな事や、ひねくれたことをにくんで、男らしい真直な精神を尊敬している事が大事なんだ。」こういうところでぼくは心をはっきりとほんとうにうごかされた。それとともに今までのように、少年倶楽部や小せつをよして、良い本をよむことを実行しようと思った。
（一善反省）良い本を選ぶことにきめた。

二月二十日（日）
今日も「君たちはどう生きるか」をよみつづけた。学校でもよんで、家にかえっても夢中でよんだ。今日のところは発見のことがかかれていた。そこをよんでいて一つのなぞをみつけた。どう考えてもわからない。
1、人間は何から進んできたのであろうか。

2、地球はいったい何からできたのだろうか。

いろいろな本をよむと、地球はいちばんはじめにもえていたんだともかいている。また地球は、どろどろになった物が、何万年という間にかたまってできたのだということもある。しかし私にはどうしてもこんなことが信じられない。私はよくこのことをきいてみたい。

（一善反省）これからも、いろいろなことを発見して、日記にかいていこうと思った」。

『6年生版・教室文化』では、読書感想が二本、続いて高橋都志郎が書いた童話「ペスと正ちゃん」（B四、五枚）、同じく都志郎の観察童話「ありの行列」（B四、一枚）が掲載されている。そのあと、一六頁は、詩、俳句、綴方、綴方の題材指導、一五夜の詩の指導、などが編集されている。

俊太郎は、担任学級だけでなく、学校の文集づくりでも中心的に活動していた。第八小学校では、学校文集『みつばち』を発行していた。俊太郎が赴任した一九三七学年度には『みつばち』の第四号「時局と私たち」（三八年三月）が発行されている。活字版九〇頁の立派なものである。特集は「時局と私たち」だが、時局に関するテーマの作品は二〇頁くらいまでで、残りの頁は、生活文で編集されている。椰野は奥付に「この文集は実質的に村山先生が主となり編集したものである」（椰野）と手書きで記している。『みつばち（低学年）』第五号（六三頁）は、三九年二月発行となっている。編集と発行人は村山俊太郎となっている。巻頭には詩が掲載されているが、その詩に百田宗治、野村芳兵衛、須藤克三、真壁仁、それに村山俊太郎が短い批評をよせている。「兵隊さんへ」という特集を七頁とっているが、残りの頁は生活文で編集されている。

俊太郎が、学校の教師の中に入って、学校文集に積極的に関わっていることがわかる。また、学校の教師たちも、かつて、労働組合を作って検挙された教師であることを知っていながら、決して学校運営から排除していなかったこともうかがい知ることが出来る。

2　五・六年生の児童詩・綴方指導の実際

俊太郎は、五年一組五〇名を担任して、一ヶ月たった時点での実践報告を「表現を高めるために――尋五綴方実践を中心に――」（『実践国語教育』三七年六月号。三巻三一～三五）を書いている。綴方教師として最初に直面したのは「書けない子どもをどうするか」「書きたくない子どもをどうするか」であった。俊太郎は、綴方の最初の時間に子どもたちに綴方勉強の感想を聞いてみる。一斉に「嫌い」の手が上がった。「嫌い」四六人にたいして、「好き」と答えてくれたのは、たった四人だった。「何で嫌いか」とたずねてみた。

一、書いてもおもしろくないから　一七人　二、書くのがめんどうだから　一一人
三、うまく書けないから　九人　四、書くのが嫌いだから　六人
五、下手だと先生に叱られるから　三人

（三―三一）

どんな綴方がいいのかと聞いてみると、漢字を多く使うのがよい綴方だと考えたり、美文調の言葉づかいなどを使うとすばらしくよい文だと思ったりしている子どもが多い。俊太郎は、「果たして私はこの子どもたちをこの一ヶ年で綴方勉強が好きになれるように、そして正しく綴方勉強の意義を考えて文を綴ってくれる子どもにまで成長させることができるであろうか」（三―三二）と述べている。

（１）感情の燃焼と知性にうらづけられた児童詩表現

「こころの電気」を叫べ

俊太郎は、それまで、児童詩論の著書や論文をたくさん書いてきたが、今や、かれは、五〇人の生徒の担任教師であった。しかも、クラスの子どもたちは、学力や表現力に問題を抱えた子どもたちが少なくなかった。三七年四月、俊太郎は、尋五を担任する。担任したクラスの子どもたちの学力や表現力については、困難な課題がいくつも見えていた。

そのなかで、詩の指導にも着手する。五年の学期始めのころにクラスに配ったと思われるのが、「みんな詩をかけ」である。

綴方勉強　二号　　みんな詩をかけ

詩は、じぶんの生活のほんとのものからつよくうごいた心の電気をかたることだ。

生活のよろこび、かなしみ、いかり、くやしさ、めずらしさなどをさけぶのだ。

うったえるのだ。

だから自分の心をうごかしたものは、何でも詩になるのだ。

自然のなかにも、学校の生活のなかにも、お家のなかにも、また心のなかにも詩がある。うれしい心をうれしいようすをさけぶようにかけ。じぶんの心を人につたえるのだ。そして心のうごかし方のよいわるいを見てもらおう。

詩は「心の電気をかたることだ」という指導語は、当時、明かりはランプだった家に電気がついたときの子どもたちの感動を考えると、多分、とても新鮮だったにちがいない。心にパッと明かりが灯る印象を詩の心と結びつけている。

俊太郎は、実践者としての「私のなやみ」として、次のようなことを打ち明けている。

「子どもに、詩を育てていて、私のいちばんなやまねばならぬのは、子どもが感情のたかまってくるところをうたおうとする心がまえが、理論的には論なく割り切れているようでいてなかなか実際的には割り切れていないということだ。このことは、詩指導の根本的な問題でありながら、どうかすると割り切れないままに運ばれてしまうことが多い気がする。」（三ー一三二）

そして次のような課題を自覚している。

「子ども前におかれた詩の題材としての現実『生活・自然』が、作品化されていくためには、その現実の感情的な燃焼が大切なのだ。しかも、その燃焼のためには、子どもなりの知性の裏づけも必要であるし、表現される過程においては、より直截《ちよくせつ》的（まわりくどくなく、きっぱりと――筆者）に、具象化される技術のレンズも通過しなければならない。

こうした、感情のたかまりや、技術の指導は、これまでのような、いわゆる綴方教授からは求め得られないものがある。」（三ー一二六）

「現実の感情的な燃焼」とはどのようなことか。詩的対象への関わりにおいて、こころを揺さぶられる高まりが必要であるという。そして、その燃焼は、自然発生的に起こるのではなくて、「知性の裏付け」と「具象化された技術のレンズ」を通過しなければならないというのだ。この「知性の裏付け」や「技術」は、「これまでのようないわゆる綴方教授からは求め得られないものがある」という。

俊太郎は、実践的課題に直面し、それに対して原則論を展開しながら、具体的にはどのような指導論を提起したのだろうか。

俊太郎は、「今詩を導き始めるに当たって、それが一年からであろうが、途中の学年からであろうが、われわれ教師の心構えるべき態度は同じだ。要は、何をこそ叫ばせるべきであるか。それをいかに叫ばせるべきであるかをわからせることから出発する」（三―一三三）としている。

尋五の生徒の作品

俊太郎の尋五の教室からはどんな作品が生まれたのだろうか。先に紹介した『教室文化』誌には、二四の作品が掲載されている。いくつか紹介してみよう。

土手の草　　佐藤孝三

青々と土手の草がでた
冬のうちは
どうしていたろう
今まで死んだように
お日様にもあてられず
さむいさむい雪の下で
ねむっていた草よ
もうポカポカと春の光だ　※

こやし　　工藤　清

ぽかぽかとあたたかいので
こやしもあたたかくなっていく
くさいこやしがでてくる
もうこやしもはこぶのだ
雪のきえた田にはこぶのだ
りやかでどんどんはこぶのだ
もうだんだんいそがしくなってくる

※土手の草うんとのびろ
そして、はやく花さけ
土手の草

起こされていたノート『教授日案』（一九三八年、二学期）には、一〇月に「秋心抄」を題に書いた俳句七四句がかきとめられている。順不同で紹介してみよう。

・夕やけの中　からからと稲　つけにいく　（高橋清）
・いこつむかえの　かなしい夜の　こおろぎよ　（高橋都志郎）
・朝ぎりに　のぼり勇ましい　出征兵　（高橋　清）
・朝ぎりの中のいねこき　機械が音だけきこえている　（大山栄作）
・あかい木の　葉が落ちる　夕やけの中を通る　（新関彰）
・夕やけの中に　こうもり石を追っている　（古澤正男）
・ダリアにとまってる　とんぼのはね　ぬれている　（梅津）
・いねかる顔に　入日あかるく　さしている　（伊藤忠吉）
・夕やけに　菜洗う母さんの顔　はんぶんあかく　（小林幸四郎）
・大根畑の　あぜ道も　ばんざいの旗がゆく　（小川浩）
・ふろに入ると　ふろの中にも　月がくだけている　（三沢達男）
・まどをあけると　顔に朝のきりが　ながれかかる　（五百沢あき子）
・かかしの顔に　なごがとまって　いばってる　（田島康子）

・先生の　いない教室　さびしい本よみ　（会田照子）
・田の中で　稲刈る母さんに　秋の風ふく　（半沢マサ子）
・おいと叱られて　日ぐれの火を　ふいている　（渋沢ナラ）
・米とぎ終えて　新しい本よむ　たのしさ　（斉藤シズエ）

秋の自然を生活の中で観察的にとらえたもの、手伝いや労働の中に秋を感じ取っているもの、漢口陥落や出征兵の旗行列など戦時生活を取り上げたもの、など日常の生活を素直に綴ったものがおおい。

作品批評の弾力化

この時期、俊太郎は、論文「生活綴方への反省」において「実践の場に忠実になればなるほど、自分たちのまもりつづけてきた生活綴方の考えのなかに、硬化した動脈のようなものが感じられる」（三ー三六）と書き、子どもの作品への弾力的な読み方を試みている。

「私たちは過去に於いて、子どもの文をみるとき、（略）生活事象への綴方がリアルになりさえしたら、生活綴方としてすぐれた題材を把握することができるだろうという考えをもちつづけてきた。このことは、綴方教育のもっとも基本的な正しい方向であるにかかわらず、観察そのもののリアルさからだけでは、すぐれた生活を発見することの困難さを、つくづく反省する」（三ー三八）

俊太郎は、この学級で生まれた金子静江の作品「ぼけの花」にふれて、生活詩指導における機械的指導への傾倒についても反省をしている。（「童詩をすすめる道　――　一つの反省から　――」、山形県教育会『山形県教育』三七年一〇月号となっているが、多分三八年の間違い。書き出しが「いま六年児童の詩実践を省みて」となっており、金子静江の作品が尋六となっている。三ー一二八～一二九）

ぼけの花　　　六年　金子静江

ぼけのつぼみが
今にもふくれそうだ。
白い大きなつぼみ
茎がなまなまとぬれている。
そっと枝をとって、
つぼみのにおいをかぐ。
なんだかうれしくなってくる。
だれかとかたりたくなってくる。
くすんと枝と花びらがゆれた。
雲だらけの西の空が
まだ明るい日ぐれだ。

俊太郎は、次のように書いている。

「これは一学期中の作品だがかなりにリアルな生活綴方の作者であり、生活的題材のよい詩を五年からつくっているこの作者が、この詩を『三日ばかり推考したんです。』といって提出されたとき、私は強く私自身に批判のムチを与えられた気持だったのです。

まず題材的にみて、この自然観照の詩が、果たして私の求める生活詩といえるであろうかと考えさせられ、この落ちついた作者の眼と自然の生命《いのち》のなかにとけこんで、しかも自然のいのちを把握している態度もまた、我らの国民的陶冶の重要な領域であることを思ったのです。

はげしい生活のうごき、人間のはたらきの場面、たかまる感情の露出面等等の積極的な題材を描くにも、こうしたことばのみがきや、ものに突き入る眼の在り方などが大切なのではあるまいか。一本のぼけの花に見出す作者の生命のかまえ方にも生活にむかう作者の感情の在り方にも、価値を見出す。（略）」（三ー一三〇）

俊太郎は、ここで、一つの反省をしている。


「わが国の詩教育は、生活童詩としてのひたむきな精進によって、このはげしいうごきのなかで私たちは、あまりに題材的な生活性を求めて、それとともに育てるべき詩の表現性——特にことばのみがきを軽くみ、まだわが国民のすぐれた一面である自然への肉迫の在り方をある時には排してきたように思う。

私は今、これまでの生活詩を昔の童心主義にひきかえすことではなしに、生活詩に於ける題材性の積極性のうえに、もっともっと詩語に洗練を加え、表現性への確実な構成と、ものの生命に小さい子どもの魂を生き生きとかよわせる工作を実践すべきだと信じている。

そこから、落ちついた、いい日本的な子どもの詩が光ってくるように思う。ことに今のようなはげしい時代には、反面にこうした感情の在り方も育てなければならないのではないでしょうか。」（三ー一三〇～一三一）

こうして、俊太郎は、金子静江の「ぼけの花」から、次のような実践課題を引き出している。

「いま六年児童の詩実践を省みて、強く考えていることは、子どもが詩をつくる場合、生活とことばをどう意識してかくかということです。（略）私のいまの教壇実践を反省して、生活的には『題材としての』いいテーマを把握し、裁断しているのに、どうしたものか、表現的にはほとんど苦労していないのです。ことばをせめにせめ抜く努力に乏しいのです。」（三ー一二九）

さらに、

「私はいまの子どもに『目はことばだ』といっているが、子どものもつ生活の角度――目は、それなりに感動のことばをもつものです。だから子どもが静かに自然のなかに自分のいのちを見出すことばも、またはげしく生活のなかに内省の眼を光らせたものでも、ともにすぐれた詩として奨めたい。」（三―一三〇）

実践者として子どもから作品を投げかけられ、これまでの硬直した作品批評への反省を加えている。

児童詩論――詩の技術と技巧――

論文「児童詩の技術」（三七年四月）には、この時期の俊太郎の児童詩についての基本的な考えが端的に述べてある。俊太郎は、詩は特別の才能が必要だとする芸術主義的なとらえ方の間違いを指摘している。

「一般に、詩をつくるためには、何か特別な技術を必要とするように考えられている。私は文はつくられるが詩はとてもつくれないとか、詩をつくるには、詩人としての特殊な才能とか技法とかが大切なように考えられている。そこで詩を指導する場合にも、指導者が特別な才能や技法を持ち合わせていなければ、指導ができぬように考えている人が多い。」（三―一二二）

こうした考え方は、詩は芸術であるとする観念が影響を与えており、そのために、詩の指導が技術主義になりがちであるとし、俊太郎は、「技術と技巧」を厳密に区分けして、技巧主義的傾向や芸術至上主義的傾向に批判的であった。

俊太郎は、詩の技術と技巧のちがいにふれて「技術はいるが、技巧はかえって詩を正しく育ててくれない邪魔ものである」とし、「詩の技術」についてふれ、「詩をつくる技術も文章をつくる技術も、土台になるものはおなじで、現実への認識――生き方の問題につながる手法」であるとして、次のようにのべている。

「だからいいかえると、詩をつくるための生活活動手段が詩をつくるための技術だということになり、これまで狭く考えられていた技巧とはちがった、広い本質的な用語上のちがいがあるわけだ。だから、一つの詩作品を生む場合にも、そこには、人間的な生活活動と結びついた体系として考えなければならないものがあるわけだ。そこに技術と技巧との本質的なちがいがあるわけだ。」（三ー一二二）

俊太郎は、生活感動とからだ全体の感動で詩を育てるところに「技術」を見いだしている。ここで、「技術」は方法としてではなく目的的に捉えられている。俊太郎は、表現の「技術」を生活の「技術」と統一的にとらえることを主張していたのである。こうした技術のとらえ方は、この時期の北方性の綴方実践において共通に認識されていたのであろう。

「詩の技術を育てることとは、子どもの詩を、生活の叫びそのもののもつリズムとことばで、生活感動の鉱脈から詩を発掘させることだ。その鉱脈の詩魂にとどかない子どもの詩は、技巧的にはいかにくふうされてあっても、その作品は技術的に劣っているといわねばならない。生活の鉱脈からわいたコトバ、リズム、構成これがたんなる技巧主義におちいらぬ、ほんとうの詩の技術として、生き生きとした詩作品をつくるだろう。（略）生き生きとした生活感覚を持たぬ子どもからは、生き生きと迫ってくる詩技術の高さは求め得られないだろう。」（三ー一二四）

さらに、次のようにも述べている。

「詩の表現技術が、生活そのものの方向とまったくきりはなせないものであることは、前に述べたとおりだ。そこで私たちは詩の表現技術を高く育てるのに、生活のたかい探究力を問題にすることなしに、技術だけを問題にすることはできない。表現技術を問題にすることは、生活そのものの高さを求めることであり、生活そのものの探究は、すなわち表現技術を育てることになる。」（三ー一二五）

俊太郎は、詩の教育をあくまでも生活教育の一環として捉えようとしていたのである。

この技術と技巧の違いが、よく言われる「文章表現指導」の内実の理解と連動する。俊太郎の場合、この表現技術と生活技術の統一的把握は一貫したものであった。だから、後の研究者が俊太郎を分析し、この時期を俊太郎が表現技術に傾斜した時期などという解釈が見受けられるが、それは、俊太郎が批判している「技術」概念を「技巧」概念に矮小化した理解のもとに始めて成り立つ解釈なのであり、俊太郎の論文の不十分な理解によるものである。

（2）表現力をどう高めるか　——綴方指導の実際——

綴方の授業は、一回目は「五年生になって」、二回目は「自由作」を指導している。書いたものを見ると個人差が大きい。作文の長さだけ比べてみても大きな差があった。五〇人中、一〇〇〇字以上書いたのは一一人、それに対して五〇〇字以下の三人を含めて三〇〇字以下が二二人もいた。文も概念的な表現が大部分で、生活を具体的に表現している子はほとんどいない。事件を並列した文が多く、焦点がないものが多かった。

俊太郎は、こうした表現力の実態を前に、「表現を高めるために」の指導に着手する。俊太郎は、「表現がのびる」ということを次のように捉えていた。

「表現がのびるということは、表現技術だけの力で可能なのではなく、題材を生活的に具象的に認識し、形象化することによって自然統制されるところにほんとうの表現が成り立つ。だから表現力をたかめるものは表現技術と生活との相乗積であると私は思っている。即ち作者の眼をとおした題材＝生活が、技術的過程を経て表現が成り立つ。だから生活を考えない表現技術指導はなりたたないし、また技術の錬磨を経ぬ表現論もなりたたない。私は今更便宜上表現をたかめるための生活組織の指導と技術指導の二

局面について、実践プランを二、三記してみたい」（三一三二〜三三）

まず、生活組織の指導についての実践プランである。

その一つは、生活の話し合いである。

「１、表現をたかめるためにこんな組織を実践する。

A、学級自治会――話したい必要を自覚させ、学級の生活に役立つテーマを選択し、発表し合い、話し合う訓練、即ち生活の話し合いである。この話したい必然を、書きたい必然に成長させるための指導を絶えず行なうのである。

B、学級日誌――従来の日誌型を記載させるのではなく、学校・学級生活のなかから具体的なテーマをとりあげ、日々の「生活の話」として価値ある題材を記述させる。これは全学級児童に交替に記述させ、日々教師は眼をとおし、作品の個人指導をやる。ここで記述された事項の具象化指導を徹底的にやるのである。そしてなるべく日誌は、事件を拾うこと、感想をかくことの二つをいつも要求することにしてある。ことに学級としての共通な問題をもつテーマを日誌する技術を練る。」（三一三三）

俊太郎は、五年生を担任して子どもたちへの表現指導、綴方指導をどうすすめたかを報告したもう一つの論文、「**ここから出発する**――尋五の表現を高めるために――」（一九三七年六月）がある。そこで、俊太郎は、尋五のクラスにおける綴方の指導を次のように押さえていた。

「綴方を、綴方だけで向上させようとする、綴方孤立観をすてよう。子どもの学校生活内において表現を必要とする生活組織をまず考えていく。その組織を中軸としてすべての表現生活が有機的に体糸立てられなければならない。子どもの自治活動とそのための生活組織をこそまずうちたて、勉強生活、自治

生活などを統制させる。」（三ー八四）

表現指導の基本を「子どもの学校生活内において表現を必要とする生活組織をまず考えていく」においていることが明確にのべられている。そして、表現技術の具体的な指導については、さまざまな工夫を凝らしていることがわかる。

そのひとつに「一週一題四百字綴方勉強」がある。

「これは正課の綴方時間以外に全児童五〇人が必ず一週一回は文を記述し、教師の批正を受けることのできる組織である。

「四百字綴方」では、グループに一冊の練習帳を持たせて、毎日一人が練習し、書いていく試みもおこなっている。

「はじめは二百字または、三百字から出発してもよい。だんだんなれるにつれて四百字または五百字にのばしてもよいが、なるべく四百字を標準にして練習させたい。（略）児童の日常生活を題材的にひろめ、さまざまな表現形式をも獲得させたい。」（三ー八五）

きわめて基本的な指導を具体的に粘り強く継続していることが分かる。こうした具体的な指導を通して、俊太郎は子どもたちを生活者として育てようとしたのである。

「文をかくことによって、自分の生活経験とほんきにとっくみ合っているかどうか。『生活を記述する（反省する）ことから、自分の生活をすすめていく勉強』が綴方であるとしたならば、題材価値の希薄な題材や、概念だけで並べあげている文をこそまず打ち砕き、綴方の正道に位置させなければならないわけだ。」（三ー八七）

そこには、俊太郎の生活綴方観があった。

「私たちはことばがたんなる思想表現のための道具だったり（「言語は技術である」）ことばが生産の手段だったりするものでなく、それとともに私たちはことばによって社会や自然を認識する。だから私たちはこの言語の本質観に立って、綴方の仕事がたんなる生活技術（実用主義をも含む）のためのものであるというような狭い考えをすてて、より深い生活（社会や自然を含む外界一般と考えて）を認識するためにも役立つ意義をもっていることを考える。もちろん私はここで観念的に認識を問題にしているのではない。ここに人生科としての綴方が態度しなければならぬ根本の問題があるように思う。」（三一八七〜八八）

（3）草刈マサと金子静江の回想

俊太郎の教室で実際に詩や綴方の指導を受けた生徒たちはどう受け止めていたのだろう。草刈マサ（旧姓佐々木）さんは、俊太郎に作文や詩を指導してもらったことを次のように回想していた。

「先生は、最初は短く書きなさいと言っていた。『電気のついたところ』を書くんですと教えてくれた。途中、先生に『この漢字はどう書くのですか？』と聞くと、全部ひらがなでかきなさいと言っていた。書けない漢字を思い出したりしていると、『電気が消えてしまう』というのです。」

俊太郎の教室でもっともたくさん作品を書いたと思われる金子静江の回想である。

「書くことについて記憶していることは、はじめは短い文章で書こうと言っていたことだ。その短い文の中にこれだけの要素をいれてみようと発展させて、文の作り方を学んだ。そのうちに、はじめとやまばを決めて書こうと言って、それを表にして教室に貼っておいてくれた。

短い文章で書くことは、それは詩になっていく。私は、二年頃から詩を書いていた。まだ子どもだったけど、見よう見まねでロマンチックに書いていた。生活綴方ではなかった。そこで、物の見方を教わったが、感じ方は自分のものなので、それは教わることはできないとおもっている。

そのうちに長い文章を書くことも学んだ。原稿用紙三枚書いていくと倍にして書いて見なさいと言われた。長くするには見方や構成をかんがえないと書けない。そこで構成を考えながら長い文章を書いていきました。

もっと長く書いてこいとか言われると、次の日に書いて持っていった。具体的にもっとここをこう書けとは言わなかった。もっと大づかみの指導を受けたと思う。

作文と関係なくとも、単文をつくる、いつどこでだれがなにをしたか等はよくやった。

短歌の勉強もしました。みんなで作った記憶がある。」


二人の回想の中に、「最初は短く書きなさい」ということばがのこっている。草刈さんは、五年生の最初の頃に配ったプリントのなかの「電気がついたところ」をしっかり記憶していた。金子さんは、そこから構成を考えて書いて長文を書くことも学んだが、その書いたものに「具体的にもっとここをこう書けとは言わなかった」ことも記憶されていた。

金子さんは、筆者（村山）の「金子さんが書いた『ぼけの花』についてなにか記憶していることはありますか」という問いに次のように答えてくれた。

「この作品は、一人で詩を書いていたときの感じ方で書いたものだったとおもう。今、先生の書いたもの（著作集の論文）を読むと、先生は、すぐ自分の教え方とかの反省が出来たのだと思う。その意味では、素直な、何でも受け入れられる弾力的な考え方が出来たのだろう。そのまんまそっくりうけとってくれている。

そのあと、先生の指導も変わったのかもしれない。生活重視の表現を指導してきたが、別な感じのものが出てきたことに驚いたのかも知れない。そもそも感じ方は教えられない。その子の感じ方を大切にして、新しい発見として受けとめている。私の作品は、先生が雑誌に出してくれているから残った。

先生は書けない生徒にもていねいに指導してくれた。斉藤マサエさんはあまり字も書けなかった。彼女から戦後一九四八年にいただいた手紙が一通残っている。その手紙には、彼女が書いた短歌も入っており、とてもいい感情を表していた。これだけの手紙を書けると言うことは、勉強が出来る出来ないの問題ではなく、みんなよく育っていたということだと思う。」

続けて次のようなエピソードも紹介してくれた。

「実は、この作品に作曲してくれた方がいた。学校の養護の先生の友人で県庁に勤務していた人が曲を付けてくれた。召集令状が来たので学校に来て歌いたかったといってくれたが、待っていたが来なかった。戦争からかえってきたのかわからない。

ただ、残念なのは、第八小学校に親戚の先生がいて、その時の書いたものなどは、その先生にそっくりかしてあげてかえってこなかった。」

3 「事変の綴方」実践と俊太郎の時局認識

この章の「はじめに」にも書いたように、俊太郎が尋五・六の担任をした一九三七・三八年は、日本の中国侵略が本格化していった時期でもある。学校でも戦時体制が強まっていった。この章の1～3で紹介してきた俊太郎の生活学校的実践は、時代の影響を受け、支配的な軍国主義的学校においては大きな制約を受けざるを得なかった。また、俊太郎が発表する論文にも時局認識が書かれていくが、それは、現状肯定的な内容を含んでいく。それは、現状批判的なものは発表できなくなっていったという側面と俊太郎の認識も時代に取り込まれていったという側面をもっていた。

三八年「尋六の学級経営」案では、「修身科」の留意点を次のように記している。

（イ）学習法としては、研究学習、調査学習、協議学習、作業学習などを加味して教授をすすめる。
（ロ）生活全体から協同の問題を具体的にとらえてやる経験中心の授業を主として、文化史的教材を副として取り扱う。
（ハ）教材に時局的認識と心構えを加味して、反ぷく実践を重んずる。
（ニ）教育勅語は暗写せしめる。
（ホ）卒業学年としての生活観を常に織り込む。

「教材に時局的認識と心構えを加味」し、「教育勅語は暗写せしめる」は、特別の事ではなく、この時期の学校では「あたりまえ」のことであったろう。

（1）文集『生活の本――日支事変と私たち』（一九三七年一〇月）

国中が戦争に取り込まれ、その影響が子どもたちの書く綴方にも現れ、俊太郎の教室にも天皇制軍国主義教育が入り込んでいった。それを典型的にあらわしている文集『生活の本』が残されている。[1]俊太郎の教室の実像を知る上では貴重な資料である。B四で四五枚の文集である。編集は子どもたちの手で行われているとみられる。教師の意見がどのように反映されているのかは見えない。それは、先に紹介した『教室文化』とは異質なものであった。『生活の本』は、「明治天皇御製」（和歌一〇首）ではじまる。最初の句である。

国をおもう　道にふたつはなかりけり
いくさのにはに　立つも立たぬも

先に紹介した「心に太陽を持て」ではじまる『教室文化』との大きな違いを感じる。続いて子どもたちが作った「私たちのちかい」である。

私たちのちかい

一、私たちは、身をすてて、国のためにはたらいてくださる日本の兵隊さんを、心からありがたく思います

二、私たちは、兵隊さんのなんぎをおもい、心をひきしめて　毎日の勉強や仕事にがんばります。

三、私たちは、お友だちの家から出征されたら　心からみんな力をあわせて、なぐさめ合います。

四、私たちは、支那の人たちが　自分のわるいことに気づいて、一日も早く日本と仲よしになることを祈ります。

昭和十二年十月　山形市第八尋常高等小学校　尋常五年自治会

「私たちのちかい」は、子どもたちが自分たちで作ったものと思われる。

続いて再び天皇御製二首と三宅武郎の詩「日本人の祖国」の一部である。「死魔とたたかう十九日」は、負傷した「兵隊さんが戦場で書いた命がけの綴方」として紹介されている。（B四で二枚）

五日目「今日で五日目、はって行ってどろ田の水ばかりのむ。のこった最後の乾パンは、半分分けを三人でわけ合って食った。あつめた水筒の水も今日はない。（以下略）」

そして、食料や水をなんとか探しだし生き延びて、雨にたたられた一九日目。

「（略）五時頃雨やむ。○○隊の兵が救いに来てくれた。うれしかった。清水と二人手を取り合ってな

いた。自分は戸板にのせてひっぱってもらう。みんなの親切がうれしくてひとり泣けてきてしょうがない。ああ今日は九月一五日、記念すべき日。天皇陛下万歳」

戦地で兵隊さんがどんなに苦労して戦っているか、心情にうったえる日記である。こうした文を子どもたちが見つけてきて掲載したのだろうか、それとも、俊太郎が推薦したのであろうか。

『生活の本』でもっとも充実しているのは、子どもたちの書いた詩と作文の頁である。B四で一九頁ある。内容は、「兵隊さんにあげる手紙と詩」が二八作、授業で書いたと思われる「お月さんにあげる」が一九作、「秋の詩、働いた日記」が一七作である。

この時期の子どもたちの戦争への思いは、『生活の本』にのせられている「私たちの標語」にあらわれている。当時の子どもたちの戦争への意識が伝わってくる。

心ひきしめ日の丸べんとう　(女)　心ひきしめてべんきょう　(女)
一針も国のちから　(女)　まもれ大空　僕等のうでで　(男)
思うよ兵士　うなるよ心　(男)　皇軍に銃　我等はえんぴつ　(男)
からだきよめて　勅語ほうどく　(女)　忠孝一ちで　国旗けいよう　(男)
国の護り皇軍国のいしづえ僕等　(男)　進んではたらけ　進んでべんきょう　(男)
はたらけ我等　大空に日の丸　(女)　のびゆく空軍　そだつぼくら　(男)
国をまもれよ　我等の空軍　(男)　まもれ大空　はげめべんきょう　(男)
かがやく日の丸　ふるえよ空軍　(男)　（一部省略）

子どもたちの中には戦争への疑問はひとかけらも表現されていない。

詩の頁では、戦地に兵隊さんを送ることを書いた特集になっている。二六作のなかからいくつか紹介しておく。

見送り　　高橋都志郎

もう汽車は目の前に来た
ばんざいばんざい
ぼくはむちゅうになってさけんだ
何も見えない　何もきこえない
ぼくばかり　むちゅうではない
みんな旗をふっては
ばんざいばんざいをさけぶ
兵隊さんも国旗をふっている
家にかえっても
ばんざいのこえが
耳にのこっている

うらやましい出征軍人　　古澤　正男

学校へくる道すがら
かどばたで
ばんざいばんざいと言う声
出征軍人だ
手には日の丸の旗が
にぎられている
占りょうした時
ばんざいばんざいと
この手と日の丸の旗を
ひるがえすのであろう
僕もなんだか軍人さんが
うらやましくなった

軍用列車で戦場に向かう兵士を見送ることが毎日のようにくりかえされるなかで、子どもたちもその兵士を心を込めて見送っている。都志郎は「ぼくはむちゅうになってさけんだ　何も見えない　なにもきこえない」と書いている。正男は、近所の青年たちが出征する姿を見送りながら「僕もなんだか軍人さんが　うらやましくなった」と決意している。

『生活の本』は、生活を綴った詩や一五夜についてかいた詩も特集されている。子守をしたり、稲はこびなど農作業を手伝う詩もある。しかし、出征軍人をおくる熱狂的な興奮を書いた詩でうまっている。戦争一色にそまるなかで、学校もまたその影響から免れることはできなかった。

俊太郎は、こうした子どもたちが書く詩をどのように読んでいたのだろう。教室で子どもたちをどう読みあっていたのだろう。予想されていたことではあったが、教壇に復職して思い描いていた教師の仕事からはかけはなれた現実に直面していた。

『生活の本』に現れた戦争に巻き込まれている子どもたちの作品は、先に紹介した『教室文化』の記事や作品のトーンとはかなりちがっている。山本有三の「心に太陽を持て」を読み合い、「君たちはどう生きるか」を紹介し、学ぶことを追求してきた俊太郎の実践追求と、出征兵士を送り出す子どもたちの思いを詩に綴らせる実践とが同居していたのである。その矛盾を俊太郎は、どのように思っていたのだろう。そのどちらも俊太郎の実践なのである。

(2) 俊太郎の時局認識と綴方の課題

俊太郎の書く論文にも戦時下の影響が出始めている。俊太郎の『著作集』には、「事変の綴方」について書いた論文がいくつか収録されている。

論文「事変綴方の生活性」（三七年一一月）の書き出しは、俊太郎の時局認識を教師の文化的任務に引き寄せて簡潔にのべている。時局に直面して、「出動する将兵の歓送のための悲壮な興奮のなかに、自己の第一義的な文化的任務を見失ってはいまいか」と問い、教師の任務は、「口に概念的な精神総動員を叫び、いわゆる職業的愛国主義者となって、わが国の文化を後退させることではない」と学校と教師が教師の第一義的任務から離れているのではないかと批判的心情を述べている。（三―六二）

生活綴方実践の分野で、具体的にはどのような方向性を提示しようとしていたのだろうか。

「私たちはすでにこどもの作品のうえに、今回の事変がなまなましく反映していることを知っている。こうした刺激のつよい社会の波は、とかく子どもの綴方から生活的な真実性を失い観念的な概念で纏《まと》めようとする。なるほど、私たちの前にいる子どもたちは、慰問文をかき、見送りの詩をつくり、千人針や、軍人のことを好んで綴る。だが、子どもたちの作品は、生活の現実的色彩がいちじるしく希薄なのを感じせしめる。このことは、事変綴方、事変詩の行き詰まり――マンネリズムをさえ形づくるのだ。ということは、それらの作品行動からは何らの正しい感動をも受けなければ、したがって子どもの魂を新しく組織することもない。（略）一口にいえば、子どもの生活の在り方――眼こそが問題にすべきであって、事変に関係のあることを描かせることに主眼をおくべきではない。どんな生活を題材としてとりあげても、その一つ一つの生活そのものを裏付けるべき現実的な〝眼〟をこそ反映させなければならないのだ。」（三―六二）

ここには俊太郎の学校の中でおこなわれている事変の綴方に関して、「生活的な真実性を失い観念的な概念で纏《まよ》めようとする」「生活の現実的色彩がいちじるしく希薄」「正しい感動をも受けなければ、したがって子どもの魂を新しく組織することもない」と厳しい批判意識が語られている。

そこから、俊太郎は、「事変に関係のあることを描かせることに主眼をおくべきではない。どんな生活を題材としてとりあげても、その一つ一つの生活そのものを裏付けるべき現実的な〝眼〟をこそ反映させなければならないのだ」と生活綴方本来の役割を追求する立場を提起している。

俊太郎は、学校における講堂訓話などが子どもの生活感情を動かすまでにはいたっていないことを指摘しながら、先に紹介した「生活標語」（本論二七七頁参照）を批評している。

「自分たちの生活からのさけびでなく、概念的に標語をまとめ上げさせるのであってはいけない。標語などの価値を決める評価の尺度もこうした生活の具体からの感情が流れているかによって決めたいと思う。そしてその標語がその日その日の仕事の反省に役立つものであるべきだ。教室の組織を考えないバラバラな事変認識の指導は、なぜか片手落ちのように思われる。」（三―六三～六四）

俊太郎の「日常の生活の具体のなかにこそ、事変綴方の真実性は成長させなければならぬ」とする考えは、戦時統制下の影響を受けつつも、その後、一貫したものであった。そこにこの時期の俊太郎の苦悩が潜んでいたのではないか。

友太郎さん　　尋五　高橋　清

友太郎さん　今日
兵隊さんになるのだ
朝早く弟をおぶって
学校の庭までみおくりにきた
ながいはたにみおくられた
友太郎さん
ずらりとならんだはたの下で ※※

兵隊さんのおみおくり　　尋五　永野　美代子

まいばん　まいばん
ばんざいの声がする
私はまたいくんだなとおもう
とうさんとかあさんがひばちのまえで
またあすもいくんだという
私がとうさんにまたいくんだかときく
とうさんがんだという ※

※このまえみおくりのとき
なみだがでたんだけ
おとうさんがとられたら
一しょうけんめいはたらけば
いいんだと思った。

※※敬礼している
そして式をしてから
ばんざいばんざいと
ていしゃばにいってしまった。

（「んだ」は「そうだ」の意味――筆者）

俊太郎は、「概して自分の持っている子どもの詩をみると優良な児童には（略）素朴な生活から叫ぶ作品は少ない。生活の具象を描き出す前に一つの観念を持ち出す。おとなのような非常時意識をもち出したり、愛国正義論をのべたり、先生の喜びそうな抽象意識をもって詩や文をかく。」と論評し、例にあげた美代子や清の作品について次のように論評している。

「（美代子や清は）成績からいえば劣等であるが、素直にたくまずに、自分の生活を前面に出して、生活からだけ物を言おうとしているのがよい。事変綴方の生活性〈真実性〉はまずこのような基本的態度をこそ育てるべきで、おとならしい観念語の羅列や、生活語から叫ばぬ概念文や詩を打ち砕くことから出発する。私の学級的現実の反省から、このことを強く言いたい。そして子どもの全生活感情のなかに事変的感情のなかに事変的風情を流動させ、新しい民族感情の組織にまで育つものをこそ、われわれは子どもの作品に求めたいと思う。」（三―六七）

『著作集三巻』の解説では、「この年（一九三八年）の夏を過ぎる頃から村山の論文には、それまでの文章のうえでは登場していなかった認識が色濃くなってゆく」とし、「事変の進行を肯定的に評価し、そのうえで、子どもの眼が、経済生活の消費面のみに注がれている事態に注視し、これを生産面にむけさせ、それを描かせよと、主張している」（三―四三三）と解説している。論文を読めば、確かに、戦時体制を肯定的に評価して「われわれはあらゆる問題を、国家活動の全体観に照らして、小我のために生活の苦しさに堪え得ぬ弱さを克服し、われわれの生活のすみずみまでを戦時統制下に照らして、立て直すための技術と精神を鍛えることを、綴方指導における生活の導きとして立ちむかう信念を持つ」（三―五八）と論じている。この論文の中には、どう読んでも戦時体制を肯定的に受け止めようとしている俊太郎がいる。

では、俊太郎はこの論文を単に戦時体制を学校の側から積極的に肯定するために書いたのであろうか。雑誌論文であることを考えれば、あからさまに戦争反対する批判的な文は書けない。どこかに「奴隷のことば」が隠されていたのではないだろうか。

たとえば、この論文に引用された子どもの綴方に注目してみたい。日支事変一周年に書かれた綴方なのに、戦争そのもの、日本がその後も戦勝に戦勝を重ねていると報じられていたことを書いたものは一つも引用していないことである。肥料などの物が高くなった、青物は安くなった、石炭や炭が高くなった、そして、物があっても売れない現実（物資制限）、などを書いた綴方だけを紹介している。子どもの書いた綴方の好戦的な作品をひとつも紹介していないところに、俊太郎のぎりぎりの「抵抗」が隠されていたのかもしれない。

（3）事変の生活の中にリアルな生活感情

論文「事変下の綴方指導」（三九年四月）は、五年から持ち上がった六年の担任をしていた時期に書かれたものと思われる。

この論文は、市販されている『実践国語教育』に掲載されたものであり、当時、一般的に流布していた時局と教育についての考え方を簡潔にのべたものであろう。生活綴方にかんしては、「事変綴方のマンネリズム」として次のように問題を指摘していた。

「子どもたちは、あまりに事変的な感激をのみ書こうとする。出征をかき、慰問文をつづり、兵隊さんを礼賛する。綴方の道は、常に綴方的に物を考え、構え、描く技術としてのみ正常に立ちかえることができるのだ。どんな感激にいても、どんな事件の渦のなかに置かれても、日常的な落ちつきのある眼をこそ、綴方は限りなく求める。」事変下の綴方は、もう一度ここから再出発しなければ事変マンネリズムにかかって、新文化創造などはおよびもなく、萎縮した花のような観念の遊戯と、死んだ言葉の羅列とに終始するだろう。かかる観念や死語からは、新文化の創造などはおよぶべくもない。事変綴方のマンネリズムを打開することへの努力こそ、わが綴方教育が新しく求める拠点であらねばならない。」(三ー六八)

さらに、次のような反省をおこなっている。

「事変綴方のマンネリズムは、児童作品の非具体性、非描写性、非真実性などのなかにつよくあらわれる。どの子どもも慰問文をかき、見送りの詩をかき、兵隊さんのことを述べるが、こうした題材を取り扱えば扱うほど、子どもの作品傾向は概念的になっていく。これは多くの文集や慰問文集などをみていると実に同じようなことばや、慰問の形式や、文の構成などが多い。これらの作品群は、何らの生活感動をも持つことはなく、よし感動を持っているといっても、リアルな眼が失われて、概念が空まわりしている程度のものが多い。」(三ー六八)

俊太郎の事変の綴方が概念的になり、マンネリズムに陥っている指摘は一貫しており、現実の生活の中にリアルな生活感情をこそ捉えさせなければならないという主張を繰り返している。

「事変のための誇張がなく、生活事実をあくまでもリアルに描こうとする綴方」として、クラスから生まれた次のような作品もあげている。

千人針　　　尋五　寺岡ヒデ子

おかあさんが、まりしてんさまに行って
うけもうした千人針だ
兄さんはエンピツで
うすく字をかいている
私はそれにふでのじくで
はんこをおす
ぴちゃぴちゃと千おすのだ
外では虫がなく
ねむいのをがまんしておす
明日はこれをもって行って
ぬってもらうのだ

（五年一組『生活の本』より）

ミノルちゃんのおとうさん　　　永野ミヨ

ミノルちゃんのおとうさん
かえってくるといった
学校のかえり道
ミノルちゃんがうれしそうにいった
戦争にいったミノルちゃんのおとうさん
元気でかえってくるといいな
ミノルちゃんはどんなにうれしいだろう
私とミノルちゃんはわかれた
ミノルちゃんが「おう」と手をあげた
私も「おう」といった
私はいつまでもミノルちゃんをみていた
ミノルちゃんのおとうさん
しなないでかえるとよいと考えた

（五年一組『教室文化』より）

俊太郎の感想である。

「『千人針』には叙述の足りなさと、感情の燃焼の不足さはあるが、一家庭の事変下の描写がたしかさをもっている。後者には、戦地に出征されたあとの子弟同士の友情が、たくまない行動の描写のなかから迫ってくる。作者も、ミノルちゃんのおとうさんのかえりを喜んで待つ感情が、素朴な表現のなかによくとらえられている。対象を描いても、作者の行動が如実にうつし出されているのは、詩は技巧ではなく、題材に裸で取っ組むところからこそ、よい詩が生まれるものであることを裏書きしている。」（三一一四六〜一四七）

この作品批評の中に、俊太郎の追求しようとした綴方像があったのではないか。

こうして、俊太郎は、題材が時局に係わるものが多くなっても、学校などで一斉に慰問文や出征兵を送ることを書かせるようになっても、概念的な文に陥ることなく生活の事実からうまれる感情を大切にしていくことを追求していった。

「時局綴方は、あくまでも生活を描くことから時局がおのずから描き出されるのでなければならない。時局への感情が先に立ってしまって、自分のいる生活の具体が概念化されてしまうのであってはいけない。始めにも言ったように現実の生活感情のうえに、技術が生かされてこそ、時局を生きぬく少年たちの明るい健康な魂が育っていく。私たちはそのために、もう一度、私たちの教室——綴方教室をじっくりと地道な平常性のうえにかえすことが必要で、そこから再出発しなければならないのではないかと思う。」（三一七三）

俊太郎は、時局への熱狂が子どもたちの表現を概念化していることを批判的にとらえ、生活の具体をあくまでも重視する綴方論を展開しているが、「国語教室の形成」（三八年一二月号）では、一転、時局にそまったことば論・国語論を展開している。

「世界のどの国語よりも美しいひびきをもつ優雅な国語をもち、偉大なる概括力をもち、組織的なわが国語を、ひとつひとつ子どもの魂にひびかせるよろこびもまた、やがては民族的なひびきとなってくる。かくて国民全体が、国語・国心の一線に結びあうとき、わが帝国の東亜に於ける世紀の歯車を廻転すべき原動力が生まれる。私の国語教室もまたこの重大な任務をもつ鎖の一つとしての分を自覚するのである」（三―一八二）

ここには、俊太郎が国語論を「大アジア進出の大理想」「わが帝国の東亜に於ける世紀の歯車を廻転すべき原動力」に位置づけ、民族主義的色彩を強めている。そして、「わが国の文化を正しく進め、東亜大陸への発展を企画する国家の意思に協力せねばならない」（三―一八二）とまで言い切っている。この文を俊太郎がどれだけ本心から書いたものか、知るよしはない。しかし、この国語論は、「奴隷のことば」で自分の考えを擬装しながら書いたものとだけでは理解できない。そこには時代にのみこまれつつあった俊太郎がいた。

俊太郎の記録の中で何度も作品を紹介されている教え子の金子静江は、私のインタビューの中で次のように語っている。

「慰問文のこと、これは難しいですね。あの時代、教師でいるかぎり、教室では戦争には反対だとは教えられなかった。教室からは追われたくなかったのだろう。ことさらに戦争反対とかは言えなかったのではないか。

事変に組み込まれていた？　これは本心であったかどうか、そこが分からない。先生をやっているかぎり、学校では時局にそった教育をやる必要があった。どういう観点からみるか。戦後の今の私達の目で見るのではなく、当時の学校の中の子どもと教師の関係でみていかなければならないのではないか。

思い起こしてみると、教室で先生は、戦争を賛美するようなことは決して言わなかった。この戦争は正しくて聖戦だなどとは教室では話さなかった。しかし、時局の話、今日は何処でどんな戦いがあったとか、どこを占領したとかの話はしていた。時勢に反対はできなかったのだろう。その時代の苦しみをわかってあげる必要があるのではないか。仮面をかぶらないと生きていけない時代だった。」

〈注〉

（1）日本作文の会監修・編集『戦前・戦後日本の学級文集3　戦前・東北（2）』大空社、一九九三年

4　生活教育論争と俊太郎

俊太郎が復職し、五・六年生を担任していた時期、いわゆる「生活教育論争」が起きている。俊太郎はその論争にどのような態度を取ったのだろうか。「生活教育論争」のなかで、有力な綴方実践家たちが生活綴方の本質をゆがめ、戦後の生活綴方にも影響を与えていく。

（1）留岡清男の綴方批判と生活教育論争

留岡清男・城戸播太郎の綴方批判

留岡清男が論文「酪聯と酪農義塾」を書いたのは、雑誌『教育』三七年一〇月号である。その主たる内容は北海道の畜産協同組合と酪農義塾の活動を紹介しながら、生活と教育を論じたものであったが、その一部に生活綴方と生活教育に取り組んでいた教師たちを痛烈に批判する内容を含んでいた。

留岡は、北海道綴方教育連盟の座談会に出席した時の感想として次のように述べている。

「同連盟の人々は、生活主義の教育を標榜し、これを綴方によって果たさせようとしている。座談会で

は、綴方による生活指導の可能性が強調されたが、理屈を言えば、何も綴方科ばかりでない、どんな教科だって生活指導が出来ない筈はなく、またそれを当然なすべきであろう。併し、問題は綴方による生活指導を強調する論者が、一体生活指導を実際どんな風に実施しているか、そしてどんな効果をあげているか、ということが問われているのである。強調論者の実際の方法を聞いてみると、児童に実際の生活の記録を書かせ、偽らざる生活の感想を綴らせる、すると、なかなか佳い作品が出来る、之を読んで聞かせると、生徒同志が又感銘を受ける、というのである。そしてそれだけなのである。私はいづれそれ位のことだろうと予想していたから、別に驚きもしなかったが、恐らく教育社会以外の如何なる社会に於いても絶対に通ずることはないだろうし、それどころか、却《かえ》って徒《いたず》らに軽蔑の対象とされるに過ぎないだろう。このような生活主義の綴方教育は、畢竟、綴方教師の鑑賞に始まって感傷に終るに過ぎないという以外に、最早何も言うべき事はないのであろう[1]」

「生活主義の綴方教育は、畢竟、綴方教師の鑑賞に始まって感傷に終るに過ぎない」とした留岡の綴方批判は、痛烈ではあるが、内在的な分析や批判の論証がまったくなく、批判文を書く研究者としての初歩的手続きを欠落させたきわめて乱暴なものであった。留岡氏の乱暴な批判には、生活綴方実践の実際に関する認識不足あるいは偏見を感じる。加えて、今風に言えば「上から目線」の現場教師を見下した気分の悪さを感じさせる文である。

　留岡氏は、「実際の方法を聞いてみると、児童に実際の生活の記録を書かせ」というが、子どもは教師が書けといえば書くものと思っているのだろうか。現実に教室の多くの書けない子どもたちに文字を教え、書く生活に向かわせることがどのような基礎的な表現力を育て、教師と子どもとの関係性の転換を含んで営まれているのか考えたことがあるのだろうか。あるいは意図的に無視しているのだろうか。子どもたちが生活を綴るようになる指導のプロセスを考えただけで「そしてそれだけなのである」などとは決して言えない。

留岡氏は、「偽らざる生活の感想を綴らせる」ともいう。「偽らざる生活の感想を綴らせる」すなわち、生活事実から「本当のことを書く」ことが、先生が書きなさいと指示するだけで出来るとでも思っていたのだろうか。子どもは教師を人間として信頼しなければ本当の生活を偽らないで書くことなどは決してしないものである。心の内は明かさないものである。教師が子どもとの信頼関係をつくることがどれほど困難であるか。教育の中で最も困難な仕事の一つである。だから、「偽らざる生活の感想を綴らせる」ことは、「そしてそれだけなのである」等と嘲笑的に軽々しくいえないのである。

留岡がこうした物言いができたのは、当時のいわゆる「研究者」がもっていた現場教師への格差意識のあらわれなのだろうか。それとも、留岡の個人的な特質だったのだろうか。

雑誌の同じ号には、城戸幡太郎が「生活学校巡礼」を寄せている。城戸は、生活教育、生活学校が日本では「生産主義の立場からではなく、むしろ表現主義の立場から(2)」取り組まれているという視点から次のように述べていた。

「児童の作品を通じて児童の生活は理解することはできる。しかし、綴方教育のみによっては児童の生活は指導されない。教育における生活指導の原理は国民の生活力を涵養することにある。綴方教育は児童の生活を理解し、生活態度を自覚せしむることはできるが、彼等の生活力を涵養するには彼等の生活問題を解決することのできる生活方法を教えなければならぬ。これには生活教育は労作主義或は生産主義の教育による生活指導でなければならぬ(3)」

ここでも、綴方人の誰が主張しているのかを示さずに「綴方教育のみによっては児童の生活は指導されない」と断定している。北海道や東北の子どもたちの生活台の抱えている矛盾にたいして「彼等の生活問題を解決することのできる生活方法を教えなければならぬ」と説く城戸は、東北や北海道の生活台の矛盾に規定された生活問題に学校教育としてどのような解決方法を提示していたのか。当時日本に紹介された労作教育や生産主義教育で解決できると考えたのであれば、それは、あまりにもロマンチックではなったか。[4]

留岡、城戸においては、「綴方教育のみによって児童の生活は指導されない」と綴方批判を展開しているが、当時「生活教育は綴方によってのみ行われる」という主張がだれによってなされていたのか、その論証（論者からの引用）はみえない。「生活綴方で行っている生活教育の実践」という主張を「生活教育は綴方によってのみ行われる」という主張にすり替えて批判をしているのである。こうした批判は、研究方法上やってはならない初歩的な約束違反である。なぜ、留岡や城戸が今から読むときわめて乱暴に、研究者として守らなければならない初歩的約束を破っても、生活綴方を批判しなければならなかったのはなぜだろうか。彼らの綴方批判の意図は別にあったのではないかとも疑う。

留岡論文への現場教師からの反論　――『生活学校』誌での論争――

留岡論文が投げかけた生活綴方批判に対して、『生活学校』誌（三八年一月号）は、「綴方検討特集」を組んだ。その後、『生活学校』誌の「綴方検討特集」は、三八年八月の雑誌終刊まで四回組まれている。

編集部の姿勢は、「編集部の意見としては、綴方教育の原則論については、現在岐路に迷っている綴方人たちは城戸氏留岡氏等によって、教えられる点が極めて多いと思っている」[4]（傍点――筆者）であった。これは、論争的に論じる前に、「留岡の批判は当たっており、綴方人はそこから学びなさい」と一方的に結論づけているようなもので、そこには編集の中心であった戸塚廉の考えを反映したものと思われる。

『生活学校』誌（三八年一月号）の主な論文を見てみよう。

坂本礒穂（北海道）の論文「生活教育獲得の拠点」は、留岡・城戸論文のきっかけになった北海道綴方教育連盟の講習会と座談会について触れている。城戸の講習には三つの関心と期待があった。それは、「生活教育の問題、生活教育を周辺とする教科課程の再検討の問題、綴方と生活教育の問題」である。坂本は、「三つの期待は不幸にして満足させられなかった。（城戸）教授の講演には『教育』誌上に発表する論説のような迫力が失われていた」と率直な感想をのべている。

留岡・城戸論文にたいして、自分たちは「決して綴方だけに生活教育を限定したりするものではない」として、次のように述べている。

「僕たちは綴方をやるために綴方に執着しているのではなく、僕たちの念願とする教育が綴方に於いて最も手近かに果たされると信じるゆえに綴方に努力を打ち込めてきた。だからもしも仮に綴方以上に生活教育の展開が可能な教科があったら、僕たちはあへて自分の志向や性格や能力などのさまざまな困難を乗り越えても、なほその教科にいままでの熱意と努力をふり替えるであろう。[5]」

高橋啓吾（岩手）の論文「生活指導の正しい軌道へ」は、「生活指導を徹底的に行いつつあった人々が、あまり『暗い』部面とか『働く』といった部面だけを価値高くとり上げてしまった」ことへの批判があることを率直に認め、留岡の見解は「生活教育の一部面であり、それも大人の生活の一部分」であって、「児童へそっくりとあてはめることは、出来がたい」とのべ、子ども固有の発達的存在を強調した。そして、「綴方に於ける生活指導過信論については、十二分に反省しているが、留岡氏がいうが如き『いづれそれ位のことだろう』というが如き、否定論に近いものに対しても賛意は表しかねる[6]」とのべている。

留岡・城戸論文への鋭い批判を展開したのは、山田清人（東京）の論文「綴方教育を率直に見直せ——実践論の方向と批評家の態度の問題——」である。[7]

山田は、「実践家の理論の立て方と、批評家の綴方実践に対する無理解を問題にしたい」として、留岡・城戸論文を批評し、留岡が「同連盟の人々は、生活主義の教育を標榜し、これを綴方によって果たさせようとしている」といわれているが、これは「明らかに誤れる認識であると断言できる」とする。さらに「『最早何も言うべきことはない』と徒《いたず》らに実践人に対して軽蔑の態度を取られているのは、餘りに不親切である。氏の如き一流教育評論家が実践人を誹謗するために座談会に臨まれたわけではあるまい。」

山田は、城戸が、綴方実践者が「『綴方教育のみによって児童の生活は指導されない』と言われてをるが、いったい北方の人達は、綴方教育のみによって児童の生活指導がやれると信じ、又やってるいるのであろうか。否、絶対にそうではないと言える」と反論している。山田の留岡への結論は次のようなものであった。

生活の綴方は「教師が児童の生活を理解する材料に止まるのではない。綴方を通して、児童自身に現実の生活を認識せしむることの可能を信ずるのである。」「『生活主義教育原理の一つの発展として『協同組合』の実践形態を、留岡氏が考へるからと言って、綴方教育の特殊性を素直に認識もせず、徒らに論難に先ばしることは、実践から遊離した批評家の公式主義以外の何ものでもないのである」

現場教師の反論は、綴方は単に子どもを知るためばかりでなく、子ども自身が自らの現実の生活を認識するために、そしてさらには自己の生き方をより確かなものにするためにも極めて有効な方法であるというものであった。

現場教師側からの主張はそれなりに理解できる。しかし、この現場教師を代表する人たちが、この時期にどのような生活教育・生活綴方実践を展開していたのかがほとんど触れられていないのは残念なことである。紙面の都合もあっただろうが、たとえば、坂本が「子供を知る最上の方策」というのであれば、この時期、どのような作品を提示して子どもをどのように捉えていたのかを論じるべきであったろう。高橋が「子ども固有の発達的存在を強調した」というならば、それは具体的にどのような実践において、どのような作品をもってそのような主張を展開できたのかを語るべきであった。山田が「綴方を通して、児童自身に現実の生活を認識せしむる」というのであれば、その実践を三七年～三八年段階でどのように展開していたのか、あるいは、だれかの実践を例証としてあげることができたのか。まさに実践者の実践そのものによる反論がなかったことが、批判の根拠を弱めていたのではないだろうか。

留岡は、『生活学校』一九三八年二月号で、こうした批判に対し、綴方の任務は「文章表現の能力の訓練」であると限定的解釈をしてみせ、生活教育に適合する「現行教育課程の改革」こそが第一の課題であると、反論を行なう。

『生活学校』誌は、その後、多くの論者が参加して論争を継続するが、かみあった論点対応がなされたとはいいがたい。

佐々木昂の反論と「はみ出し論」への変質・迎合

北方性生活綴方運動の中心的存在のひとりであった佐々木昂は、留岡らとの生活綴方・生活教育論争できわめて注目される発言をしている。

雑誌『教育』は、三八年五月号で「『生活教育』座談会」を組んで、生活綴方実践者をまじえて議論を試みている。出席者は、城戸幡太郎、留岡清男の他、石山修平、岩下吉衛、今野武雄、黒滝成至、実践者から佐々木昂、鈴木道太、滑川道夫、山田清人、山田文子、吉田瑞穂、それに雑誌『綴方学校』主幹の百田宗治であった。

この座談会の全貌の紹介は控えるが、この座談会で「生活綴方と生活教育」、「生活綴方における生活指導」の位置にかかわって重要な議論が行われた。結論的に言えば、生活綴方において行う生活指導は、生活綴方本来の仕事からは「はみだした部分」であり、生活綴方本来の仕事ではない、とする合意がなされたのである。[8] これは、生活綴方の本質にかかわる重大な変更・変質であった。

座談会のなかで城戸幡太郎は、「私は、綴方に依って子供の生活を処理し、指導していくことが可能であるかどうか、綴方の生活主義はそこが問題となるのではないかと思います」とし、「具体的に綴方に依ってどう生活指導をして行ったのか、実例を示して貰えばはっきりするのではないかと思うのですが」と疑問を提起している。

それにたいして佐々木昂は、次のように答えている。

「高二の子供に『職業』という題で綴方を書かせた。それに対して佐藤さきという女の子供は、ぼう大な作品を書いた。卒業期に臨んで自分はどうして宜いか分らんという苦悩を書いた。これは綴方では解決出来ないから、皆で相談して、どういう職業に就けてやるか、その子供を何とかしてやらなければならないといったような、綴方以外にはみ出した問題が起ったのです。斯ういう『本質』でないような所に、生活綴方の根本があるのではないかと思う」

座談会では、山田清人はすかさず、「はみ出したものも綴方教育の領域とお考えになるのですか」と質問している。

佐々木は、山田の質問に「それははみ出すけれども、綴方の領域として扱って来て居るのです」「はみ出して行くものこそが本当の教育だと思う」と答えている。

しかし、山田の「僕ははみ出したものは綴方教育じゃないと考えます。」という再度の発言に、佐々木は「はみ出したのだから綴方じゃないですよ」とあっさりと意見を変えて、次のように述べている。

「綴方の本質は文部省で決まって居るのですから、その通りだと思う。唯併し、はみ出すことは必然である。だからといって、はみ出したものが生活綴方の本質であるとは考えていないのです」

佐々木の最初の回答と二度目の回答は一八〇度ちがっている。このあと、議論は、生活綴方の実践で子どもから提起された「生き方」問題は、生活綴方の仕事からはみ出したもので、それは生活綴方実践の本来の仕事には入れないという整理におちついてしまっている。この整理の方向に、座談会に出席していた鈴木道太、滑川道夫、吉田瑞穂らは、いっさい疑問や異論を唱えていない。暗黙のうちに同意していたと判断される。

佐藤サキの作品を巡って、生活綴方本来の仕事（本質）から「はみ出した」部分と整理した綴方観は、佐々木が三五年に彼自身が展開した「リアリズム綴方論」からの大きな変質であった。

佐々木昂は、論文「リアリズム教育論 Ⅲ」（三五年五月）において、先にもふれたことであるが、佐藤サキの作品「職業」に関して次のように述べていた。

「あの場合只単にたくましい表現力を称賛するとか、単なる作品――表現面としてのみ処理してしまうということは重大な任務ではなかったことだけは確かである。真の作品処理は作者――サキに『生き方』を教えることでなければならなかったのだ。」

そこで、佐々木は、生活表現が「生き方」の指導にかかわることを綴方指導の本質であるとしていた。佐々木は、「真の作品処理は作者――サキに『生き方』を教えることでなければならなかったのだ。」「表現の鍛錬ということがとりもなおさず生活鍛錬であり、生活の鍛錬、生活の前進によってのみ表現の鍛錬が可能である」とし、表現の指導（作品処理・鍛錬）に「生き方」の問題、生活の鍛錬を含めて、つまり、生活綴方の仕事としていたのである。

さらに、佐々木は、作者サキが「私には農業が適していない――百姓はいやだ――私は一生百姓で終わるのか」という意識に関して「作者の生活意識自体のうちに少くともリアリスティックでないものを発見したのであった」とのべ、綴方の指導は「リアリズム綴方の問題にとどまらず、『生き方』自体までの問題をも含むものである」[9]としていた。

佐々木は、三八年五月号の『教育』の座談会で、自らのリアリズム論の核心部分を、留岡等との論争において一度は従来の原則論を主張しようとしたが、出席者たちの主張する「はみ出した部分」は綴方の仕事ではないとする意見に迎合し、自らの創り上げてきた生活綴方観の中心的命題を放棄・変質させてしまったのである。

ここに戦前綴方理論のひとつの質的転換があったのではないか。その変質した理論枠組みが、戦後の日本作文の会での生活綴方における生活指導を「重荷」としておろすという「一九六二年方針」の転換にも影響していたのではないか。

(2) 生活教育論争における中内敏夫の俊太郎への注目

俊太郎は、この生活綴方・生活教育論争にどうかかわったのであろうか。

中内敏夫『生活教育論争史の研究』(日本標準、一九八五年)において、俊太郎が論争に積極的に加わらなかったことに触れている。

「留岡論文に反論した綴方教師の顔ぶれを検討してみると、同時代の綴方教師の代表的な人物をほぼ網羅しているが、ひとつだけ重要なグループがおちていることに気づく。東北綴方教師のなかで、北方教育社とならぶ有力グループであった村山俊太郎、国分一太郎らの山形グループがそれである。(略)それまで綴方教師のあいだで活発な問題提起してきたかれらが、なぜここで沈黙したのか。[10]」

確かに、俊太郎は、留岡論文への綴方教師の反論には加わっていない。しかし、そのことをもって

「沈黙した」とは言えないのではないか。別の問題の立て方も可能である。なぜ、『生活学校』や『教育』編集部は、留岡論文に対する意見を俊太郎には求めなかったかである。もしかしたら、俊太郎自身、誘いをことわっていたのかもしれないが。

中内の解説で、もう一ヶ所不適切な部分がある。それは、この時期、中内が言うように俊太郎と国分一太郎とを「山形グループ」としてひとくくりにしていることは妥当か、ということである。俊太郎と国分は、親しい友人ではあったが、綴方観、教育観、教育運動観においては大きな違いがあったのであり、そのことについては、すでに、先に述べておいたので繰り返さない。

中内は、俊太郎の論文「教室文化を高める綴方」の次の部分を引用し、そこに秘密があると解説している。

引用された論文で、俊太郎は「最近ある雑誌を中心に投ぜられた『綴方の生活主義は感傷だ』説をはじめ、それに対するさまざまな方がたの批判や感想などをよみ、いらいらした感情に支配されていた」(三一四九)と語っているので、留岡の論文にはじまる論争には関心を持っていた。中内が引用したのは、次の部分である。

「綴方教育は一日も早くただの綴方教育になることこそ希ましいのだ。綴方は教育の営みの一教科である。言語と文章をとおして行われる教育である。だから綴方が分担すべき教育の任務は、言語力をきたえ、文章力をたかめ、意識力や精神力をそだてそこから人間としての生活をたかめ生活勉強を行い、自分を環境に順応させていく批判力と実行力をみがきあげるのだ。言語・文章をとおして行う生活教育であり、生活精神と生活技術をそだて上げることが綴方が分担すべき中心任務だ。だから表現主義的傾向も、生活主義的跛行性も、われわれはともに排しなければならない。モチロン、綴方の行なう生活指導が感傷主義でもなければ、また、綴方の生活指導が生活教育上この方面の仕事を全部引き受けなければならぬものでもない。われわれは、一教科としての綴方が可能な範囲で生活指導の方面を確実に実践できる方法を営むだけで充分だ。」（三―五〇）

引用部分に対する中内の解説である。

「これは単純な国語科綴方＝綴方教師解消論ではない。けれども、彼の反論は、ほかの綴方教師たちのばあいにくらべるとはるかに弱い。むしろ、留岡およびそれにさきだつ、戸塚廉、石田三郎らの綴方教師解消論を綴方教師内部からうけいれていこうとする姿勢がみられる(11)」

中内は、右の俊太郎の論文をどう読んだのだろうか。反論が他の論者よりも「はるかに弱い」とは、俊太郎が「綴方は教育の営みの一教科である」と述べたことを根拠にしているのだろうか。しかし、生活教育論争のひとつの重要な論点のひとつは、綴方がおこなう生活指導ないしは生活教育を綴方固有の任務として認めるか否かとめぐって行われていたのであり、その点でいうなら、俊太郎は、綴方は「言語・文章をとおして行う生活教育であり、生活精神と生活技術をそだて上げることが綴方が分担すべき中心任務だ」という立場をいささかも譲ってはいない。俊太郎は、「われわれが表現といったとき、たんに子どもが文章にかきあらわすことだけをささない。その力に関連して子どもの知る、考えるなどの生きるための能力（生活技術）を含めている」（三―五〇）とも述べている。まちがうはずもないくらい明瞭に述べている。

生活指導を綴方の任務の中に堅持しようとしている点では、綴方をとおして行う生活指導を「はみ出した」部分として、綴方の固有な仕事とすることを放棄した佐々木昂等と比べると、譲っていないと読める。また、中内は、俊太郎の論には「綴方教師解消論を綴方教師内部からうけいれていこうとする姿勢」があるとしているが、どこをどう読んだら「綴方教師解消論」と読めるのであろう。

さらに中内は、自己の解説の証拠として、国分に触れ「じじつ、翌年にかけて、このグループのひとり国分一太郎は、綴方教師内部からの綴方教師解消の急進的なイデオローグに変身していくのである」[12]と論じている。

ここでも、中内は、俊太郎のこの時期の綴方論を十分検証せず、また、国分の綴方論をも検証せず、同じ県出身で友人であったというだけで山形グループとしてひとくくりにして処理している初歩的ミスあるいは意図的な操作を繰り返している。

同論文で俊太郎が述べている次の点をどう解説するか。

「綴方の教育的営みを放棄して部落や郷土のなかにとびこんでいくことも欲しない。それかといって綴方を教室籠城主義で社会につながる有機的通路をふさぎたくもない」（三―五〇）

佐藤広和が、『佐々木昂著作集』の解説で、佐々木と俊太郎を比較しながら「山形の村山俊太郎は、佐々木のように直接地域指導に入ることはしなかったが、『教師は単なる綴方教師であってはならない。生活教育へと解消すべきである』主張していた」（三―七）とのべている。佐藤氏は、論文の後のところでこの論点に立ち戻って俊太郎の論を「綴方教師解消論」としている。

ここは、教室か地域かという選択に係わって論じられているが、俊太郎の三〇年代初頭から、復職した三七年以降の綴方論をふまえて論じられなければいけないだろう。生活教育への解消は、必ずしも綴方教師解消論として整理してよいものか、検討が必要である。その意味で、この六章において俊太郎の戦時下での綴方実践を丁寧に紹介し、分析したことは、一つの答えになっている。

(3) 教室をまもり学校をまもる　――俊太郎評価をめぐるいくつかの問題点――

一九三九年八月二日、北方教育社創立十周記念集会が開かれている。作家高井有一は、『真実の学校』

（新潮社、一九八〇年）のなかで、その時の様子を書き留めている。

「秋田県立図書館で開かれた『北方教育十周年記念会』の席上で発表された『宣言』は、『今やわれわれの祖国は未曽有の転換期にあり、人的物的資源の強化は緊急の要請となりつつある』と前置きし、『過去十年間実践しつつある地域性に立つ集団的科学的な教育実践が、この客観情勢に即応する唯一の生活教育たることを信じる』としながら、最後に『北方性教育運動の軌道は今や国策の線に設定された。大陸の第一線に立つ皇軍の武威に深厚の感謝を捧げると共に、われわれ北方教育同人は、ここに銃後生活教育の大道を前進するものである。』と結んでいる(13)。

「北方性教育運動の軌道は今や国策の線に設定された」とした秋田の北方教育社の「宣言」がどのような歴史的認識によって書かれたものか、それは組織防衛、運動防衛的な発想によるものであったのか、慎重な検討が必要だろう。

　俊太郎は、一九四〇年二月に「教室を守り、学校を守る」を表している。俊太郎はこの時期、職場に腰を据えた学校づくりを課題として自覚している。

「同じ地域のなかの同じ子どもを対象とする同じ学校の同僚であればこそ、同じ問題について同じ方向に悩み、同じ解決へのいとぐちを考え、その実践を全教職員が協同してやれるような学校の機構こそ、教育科学運動の最初に着手しなければならないところだろう(14)」

　そして、自分の教師としての仕事を次のようにとらえていた。

「私はいま、地域を組織するとか、学校をそうした方向へ動かしたいとかいうような野心はもたない。私には力が小さすぎるし、私という個人の歴史と位置がそれには適していないと自覚しているからである。これは逃避ではなく、私自身のなすべき積極面である。そして私はあくまでも学級の子どもを学校というつながりにおいて、より科学的に組織していくことのみ力を注ぎたいと思うのである(15)」

佐藤広美は、俊太郎らも積極的に参加した、第一回教育科学研究全国協議会（三九年八月四日から五日間、三二六名参加）で採択された「教育科学研究会趣意書」には「真に国家の要求する教育の建設にまで進み得る」と表明されていたことを指摘している。第二回教育科学研究会全国協議会（四〇年八月）においては、宮城遙拝、君が代斉唱、皇軍将士に対する感謝の黙祷、が行われ、その後、留岡、城戸が大政翼賛会に参画、四一年四月教科研は解散を余儀なくされる歴史の時代的思想的背景を分析している。[16]

そのなかで、佐藤は俊太郎にも触れている。

国策協力を明文化する教科研綱領の二ヶ月前の四〇年二月、山形の村山俊太郎は「教室をまもり学校をまもる」という姿勢を示した。村山は「私はいま地域を組織するとか、学校をさうした方向へ動かしたいとかいふやうな野心はもたない。（略）これは逃避ではなく私自身のなすべき積極面である」とのべていることに、次のようなコメントを加えている。

「この姿勢は後に地域の翼賛会のリーダーとして積極的に国策へ協力していく教科研の他の多くの教師と少なからぬ対照を示している。これら北方教育社同人や村山の見解は『権力機構への参入による教育改革』という教科研幹部の構想とは異質であった。[17]」

同時に、この時期に、北方教育社と俊太郎の間にあった意見のちがいはどのようなものであったのか、という課題も慎重に点検していかなければならないだろう。

戦後、復刊した『教育』（一九五二年三月号）に、宗像誠也・宮原誠一「教育科学運動への反省——批判精神の苦悶——」が掲載されている。

論文では冒頭、戦前教科研の「綱領」（一九四〇年四月）とその「綱領」を解説した留岡清男の解説を引用している。そして、宗像・宮原は、「いまこれを見直して、われわれ自身驚いている。（略）これがわれわれの教育科学研究会の綱領であったのだろうか」と感想を述べ、次のように書いている。

「ここには、圧迫された教師の官僚への抗議もなく、搾取される人民のための、自由な発展をはばまれている子どものための、戦いの気配さえないではないか。すべては国策への協力ということで貫かれており、教育の科学的計画化ということも、国も政策に教育を合致させるということ以外の意味はないのではないか」（二一九）

そして、「端的にいって、この綱領の文字は、はなはだしくわれわれの本当のきもちと食い違っている」ととまどいを隠していない。

俊太郎が教壇に復職した一九三七年、雑誌『生活学校』も七月号をもって終刊になる。北方性教育運動をリードした『国語教育研究』も休刊となっていた。『生活学校』は、「終刊に際して」のなかで、教育科学研究会への参加を呼びかけていた。この呼びかけに応じて、俊太郎は、三九年八月、法政大学で開かれた第一回教育科学全国協議会に、田中新治、田中チヨをつれて参加した。そこで、宮城の鈴木道太、秋田の佐々木昴らと出会った。そこで、彼らは何を語り合ったのだろうか。

俊太郎の実践は、治安維持法下の軍国主義的な学校教育の枠によって規制されたものであった。俊太郎の検挙後に発表された「私たちの教養」（『教育国語』一九四〇年三月号）は、検挙前に書いた最後のものであろう。それは今日の教師たちの現実を考えたとき、一つの励ましになるであろう。

「いま、わたしは、教室の子どもを考える場合、紙風船のような知識の伝達が、私の役目ではないと信じている。根づよい生活力――人格的諸能力〈意思と知性のうえに立つ生活諸能力〉をもって、一つ

一つの教科をつなぎとめるところにある」（三一二五二）
この論文の中で、今日の学校職場を念頭に入れ、注目しておきたい部分がある。それは、つぎのように書いている部分である。最後に引用しておきたい。
「私はいま、職員室こそが、教師教養の総合的な場だと信ずる。教室風景も、教育問題も、読書交換も、批評研究会も、映画の話し合いも、生活上のさまざまな問題まで、ざっくばらんに語り合い、本や雑誌はなるべく貸し合い、良い意見は公開し仕事は分担し合って、一しょに茶をすする。私はそうした交流のために毎月一回以上『職員室』（職員室の機関誌）の原稿を、心の合った友人といっしょにきる。そして一しょに問題を見つけ、一しょに語り、解決の方法を一しょにくふうする。そしてこの空気は、この地方の研究機関と結び付き、ある時には、遠く中央の研究機関とも結びつくことになる。（略）この教師としての世界観こそが、教育実践へのたくましい原動力であり、また教育実践によって支えられるものであり、教師としての教養の正しい在り方であるのだ。」（三一二五一～二五二）
俊太郎の三七年～四〇年二月までの教師としての教育実践をどう評価するか。これは、同時に日本の教師たちの戦争協力の責任を問う問題と重なり合う。

〈注〉
（1）梅根悟他編『資料日本教育実践史3』三省堂、一九七九年、三〇七頁
（2）前掲書、三一五頁
（3）前掲書、三一六頁
（4）『生活学校』三八年一月号、三四頁
（5）坂本礒穂「生活教育獲得の拠点」『生活学校』一九三八年一月。

(6) 高橋啓吾「生活指導の正しい軌道へ」『生活学校』前掲。
(7) 山田清人「綴方教育を率直に見直せ」『生活学校』前掲。
(8) 前掲『資料日本教育実践史3』三四二～三四三頁
(9) 前掲『佐々木昂著作集』八二頁
(10) 中内敏夫『生活教育論争史の研究』日本標準、一九八五年、三五頁
(11) 同前、三六頁
(12) 同前、三六頁
(13) 高井有一『真実の学校』新潮社、一九八〇年、二五三頁
(14)『村山俊太郎　生活綴方と教師の仕事』桐書房、二〇〇四年、三一九頁
この論文は、著作集に未収録。初出は、『教育科学研究』第二巻第二号、一九四〇年二月。
(15) 同前
(16) 佐藤広美『総力戦体制と教育科学』（大月書店、一九九七年）。佐藤の問題意識は、戦前教科研（三七～四二）の「教育改革」論を分析し、「教科研における国策協力への転向のプロセスを明らかにしようとするものである」（まえがき）「教科研が、なぜ、ファシズムの完成形態である大政翼賛会に参加し、侵略戦争の遂行のなかに教育改革の契機を見いだそうとしたのか。その内的要因はなんであったのか」（同）にある。その仮説を「総力戦体制の『革新性』」においている。
(17) 同前、四〇頁

第五章　俊太郎、二度目の検挙と獄中の苦悩

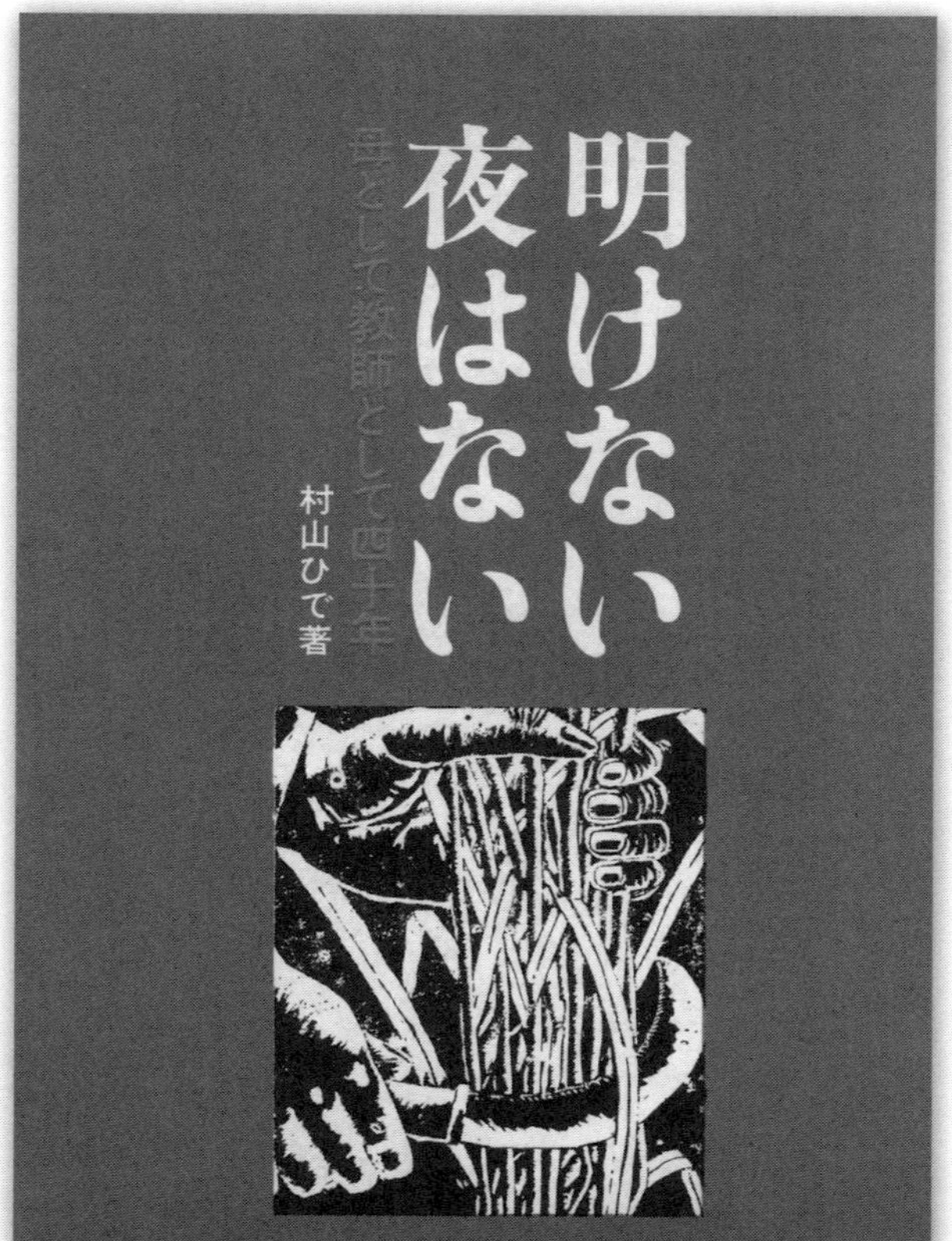

妻ひでが書いた『明けない夜はない』（労働旬報社、1969年）は、弾圧のもとで俊太郎と共に戦い抜いた苦難の歴史を語り継いでいる。

一九四〇年二月六日、早朝、俊太郎は山形市第八尋常高等小学校の宿直室から検挙された。三五歳であった。俊太郎は、休職を命ぜられ、以後山形、新庄、米沢の警察署をたらいまわしにされる。そして、四一年一二月三一日に出獄するまでのほぼ二年間、留置所、獄中生活を送る。その間、妻ひでや長男宏に送った手紙が二七通、『著作集3巻』に収録されている。一九七六年になって、俊太郎の手紙とこの時期のひでの日記、俊太郎に送ったひでの手紙をまとめたものが、村山ひで『愛するものたちへ――獄中への手紙・日記――』(新生出版、一九七六年)として出版されている。

1　突然の検挙 ――ひで・俊太郎の記録――

検挙の朝のことを村山ひでは次のように回想している。

「昭和一五年二月六日、わたしはピーピーという呼びこを床の中できいた。(略)村山は宿直であった。玄関にただならぬ人声。私は寝まきのまま立って玄関の戸をあけた。さしだした名刺には、『山形県特高主任　砂田周蔵警部補』とかいてあった。この人たちによって、村山の書斎にしてあった六畳の押し入れの本があばかれ、机があばかれ、八畳の二間の本棚が全部荒らされた。整理ずきな村山は、雑誌(略)に掲載された諸論文は一つひとつを切り抜き、それを整理しておいた。それもそっくり持っていかれた」(1)

ひでは、当日のことを日記に綴っている。

「朝六時半、特高が二人、家の本を持っていく。あなたの整理していた本が、無ざんにもふみ荒らされてしまう。哲と惇が泣いてすがるので、どうにもならず、八時頃になったら、貴方が帰ると心待ちに待っていると、すぐ警察の方へと、心が暗くなる。十時半頃漸く終わる。十日間くらいとの話。寝具や日常品のことなどをきいておく。

二校時より授業。何か気が抜けたような。学校で校長より、色々とききただされる。ここまで築いてきたあなたの努力を思うと涙にくれる。Kさんより電話。出京中であった。子どもたちを眠らせてから、ねまきを持ってゆく。羊かんを一本袖に入れる。寒がりやのあなたを思って、警察署をでてまた泣けた。家に帰ってくると、富沢、棚野、佐藤先生たち、淋しいでしょうと十時までいて下さる。お金がない。一円と僅かばかり。炭ももう二、三日。薪もなくなるとあなたに相談していた。

宏、哲、惇に東京に行ったとはなす。宏、『おれにだまってな』というので、『すぐ学校からいったからよ』となだめる。子どもたちが大きかったら語ることもあろう。何も語らず。惇をだいて寝る。哲、耳下腺はらしていてまだいたむ。食欲不振でとにかく泣く。困って仕舞う。宏は元気、惇もうとうとする。あなたに一言ききたし。なぜかと。[2]」

ひでが二月六日に詠んだとされる歌である。

春浅くして山は美しいのに　あなたをうばわれて　ひとりかなしく
荒《す》さんでゆくこころかなしく　たすけを美しい春の山にもとめていた
あなたがあればただ子らにやさしく生きむ　叱りつけて泣いているわたし
かあちゃんかあちゃんと　ふとんにうづくまって泣いているわたしに呼びかける宏
叱られて　ひっそりと眠ってしまった子らに呼びかけてみる悲しい夜[3]

ひでは、二月二七日の日記に「たよりがなくてさびしい。毎日心待ちにしています」と綴っている。

三月二日の日記に「帰ってみるとあなたからの便り」とあり、俊太郎からの最初の手紙は、三月二日に届いたものと思われるが、それは『著作集』には収録されていない。

その最初の手紙を受け取ったときのひでの日記である。

「（略）帰ってみるとあなたからの便り。涙にくれて読む。ほんとうになんの便りもないことは、どんなに淋しいか。あなたの温かい心を抱いてまた元気になる。あの手紙宏は非常によろこび、涙をぽたぽたとこぼして『早くよめ』といってねえやに封を切らせていた。宏の鋭敏なカンに私は涙にくれる。どんなにあなたを思っているのか。ねえやにも時々きくとか。ほんとうに宏がかわいそうでなりません。あんなにあなたになついている子が、もう一ヵ月もあなたを見ないでいるのですもの。まだ、七つになったばかりの子が、父の手紙をみて涙を流すなんてあんまりです。

明日は日曜日ですから、宏たちの好きな、いなりずしをつくる約束をして用意しています。帰ってきたら、子どもたちと遊んで下さい。また仲よく元気でくらしましょう。あなたの便りはいつも明日があって私はうれしいのです。どんな苦しみを越えても、私たちの生命である良心的な仕事にしがみつくあなたをよろこんでいます。誇りに思います。そして社会はまたそうした人たちによってのみ進んでゆくと信じています。明るい明日にいきましょう。

夜、田中（新治――筆者）さんたちが来てくれる。尋ねてくれるのは、この方たちだけです。炭も薪も心配いりません。炭は東根（ひでの実家――筆者）から送ってくれるし、薪も今日生徒さんの家からいただきました。ただあなたのことだけです。もう山形にお帰りになる頃でしょう。あなたが新庄に行ってからは、山形も毎日雪でした。寒い日がつづきました。明日はゆっくり休みたいと思います。[4]（略）」

ひでは、俊太郎からの最初の手紙にうれしさを率直に表現している。この時期、突然の検挙に驚きながらも、その寂しさをこらえ三人の子どもと必死に生きようとしている。

ひでの三月五日の日記では、俊太郎はなぜ検挙されたのかを考えている。

「あなたは、なにを取りしらべられているのですか。こうして文化におそれを抱かしめるものは、その結果として、ますます生気のないものになりはしないだろうか。・・・だが、なにもいうまい。生きる力を得て、自分を本当によく生かしていきたい。私たちの文化への熱情に誤りがあるのなら、それを訂正して正しく働ける人になりたい(5)」

三月八日の日記には「金子静江さんのお母さん、高橋津志郎さんのお母さんがきて、なぐさめてくれる」とある。五年六年と担任した子どもたちの母親たちからの支援はどんなにか力になったであろう。

しかし、この時期、ひでは、俊太郎が帰るのは、そんなに長くはかからないだろうと思っていた。

四〇年四月、ひでは北村山郡楯岡尋常高等小学校に転勤となり、家族は山形市から楯岡町（現村山市）に転居している。

「わたしはその時、四番目の子を妊娠していた。（略）わたしはこの事件で赤い非国民の教師といわれて、山形市第三小学校を追われた。任地は私の生家に近い楯岡町の楯岡小学校であった。この学校は北村山郡の中心学校で追放された教師にとってはもったいないといわれたかも知れない。しかし、わたしのような教師をまた僻地に移せば監督もできないとおもったのかもしれない。わたしは三人の子どもをつれて、新しく生まれてくる子どもを腹にかかえて山形市をたった(6)」

五月二五日には長女せつが誕生している。ひでの日記である。

「（略）新しく生まれた子を抱き、その重量感の中にこれらのことをいろいろ考えてみた。私は、男の子以上に、この女の子の将来にのぞみをかけている。そして、悩み、よろこび、悲しみをつづけるであろう私自身の未来を思うのだ。女のぐちやなげきを、この女の子には語れるような気がする。いやまだ口もきけないせつに・・・。(7)」

俊太郎の手紙には、ひでが五月に出産を控えていたこともあり、その出産やその後の体をいたわる内容、子どもの教育にかかわる内容、ひでのお母さんや家族を心配する内容、それに加えて、獄中での生活や読書や心境がつづられている。長男宏にあてた全文カタカナで書かれた手紙は、生活の事、勉強のこと、兄弟を面倒見ることなどが書き込まれており、子ども思いであったことが読み取れる。

ひでの日記と手紙には、俊太郎を心配する気持ちと残された三人の子どもたち、五月以降は長女せつが誕生し、四人の子どもたちとの生活を俊太郎に伝えるものになっている。俊太郎とひでの手紙からは、多くの友人やひでの母親や姉妹や親戚、俊太郎の母親や親族からの温かい援助があったことも綴られている。俊太郎の同僚や仲間もひでの友人たちも温かい援助を惜しまなかった。そして、俊太郎の教え子や教え子の親からも援助が寄せられたことがわかる。

俊太郎は、獄中からの手紙の中で、何度も子どものことを心配して、子育て・教育について書き送っている。

四一年一一月二日

「今日ひさびさで子どもらの写真を見ました。これはトランクのなかへ忘れずにもって来たのです。宏はどんなに背伸びし、惇も、このきょとんとした顔などはどこかへいっているかもしれないし、哲も思うように兄きらしい日常を生きていることでしょう。いい話もしてあげられないのが心残りです。（中略）学校の仕事に追われることなく、子どもたちにも夜はいいお話をめぐんでやってください。軽い話、明るい話、ユーモラスな話などなどを。そしてお話を求める子どもに訓練していてください。たとえば虫の話など。自然や動物などの話など、なんでもよいから注意を喚起させるだけでもいいと思うのです」（三一一七五）

二〜五歳の子どもたちの二年間の成長はめざましい。背丈ものびるが、言語能力の成長は日々著しく成長する。検挙後に生まれたせつの写真はなかったのだろう。俊太郎にとって獄中で子どもたちの成長に思いをはせることが何よりのやすらぎであったのだろう。

四一年一一月一〇日
「子どもたちが元気で何より喜んでいます。もう二年近くも顔も姿も見ないので、どんなにか大きく育っているだろうかと、毎日想像しています。（中略）
（宏にも ―― 筆者）、惇にも哲にも、またせつ子にも、それぞれの時代の育て ―― 教育が肝要です。それは、六つの子には、六つの子として、八つの子には八つの子としての、それであって、昔はやった自由教育主義の早教育または天才教育でないことはいうまでもありません。わが国の大正期のいわゆる自由主義教育の大きな罪悪は、放任主義と早教育への誤られたる流行にあったと思います。
この二つの傾向は、その後いろんな形となって、わが国の家庭教育のなかに現存しています。よくよく反省すべきことだと思います。放任に流れず、注入主義に走らず、おおらかな子どもたちに育てることに、常日頃のくふうと考えとをくれぐれもお願いします。宏などにも学校の成績などひとにまけない意識に向かわせるでなしに、勉強するよろこびを感得させるように仕向けることが大切です。これはとてもむずかしいことです。子どもに勉強するよろこびを得させるための心構えこそ大切な母の知性でしょう。このよろこびは、功利と強制と放任とからは育たないものであるのです。だからむずかしいのです。」（三ー二七七）
俊太郎は、このあと吉田松陰を育てた父の教育論を紹介し、松陰が入獄した時の家庭教育論にも触れそれが松下村塾の教育論となっていることを紹介している。手紙で送った俊太郎の家庭教育論は、現代にも通じる興味深い指摘である。

ひでと四人の子どもたちは、楯岡（現村山市）に一年間住み、四二年四月からは俊太郎の実家のある山口村（現天童市）に転居し、ひでは山口村の国民学校に勤務することとなり、長男宏も一年生に入学している。家族は、山口村では何度か転居をくり返し、俊太郎の釈放を待った。

四一年五月一五日、治安維持法の改悪により、(8)山形警察署の留置場より未決取り調べ中のまま、山形市香澄町の山形刑務所に投獄される。その日より面会謝絶。

この年、『生活童詩の理論と実践』は発売禁止となっている。

2　俊太郎への取り調べと心境の変化

(1) 取り調べと書きあげた「調書・供述書」

留置所で俊太郎は、連日のように取り調べを受けた。それはどのようなものであったのだろうか。俊太郎は、自分の受けた取り調べについて、書き残していない。

同じ時期に検挙された山形の清野高童は、戦後、取り調べの実態を書き残している。清野高童は、一九四〇年二月七日治安維持法で検挙、同年七月一日釈放。五ヶ月間取り調べを受け、調書をつくらされた。戦後は、復職したがレッドパージを受けている。清野の自伝的著書『風雪を越えて』（一九九六年）には、取り調べの様子が書いてあり興味深い。

「私の場合取り調べというのは、質問事項を提示され書面で回答した後、補充質問を受け、特高がそれ

を半紙に毛筆で記録し、読んで聞かせてから拇印を押させるのだった」(9)

清野は、その時の質問項目を記憶をたどって復元している。俊太郎も同様の質問項目を与えられ、それに書面で回答する作業を行っていたと思われる。

「一、左翼思想に興味を持ち、これを研究するに至りたる動機（読書、著書、署名）

＊何から、如何なる刺激を得たか（人――誰から、如何なることを得たか）

＊自身の境遇、教壇より見たる社会組織の矛盾

二、左翼的な意識に関し、

マルクス、エンゲルスの人物、及び学説

ロシア革命の過程、コミンテルン、人民戦線、日本共産党

三、言語運動、言語の起源、各国の言語運動、左翼運動者の言語運動は、如何に展開されたか。自身は如何なることをやってきたか。黒滝成至の著書紹介文の分析、目的。

四、生活学校について（略）

五、綴り方主任として（略）

六、国語日曜会(10)（略）」

清野への質問項目の四、五、六については、メンバーの紹介、全国の誰と連絡交流があったか、組織情報などの質問が入っていた。また、「村山俊太郎との関係」、「村山の思想」についても取り調べられている。

俊太郎の取り調べも、上記のような質問項目にしたがっておこなわれたのだろう。俊太郎は、その質問項目にしたがって、自己の学習内容と理論を忠実に書いたと思われる。それが、俊太郎のいわゆる「調

書」である。俊太郎は、留置場でいくつかの調書を書かされているが、実物は残っていないので今日読むことはできない。

四〇年六月五日の俊太郎の手紙には次のような文がある。

「私のほうは今一生懸命で書いていますよ。今月一杯には書きあげるべく努力していますよ。著述する覚悟で毎日頑張って進めていますから心配なく、昨日までで私の自叙伝とマルクスシズムの本質についてかき上げて、今日からまた新しい問題にはいっています」（三―二六三）

四〇年六月二六日の手紙にもでている。

「今は、しらべのほうの書きものに全力を注いでいます。朝かき、夜も参考書などをあさったりして一日中全部つかっているほどです。もうじき書き終わるでしょう。そのために手紙も書かなかったわけです」（三―二六三）

ひでは、『愛するものたちへ』のなかで、「この調書をみることが出来なかった私は、その調書の内容を知るすべも今はなくなったけれども、前にも書いたように、『マルクス主義と教育』『プロレタリア教育』と、その他の手紙にあるように、『自叙伝』を書いたものと想像するより外にない[11]」

のちに調書を読んだと語っている当事者は、今のところ、戸塚廉、鈴木道太、国分一太郎らである。全部であったか、一部であったかは定かではないが、多分、一部であったのだろう。

俊太郎『著作集三巻』の巻末には、俊太郎の息子である村山宏（長男）、惇（三男）の連名で「没後二〇年のこの年に――お礼にかえて――」を書いている。その中に、獄中で書いた調書『プロレタリア教育の理論』についてふれてある。

「（獄中で書いたとされる）主に『プロレタリア教育の理論』などについて、警察調書の用紙に積み重ねた分量が父の背たけぐらいのたかさになったほど書かされたという。それらの調書・論述したものは見ることができない。この調書、論述の中身について、戸塚廉氏は次のように書いておられる。

「『村山君はこんなにすばらしい理論家だったのか』とわたしがおどろいたのは、生活学校教育運動のかどで東京の大塚警察署で警視庁の警部に、かれの調書を見せられたときであった。その文章は、私たちが、合法的な教育運動の中では、私信でさえ使うことのなかった、したがって私たちには使いこなせなかった社会科学用語で、格調の高い理論展開がなされていたからである」（『日本読書新聞』一九六七年一〇月二三日）」（三一四七七）　調書は「背の高さぐらい」というのは少し誇張されているのかもしれない。国分一太郎は、『小学校教師たちの有罪』のなかで、検挙後見せられた俊太郎の尋問調書は、「一冊が三センチぐらいの厚さで、十二冊ほどの大量ものであった」（国分一七頁）と書いているが、それが調書全部であったのかは明らかではない。戸塚廉が読んだものも、この尋問調書ではなかったか。

清野高童は、検挙後、こうした取り調べの後に「供述書」を書くことが要求されている。見本が示されたようである。清野の供述書は短いものである。

「皇紀二千六百年ニアタリ自己ノ行為ヲ猛省シ更生ノ途ヲ辿《たど》ル機会ヲ与エ下サイマシテ今更ナガラ犯シタ罪ノ容易ナラヌコトヲ悟リ慙愧に堪エマセヌト共ニ感謝ノ外アリマセヌ。私ハ身ヲ神聖ナ教育界ニオキマシタニモカカワラズ自ラノ環境ニ動カサレ易イ意思ノ弱サト勉学ノ浅キタメ遂ニ取返シツカナイ非国家的非国民的ナ途ヲ辿リ生活綴方や生活学校ニ対シ之ヲ無謀ニモ最モ良心的ナ雑誌トシテ飛込ミ戸塚、黒滝、松永、村山諸君ノ進歩的ナ生活主義教育コソ真ニ児童ヲ救フモノト信ジ児童教育ニ実践シテ来タノデアリマス。ソノ上最モ国策的活動タル教育紙芝居ニスラモ左翼的作品ヲ取扱ッタノデアリマス。

コノ恐ルベキ錯誤ノ結果ハ、児童、同僚ヲハジメ数多クノ人々ヲ誤ラシメタモノデアリマシテ邦家ノタメ誠ニ憎ンデモ憎ミ切レヌモノデアリマシテ、コノ実践ヲ何故真ニ日本的ナ活動ニ向ケナカッタカト思ヒマスト誠ニ痛恨ノ限リデアリマス。（以下略）

昭和十五年七月七日　支那事変第三周年ヲ迎エテ　清野高童[12]」

清野は、釈放後も保護観察にされ、調査書の提出を求められている。とりわけ、「左翼運動ニ入リタル動機」「左翼運動ノ大略」「転向ノ動機ナラビニ理由」などが求められた。清野は供述書をどのような思いで書いたのだろう。

「私は、教育に全生命を捧げるつもりでやったことで、何等やましいことなどなかっただけに、供述書を書くのは非常に苦痛であった。しかし、書かなければ釈放されないし、体も弱く一日も早く出たかったので、要望通り書いた[13]」

俊太郎も、釈放を期待し、それまでの活動と思想を反省する内容の供述書を書いたものと思われる。それは、「プロレタリア教育の理論」については、これまで学んできたことを正直に書いたと思われるが、それに対する総括はの偽装的性格の強いものであったのではないか。

(2) 手紙に現れた俊太郎の心境の変化

獄中生活が続く中、俊太郎がひでに送った手紙の中に、俊太郎の心境の変化が現れてくる。ひでへの手紙は、取り調べ側が目を通すことを前提にかかれているので、書かれていることが彼の思っていたすべてではなく、意識的に語らなかった部分、また、改心していることを取り調べている側にわかってもらうために偽装されていた部分もあったろう。なによりも、書けないことの方が多かったにちがいない。

たとえば、四〇年七月一八日の手紙には、今後「私の事件についてはいっさい口外しないこと」「全国からくる通信にも問い合わせたり、答えたりもしないこと」と、全国的な関連を絶つことを「厳重に守っていただきたく、おねがいします」と書いている。(三―二六六)『愛するものたちへ』には、「これは秋田の加藤周四郎より、秋田県下の弾圧の様子を連絡してきたのを、ひでが俊太郎に手紙で知らせて叱られたことである。獄中にはこんなことを一切知らせてはいけないこと（14）」と注記がある。

俊太郎が獄中での心境を語り始めるのは、検挙より2ヶ月すぎた四〇年四月二日の手紙からである。「私ももう一切をあきらめて、新しい出発をのみ考えています。将来のことを考えてみると、不安な訓導生活を清算するにいい機会であったかもしれません。子供たちの将来もあるし、私は今、新しい希望だけが、頭のなかに去来しています。（略）

今まで残っていた古い思想のアカを、すっぽりぬいて、明るい光のなかへ、虫たちのように飛んでいきたい。そして虫たちの生活のように、のびのびと仕事がしたい。とこんなロマンチックな気持ちでいます」（三―二五七）

この手紙にある「私ももう一切をあきらめて、新しい出発をのみ考えています」は、自分が教師として学校で活動することは今の時局の中では困難だと考え、「訓導生活を清算するにいい機会」で、次からは別の仕事に就くことを「新しい出発」と表現していると読むことができる。問題は「古い思想のアカを、すっぽりぬいて」をどう読むかであろう。俊太郎は、検挙された後も、すぐに外に出られるとおもっていたのかもしれない。この時点では、調書も書ききっていない段階である。手紙が読まれることを予想して、まるごと反省していることを示し、早期に釈放されることを期待していたのかもいれない。

仏教思想への傾斜

三ヶ月後の四〇年七月一〇日の手紙には、前半は、子どもの健康について「この夏はくれぐれも気をつけて」としている。この日の手紙にはこれまでとちがった俊太郎の内面の変化があらわれている。あるいは、これまでも思っていたけれども書いていなかった内面をはじめて書いている。

「こんなことを考えると（子どもたちのことなど――筆者）一時も早く帰りたい気持ちになりますが、また考えてみますと、幾百万の人びとが家を離れ、しかも身命を捧げての戦いの庭を思うと、あまりにも浅ましい自分をとりもどすのです。

大いなるものを創り上げるために全国民が個我をささげて唯一筋に歩み進むときを思うとき、自分がこんな姿でいることが心苦しく思われてなりません。」そして、ひでには「国民学校の精神に一歩一歩ふみ近づき、尊い自覚に日々を生きぬく覚悟をうれしく拝見致しました」と書いている。（三ー二六四～二六五）

戦時体制下に自分たちの生活をあわせていかなければならないとする俊太郎の変化がでている。

この日の手紙でもっとも大きな変化は、俊太郎が仏教思想の学習をふかめており、その仏教思想に傾斜していることである。

「今よんでいる『仏教文学物語』（深浦正文著）の序文から「思えばもはや三十年にも余るむかし、荒れ果てた田舎の草庵で信仰篤き母は、綿つむぎの傍、早く父に離れた遺児に尊い経典の物語や読み方などをこまごま教えてくれました。」を紹介し、自分の心の変化をうちあけている。

「私はにじみあふるる涙を押さえて幾度かこの言葉をくり返しよんだことでしょう。この尊い母を考えたからです。これはたんなる著者の母としてだけでなく、今の世の母たちにこのような幾人があるでしょう。それはたんに経典物語や経典のよみ方を授け得る教養をいっているのではありません。小さい子どもたちの海綿のような心に『詩のように湛《たた》えられ』る信念を教え得る母の信仰心の強さをいっているのです。

これはまたたんに母だけの態度でなく、世の多くの教育にたずさわる人びとにもいえることです。自分の教えた子どもたちに国民的情熱を詩のように堪えることができた人びとは幾人あったでしょう。私はながい教壇生活をかえりみてざんきにたえぬ感情に襲われてしまうのであります」（三ー二六五）

＊湛ふ――あふれるほど満ち満ちる

俊太郎は、このあと、最近読んだ多くの宗教書などをあげて「宗教書は豊富にありますので、今までの自分の教養の不足を補正する意味で大いによむことに努力しています」とし、次のように書いている。「いずれも自分の生き方に新しい生命となり進路の光明となるものばかりです。十年ばかり前によんだ九条武子の『大いなるものの力にひかれゆく　わが足あとのおぼつかなしや』の歌がなにかの拍子に思い出されましたが、あたかも自分の生き方の方向が示されているかのように感じられます」（三一二六五）

俊太郎が、獄中で熱心に読んだと思われる深浦正文著『仏教文学物語』（東林書房）は、一九二九年に発行され、同年に二版、三版と発行されている。全体が五九四頁、注解をいれると六〇〇頁を超える大著である。仏教の経典がどのようにしてつくられたのかを詳しく触れた後、主要な経文の解説をわかりやすく書いたものである。仏教の知識は全くない著者にもなんとか理解できる。仏教の教えには、いくつもの有名な「比喩（寓話）」があり、その「寓話」のなかに、経文の教えが組み込まれていることをも知った。

俊太郎は、獄中での苦悩を「尊き仏心の聖泉」に癒しを求めて耐えていたのだろうか。全体の文脈からして、この手紙で書いている俊太郎の心情は正直なものであると読み取れる。その苦悶する心情を仏教のこころに安らぎを求めたのだろう。

四〇年八月七日の手紙には、調書もかき上げ、取り調べも一段落し、ほっとしている様子が書かれている。

「私もようやく取り調べの書き物も一応終わり、今日から心境をかいているところです。なんだかからだが急にゆったりしてつかれが出て来ました。からだの一つ一つの細胞まで洗濯したような軽やかな疲れです。この疲れがなおったら、また新しい仕事で活動されるのでしょう。それは、いつのことかわかりませんが、今から新しい姿勢を考えて仕事にぶつかることを思ったりしています」（三一二六七）

俊太郎は、釈放がそんなに遠くない時期におこなわれるという楽観的な心境でいる。しかし、四一年一二月の釈放までは、まだ一年数ヶ月も獄中生活を強いられたのである。

人間の「信」にもとづく知識とは

俊太郎の『著作集』に収録されている手紙は、四〇年八月七日から四一年五月まで飛んでいる。手紙が送られなかったのか、なんかの事情で書けなかったのか。紛失したのか。俊太郎の性分として、条件があれば手紙を書くことは楽しみでもあっただろうから、九ヶ月もの間手紙を書かなかったとはおもわれない。だとすると、外部との関係を絶たれたのか、紛失したのであろう。

四一年八月二日、牢につながれてから一年半がすぎ、俊太郎には大きな変化がおこっていた。

「お調べも最近は毎日のように出て、先週の火から昨日まで引きつづき休まず続けてくださり、もう二十回になりました」と取り調べが進行していることを報告している。そこからまた、心境について書いている。

「取り調べの方では、今まで自分の理論認識をもうしあげているのですが、いつも思うことは、それらの認識という知恵が、ただの知恵に過ぎず、人間の『信』の血にひたされていない、浅はかな、いわば、空理空論にすぎないことです。仏教の経典は、『知恵は自らその身を調《ととの》うものなり』といい、『道を失えるものは生けるも既に死せるなり』（以上阿含経）と教えていますが、自分のこれまでの知識が、己の身をととのえるものでなく、しかも道を失える死せるものであったように思われるのです。ことに国境を超えた知識の道というものの存在ができないことを自覚するときいっそう此の感を深くするのです」

（三―二六九、傍点——筆者）

この心境は、偽装でもなんでもなく、仏教の世界を学んだこの時期の俊太郎の正直な声であったろう。

この日の手紙には、もうひとつ重要なことが書いてあった。

「先般（七月七日夜）近衛総裁が講演（ラジオ）した斉昭紀中の大律部博麻の身売り話など書記に出てくる話で実に君民一体の例話としてすぐれたものとの感銘を与えるでしょう」（三─一二六九）

ここで俊太郎は、「君民一体」論を語っている。「君民一体」論は、俊太郎においては、三六年の日本精神文化研究所の講習に参加した時から受け入れていたのではないかと推察され、三七年からの学校教育のなかでも子どもたちにも日々教育勅語や修身を教えており、獄中での新たな変化ではなかったのかもしれない。

四一年九月三〇日の手紙では、これからのことを伝えている。

「世の中が新しい体制に生きかえろうとしているとき、自分も早く、生き生きと、社会のポストについて働きたいとしみじみ考えたりします。しかしすべてを時の流れに身をゆだねることのなかから、新しい生き方を探求しようと思っています。

『戦地の子供』が文部省推センになったということをききました。うれしいことです。喜びのたよりを私に代わって差し上げてください」（三─一二七二）

『戦地の子供』は、国分一太郎が中国にわたり、そこでの見聞をまとめたものである。[15] その本を俊太郎は読むことができたのだろうか。読めなかったのではないか。ただ、外に出て何か「社会のポストについて」仕事をしたいという願望がうかがえる。その際、「すべてを時の流れに身をゆだねることのなかから、新しい生き方を探求しよう」という心境に至っていた。

四一年一〇月二九日、俊太郎の心境である。

「美しい月の夜や、すがすがしいもやの朝など、どこまでもどこまでも歩いてみたいような心になりますが、そんなときには、じっと心を落ちつけて経典や聖人たちのお言葉にふれて、この小さな部屋でひとり感激したりしているのです。

――罪のあるなしの沙汰をせんよりは、信心をとりたるか、とらざるかの沙汰をいくたびもいくたびも

――信心さえうつくしく決意すれば、人はさておいて、まずは南無何弥陀仏

蓮如上人のお言葉ですが、なんと美しい強いお言葉でしょう。この信心ということばを、いろいろ考えますれば、今の自分にとって、まことに有り難い道を教えているわけです。こうした聖語にふれているとき、ほんとに目頭があつくなってくることもあります」(三―二七三)

信心することで自分をささえている俊太郎の心境がひしひしと伝わってくる。

この手紙で、もうひとつひでに書いてきていることがある。それは、「私は近頃、日本文学のなかで俳文学ほど宗教的に洗練されているものはないと思っています」(三―二七三)と書いていることである。そこで、童心《わらべこころ》との交わりを書いている。

「良寛のように、宗教的な境地と結びついては清らかな童心の世界にかえり『草の庵にねてもさめてももうすこと なみあぶだぶつ』という尊い世界に貧しさを客観しているのです」(三―二七四)

若き時代に熱中した童謡のなかの「童心」が「宗教的な境地」と結びついている。

四一年一一月二日、この日は、ひでに学校での取り組みの姿勢について助言している。

「新体制についても、遅れずに勉強していられることと存じますが、積極的に子どもの教育そのものについても、社会教育一般についても教養をつんでいてください。とにかく教育的タイプから脱却できぬ残存物をよく注視して新しい自己建設につとめてください。特に、新体制運動における婦人としての活動部面をよく協同で省察して、いい仕事を創造して実践するようにねがいます。ことに担任している少

女たちへの大きな国家意識からの教育計画を忘れぬように。新しい生活計画における小学校の家庭科などはやはり再吟味すべき多くの旧体制的体臭をもっているでしょうね。（三一一七五）

俊太郎は、ここでは「新体制運動」「国家意識からの教育計画」などを肯定的にすすめるよう書いている。ここでは、単に信心を大切にするというだけでなく、国民学校運動への協力という姿勢がうかがえる。

その手紙の中で、俊太郎は、ひでに次のように書き送っている。

「中条百合子の『朝の風』という作品をよんで、逞しい描写力にうたれました。この作品に流れている感情は、きっとお前にもかいてもらいたいと思いました」（三一一七五、傍点——筆者）

中条百合子『朝の風』は、当時、『社会評論』（一九四〇年一一月号）に発表された短編である。刑務所内で読むことができたのであろう。夫と離れて暮らす主人公の日常を描きながら、妹の初産にたちあい、その感動から自分の結婚して間もないころを思い出すものである。その自然、街の風景、人間とのかかわりの描写力に注目しているが、俊太郎はひでとの生活を思い起こしていたのだろう。そのことをひでに伝えたかったと思われる。

中条百合子は、三一年日本共産党に入党、翌年、文芸評論家で共産党員であった宮本顕治と結婚。顕治は三三年に検挙。百合子もたびたび検挙され、三六年に懲役二年執行猶予四年の判決を受けていた。こうした環境で発表することができた宮本百合子の作品を否定せず、共感している俊太郎は、この時局の中で戦っている彼女の生き方を肯定的に読んでいたのだろう。そして、自分とひでの運命をも重ねていたのかもしれない。

最後の「もうじき山形にかえれるかと思います。そして子どもたちの顔を早くみたいとしみじみ思います」に一年一〇ヶ月になろうとしている本音がにじみでている。

四一年一一月一〇日

「私の調べも六日だいたいひととおりきまり、もう一、二回で予審が終結となりましょう。終わったら保釈を願うつもりですが、お許しがあるかどうかは判然としません。ともあれ、それだけ進んだこと、気持ちが軽々となった感じです。今は、一日も早くきまって、私にできる力一杯の仕事をしたいと思います」(三—二七七)

俊太郎は、取り調べが一段落したことを伝え、気持ちが軽くなったことが伝わってくる。しかし、俊太郎が考えていた「力一杯の仕事」とはどのようなイメージだったのだろうか。心配にもなる。

四一年一一月二一日の手紙には、俊太郎の心境が語られている。

「からだもたいして弱りません。時たませき入ることもありますが、うがいとにんにくで押さえています。(略)これから取り調べを受けることになりますが、新しく恐ろしい気持ちがからだの底からこみ上げて来ます。すっぱり清算して新しい気持ちで、もう一度社会へ——このような荒々しい転換期のただなかの社会へ踏み出すのですが、それもいっそう恐ろしく感じます」(三—二七九)

「すっぱり清算して新しい気持ち」とは、これまでの学んできたこと、実践してきたことの「清算」なのか。「荒々しい転換期の社会」で自分がおこなう仕事とはどのようなものになるのかを考えると、つまりは戦争肯定に転じて積極的に仕事をすることに「恐ろしい気持ち」になったのだろう。「すっぱり清算して」とは言ったものの、複雑な思いが交差していたのだろう。

(3) ひでの返信にも時局に取り込まれた内容

四〇年三月九日　ひでは書いている。

「男の子三人を立派に育て、お国のために立派に役に立つ人間に育てたら、貴方の分まで御奉公できますよ。私はそうして明るく生きましょう。どんな目で見られようとも、長い将来を楽しみに生きます。おからだだけは大切にして元気でいて下さい[16]」

四〇年七月一六日　ひでは、山本有三が『主婦の友』に「ペンを折る」を公表し、『路傍の石』の執筆をやめたことを俊太郎に伝えている。このことは、俊太郎の出所後の身の振り方に重要な影響を与えたのかもしれない。

四〇年一〇月九日　ひで

「ラジオ講座の『支那文化史論』を買って読んでいます。この本はとてもいい本だと思いました。東亜建設の基本的な考え方を教えてくれました。漢民族の偉大な文化や生活力に驚かされ、この支那を導いて行かなければならない日本の新しい使命の困難さをしみじみ感じます。どんなに微力でありましても、国民の一人一人が自分の持っている力を精いっぱいにこの建設に捧げなければならないことを深く思っています[17]。」

ここには、夫を早く「返してもらいたい」ための偽装だけでなく、時局に引き込まれている姿がある。

四〇年一一月四日の手紙には、「海ゆかば」にたいするひでのコメントがある。

「(哲は)『海ゆかば』の歌、とても音程はむずかしいけど、ほとんど正しく歌います。哲は私の歌う歌はなんでもすぐおぼえられるのです。どんな場合にのぞんでも、従容として日本的な国民感情の中に死をも恐れないように育てたいと思います。永い日本の歴史を考え、また私の父の時代から私の体験した短い現在を考えるとき、私は今からこのことを考えて子どもたちがその場にのぞんでも雄々しく行動することが出来るようにと、祈らざるを得ません。あなたのことにしても、国家が一大飛躍するときの一つの犠牲ではないでしょうか？　私はあの悲壮な『海ゆかば[18]』を歌いながら子どもたちを育て、あなたのことを考えて生活していきます。これが私の身をもって歴史を体験している姿です。

私は、子どもたちがどこで死のうと、この歌を歌わなければならない自分であることをひしひしと感じています。（略）この精神のできないうちは、新体制の精神的な土台はむずかしいと思われます[19]」

さらに、「あなたのような方々も、この新秩序の建設に早くお役にたって働いてくれるようにと祈らずにはいられません。それは自分の夫であるあなたということばかりでなく、一人の同僚としてもそう考えています。明かるく社会にでて働けるあなたを待っています」と俊太郎に語っている[20]。

四一年一二月八日は、真珠湾攻撃があった日である。次の日の一二月九日、ひでが書いた手紙である。

「日本の輝かしい勝利の中でどんなお考えでいらっしゃるでしょう。『醜の御たてとなる』感激を、今こそ深くお感じになっていらっしゃることと信じ、一日も早く再起奉公が出来る日を祈っています。

あなたのお考えの中には、いつも日本的なものが流れて居ったことを私は信じています。それが、ただ、あなたの思想のために姿をかくしておっただけではなかったか。そんなことを考えています。あれほど日本の古典を好み、文学を愛した貴方ですもの。私は日本人として最もよく生きられる力をひそめていることを考えて、貴方が日本人として立派に生きかえることを信ずるのです。私たちのようなものまで、この輝かしい感激の前にひれふし、大君の御楯となるよろこびを胸深く感じ奉公の誠を捧げて居ます。この中に本当の日本人として生まれかわった貴方を私は胸に描いています[21]」

日本中が戦勝にわきあがる雰囲気の中で、ひでもまた「私たちのようなものまで、この輝かしい感激の前にひれふし、大君の御楯となるよろこびを胸深く感じ奉公の誠を捧げて居ます」という思いの中に取り込まれてしまっていたのだろうか。それとも、俊太郎を一日でも早く出獄させたいという思いからの文章だったのだろうか。前者だったのではないだろうか。

3　権力の弾圧と俊太郎の心境の変化をどうみるか

(1) 俊太郎の予審終結決定と権力の生活教育運動認識

俊太郎の予審終結決定

俊太郎への取り調べが一段落し、「予審終結決定」が出されるのが、四一年一二月二九日である。俊太郎の「予審終結決定」(以下「決定」とする)の主文は、「本件ヲ山形地方裁判所ノ公判ニ付ス」となっている。取り調べがすんで、今後は裁判所での審査おくりになることを決定した文書である。

「決定」は、俊太郎の経歴のなかから、昭和五年ごろより「共産主義ヲ信奉スルニ至リ」、教労組織にかかわって一度治安維持法違反に問われ、「起訴猶予処分ニ付セラレ懲戒免職処分ヲ受ケ」たことを指摘している。そして、一九三七年に復職したが、その後も「共産主義思想ヨリ脱却スルコトヲ得ス依然之ヲ信奉シ」次のような治安維持法違反の行為をおこなったとされている。

「教育文芸等ノ分野ニ於テ公式的極左方針ヲ排シ巧ニ合法ヲ擬装シテ反『ファシズム』ヲ基調トスル文化運動ヲ広汎ニ展開スルト共ニ自ラ教壇上ヨリ之ヲ実践シテ教員及児童等ノ左翼的意識ノ啓蒙ヲ図リ革命運動ノ素地ヲ開拓スルコトヲ以テ最モ時宜ニ適シタル運動方法ナリト思惟シ該運動ヲ通シテ前記而結社ノ目的達成ニ資センコトヲ企テ」

以下、六点にわたり罪状をあげている。

第一は、「文学ニ於ケル『プロレタリアリアリズム』ノ方法ヲ『マルクス』主義児童教育論トノ関係ニ於テ教壇上ニ導入具体化スヘク提唱シ居リタル所謂『プロレタリアリアリズム』的生活綴方教育論ヲ支持シ自ラモ之ヲ一般教育界ニ紹介シテ実践」した。その生活綴方実践によって「農村ニ於ケル綴方教育ノ任務ハ究極ニ於テ『プロレタリアート』ノ同盟タルヘキ革命的農民ヲ育成スヘキ生活指導ナル旨ヲ示シテ読者大衆ノ左翼的啓蒙ニ努メ」たこと。

第二は、北日本国語連盟の組織に協力し、「佐々木太一郎、加藤周四郎、鈴木銀一等ト共同シテ同連盟ノ名ヲ以テ『北方性と其ノ指導理論』ト題スル前記北方性教育運動ノ指導理論ヲ蘭名セル論文ヲ各寄稿掲載セシメ」たこと、及び、山形において山形国語日曜会を結成したことがあげられている。同時に、「日刊山形」や各種教育雑誌に論文を公表し、さらに、「啓文社ヨリ『生活童詩の理論と実践』なる各単行本ヲ出版シテ北方性教育運動及之ニ関連セルプロレタリアリアリズム的生活綴方教育論ヲ展開シ以テ北日本国語教育連盟員、山形国語日曜会会員及一般大衆ノ左翼的啓蒙ニ努メ」たことがあげられている。

第三は、「雑誌『生活学校』ニ拠リ児童教育ノ分野ニ於テ『マルクス』主義ノ観点ニ立チ児童ニ対シ其ノ現実生活ニ即シ自発的ニ資本主義社会ノ矛盾ヲ認識批判セシメ階級意識ヲ啓培シ生活意欲、生産技能、共同精神等ヲ涵養シ以テ資本主義社会ノ変革社会主義社会ノ建設ニ寄与スヘキ人物ヲ育成スルコトヲ目的トスル所謂生活主義教育理論ヲ展開スルヤ之ヲ支持シ」「同誌ヲ中心トシテ寄稿其ノ他文通ニ依リ相互意識ノ昂揚ヲ図ルト共ニ同理論ノ普及浸透ニ努メタル」ことによる。

第四は、一九三八年八月の『生活学校』誌廃刊後も「引続キ生活主義的教育運動ヲ展開センコトヲ企テ」、一九三八年八月四日よし、法政大学で開かれた「教育科学研究協議会ニ出席シ会員約三百名ニ対シ『小都市に於ける学級経営私観』ト題シ山形市ノ地域的特殊性ヲ社会科学的ニ分析シソレヨリ必然セラルヘキ生活主義教育ノ具体的学級経営方針ヲ発表シテ出席会員ノ左翼的啓蒙ニ努メ、（略）教育科学研究会ノ結成ニ協力スル等諸般ノ活動ヲ」行ったこと。

第五は、一九三七年四月より「山形市第八尋常高等小学校訓導トシテ同校男女五年組昭和十三年四月ヨリ同六年組ヲ担任」したが、その時期において「前記生活主義教育理論ニ基キ読方、綴方、歴史等ノ各教科ヲ通シテ児童ノ初歩的啓蒙ニ努メ」たことである。とりわけ、次のような実践活動が治安維持法に違反するとされている。

「昭和十二年五月頃ヨリ昭和十三年九月頃迄ノ間其ノ受持男女五、六年組児童ヲシテ将来プロレタリア革命運動者トシテ成長セシムヘキ期待ノ下ニ民主主義的自治教育ヲ通シテ其ノ自主性、創意性ヲ養成スヘク児童自ラノ集団的編集印刷ニ依ル教室新聞「学級文化」「学級新聞」及児童文集「教室文化」ヲ作成発行セシメ又学級自治会ヲ開催シテ学級内ニ生起スル諸問題ノ自主的、集団的、創意的解決ヲ為サシムル等諸般ノ自治訓練ヲ為シ」

第六は、俊太郎の詩歌に関してである。一九三二年から三七年ごろまでの間、「プロレタリア文芸方面ニ於ケル大衆ノ左翼思想啓蒙ニ資スヘク東京市所在白日社発行「詩歌」ニ「全農万歳 ―― 深く刻まれたこの落書から迫ってくるもの」「耳をすましてきけ ――農村一様に湧きおこっているもの俺達の鉄の意志」等合計十八首ノプロレタリア自由律短歌ヲ執筆寄稿している。そこで、「一般大衆ニ対シプロレタリア革命ヘノ熱情ヲ扇動シ或ハ階級意識ヲ鼓吹スル等諸般ノ教育文化活動ヲ広汎ニ展開」している。[22]

以上の六点の事実によって、「決定」は、『コムンテルン』や日本共産党の「目的遂行ノ為ニスル行為ヲ為シタルモノナリ」とする結論が導き出している。

文部省教学局は、一九四三年、「生活主義教育運動の概観」をまとめている。それによれば、教員の共産主義運動として、「教労」運動を出発点としてあげ、その弾圧の後に、昭和四、五年ころより秋田において北方性教育が提唱され、「東北地方の冷害凶作のあった昭和九年頃より山形県村山俊太郎(思想犯前歴者)、秋田県佐々木太一郎、加藤周四郎、宮城県鈴木銀一等の国民学校教師等は、此の東北の疲弊は自然的現象に因るものではない」とし、「東北地方の地域的特殊性の現実を直視しマルクス主義的観点に立って之を分析し而して東北の児童をしてプロレタリートの同盟者たるべき革命的農民に育成すべくプロレタリアリアリズム的生活綴方に依って指導して行くのが進歩的教員たる者の任務であると主張し、かくて『北方性教育運動』を活発化するに至った[23]」

(2) 筆を絶つ

俊太郎は、一九四一年一二月三一日、山形刑務所より保釈金五〇円で出獄し、なつかしい家族のもとに帰ることができた。保釈にあたっては、「当時の山形市市長大沼保吉、弁護士大内有恒のなみなみならぬ尽力があった」と三巻の「解説」は、のべている。街は『大東亜戦争』の一時の勝利に酔っていた。

その後、俊太郎は、筆を絶っている。共感していた山本有三の「ペンを折る」に何らかの影響を受けたのではないだろうか。少し長くなるが引用してみよう。

「(略) ふり返ってみると、わたくしが『路傍の石』の想を構えたのは、昭和十一年のことであって、こんどの欧州大戦はさておき、日華事変さえ予想されなかった時代の事であります。本誌の好意によって『新路傍の石』を書きだした時でも、なお今日のような、けわしい時勢ではありませんでした。しかし、ただ今では、ご承知のとおり、容易ならない時局に当面しております。従って、事変以前に構想した主題をもって、そのまま書き続けることは、さまざまな点において、めんどうをひき起こしがちです。もちろん、その作そのものが、国策に反するものではないことは、わたくしは確信をもって断言いたし

ます。（略）

しかし、日一日と統制の強化されつつある今日の時代では、それをそのまま書こうとすると、特に、――これからの部分においては、不幸な事態をひき起こしすいのです。その不幸を避けようとして、いわゆる時代の線にそうように書こうとすると、いきおい、わたくしは途中から筆を曲げなければなりません。けれども、筆を曲げて書く勇気は、わたくしにはありません。自分の作品に忠ならんとすれば、時代の認識に、遠ざかるかのごときうらみを残し、時代の認識に調子を合わせようとすれば、ゆがんだかたちのものを書かなければなりません。そうとすれば、わたくしは断然、自分のペンを折る以外に、道はないのであります。[24]」

ここまで、獄中からの手紙に沿って俊太郎の心境について詳しくのべてきた。それらの手紙を丁寧に読んでくると、俊太郎の意識・心境の変化を明瞭に読むことができる。

ひでは、七六年に、俊太郎との往復書簡を『愛するものたちへ』として出版するにあたり、長い手記を載せているが、そこで、次のような証言をしている。

「こうした日記と獄中への手紙を読みかえしてみると、獄中への手紙は私たちの真実を書けないもどかしさ、そのもどかしさの中でもせいいっぱい真実を求めて書き合っていることを感じる。（略）この手紙は検閲され、開封されることを覚悟して書かなければならない性格をもっていた。（略）村山の手紙は、非常に屈折していて、或る時は宗教に傾いて書き、或るときは、日本精神に傾き、そして次第に真実を書けなくなってゆくのが、私には身を切られるように感じられていたましい限りでした[25]」

そして、「私の手紙もまた侵略戦争の進展してゆくなかで、戦争協力にのめりこんでいく姿をはっきりと見ることができる」と自分の戦争肯定を率直に書いており、俊太郎についても、「それにしても、人間の思想は、国家権力の圧力の中では、少しずつ少しずつ変質されていった姿をここに見て、つらくかなしく、そして恐ろしい[26]」と振り返っている。

獄中での過酷な生活の中で、冷血な取り調べが行われ、病に侵された中での俊太郎の精神的葛藤はいかばかりであったろうか。俊太郎の心境の変節は、これまで消極的にしか扱われてこなかったが、「変質」の意味を検証する課題が残されている。

4 出獄 ——教え子たちとの交流——

一九四一年四月、ひでは山口村尋常高等小学校に転勤。家族は俊太郎の実家のある山口村原崎に転居。長男宏は、同年四月、山口村国民学校に入学した。

ひでは、一九四五年一〇月二一日「山形新聞」のインタビューに次のように答えている。

「一六年暮保護出獄になって出てきた時など十八貫(約六七キロ)あった体重が十三(約四九キロ)貫に痩せ、あんなに元気であった主人も小さなトランク一つ持てぬ程になっていました。雪の中主人は実家(山口村原崎《ばらざき》)にも帰れず東根の私の実家に落着いたのもそのときです。」

俊太郎が帰ってきたときのことを、後に、長男宏がかいた「父帰る」がのこされている。

治安維持法で検挙された家族が、地域でどのようにみられており、差別されたかが語られている。宏は、俊太郎が保釈されて帰った時、国民学校の一年生であった。「父帰る」は、『北方のともしび』(一九五七年)に収録されていることから、編集委員会から依頼されて書いたものと思われる。宏、二二歳のころである。

父帰る（思い出の中から）

村山　宏

父がぼくの前にあらわれて来たのは、小学校に入った寒い冬休みの朝でした。いつごろ、どうして、ぼくたちの家から、どこにいったのかさえ、少しも知らないぼくと弟たちでしたから、寒い大雪の降った東根に帰る父を、家の前を通り過ぎる人達の雪をふきしむ音をかぞえては待っていました。

毎晩一つのアンカンを囲んで聞かされる母からの父のことは「えらい学校の先生になるため、東京に勉強にいった」と、いうことだけでしたから、えらい学校の先生を父にもつぼくたちの心は、はずんでいました。でもいつの日だったかおこった事件について、ひそかに小さい頭は、考えることがありました。というのは、家の前でパンクしたのか、スリップしたのか、大きな石炭のたわらを山ほど積んだ貨物自動車を見ていた、ぼくと弟は、父を知っているという運転手さんにこんなことばをかけられました。

「おまえのとうちゃん、どこさえだや」

ぼくは大きな声で

「おらえのとうちゃんか――とうきょうさべんきょすえいった」

赤い顔にヒゲの黒かった運転手さんは、こんなことを言ってにやにや笑ったのでした。

「おまえのとうちゃんな――あかいこすまぎして、あみかぶてべんきょうだべな」

夕はんのとき、母にむかって語った新しい父のイメージを、母は、はげしいことばでさえぎりました。

ぼくは涙をうかべて母にすがりつきましたが、なんだか、母に対して、すまないように思われてなりませんでした。

「おまえのとうちゃん、あかいこすまぎしてあみかぶて、べんきょうしてえんなだがや」と、小さい声で聞いてみましたが、母は泣いていました。ぼくも、母にすがってみんな泣きました。

そんなじめじめした日からどのくらいたったでしょうか。

いよいよ父の手に頭をさわってもらえる喜びと、何か買ってもらえるという小さい欲望の喜びは、とてもすばらしいものでした。

「ぼくには本だべね」

「おれに、自動車か、グライダーだね」

とおみやげのはなしをしているうちにねむってしまったぼくたちは、次の朝、ざらざらした父のヒゲに、ちいさいからだをこわばらせながら、よく知らぬ父にじっと床の中で抱かれていました。ぼくは、父の顔をじっとみつめました。いつかの運転手さんよりもっともっと黒いヒゲがのどの下までいっぱいでした。そっと、手をのばしてさわってみましたが、とても痛いヒゲでした。

遠い東京からこんな寒い中を帰ってきたので風邪をひいたのかもしれないー。ぼくは安心しました。

父のおみやげは、絵本でも、グライダーでもなく、腰にさす白木の日本刀三本と、桃太郎のお面だけでした。

ひろげられている大きなトランクの中から、三、四枚の衣類がとびだしているだけです。(27)


これまでは、俊太郎は保釈後、終戦まで健康上の理由で入獄を延期し続ける。特高警察の監視下で静養とされていた。俊太郎が釈放後、何を考えていたのか内面を探り当てることは、筆を絶った俊太郎にはその後の内面的精神を示すうえで、書き残された資料はなかった。

今回の執筆過程で、保釈されたあとに書き記したと思われるノートが見つかった。それは、検挙される前に使っていた山形市第八尋常高等小学校の一九三九年度の『授業日案』で、それを自分のノートに使うことにしたのだろう。一二月三一日に保釈されて帰ってきた俊太郎は、新年から『授業日案』をノートに書き記している。

最初に頁に親鸞上人、蓮如上人の短歌が並ぶ。

親鸞上人

ほほえみてこれなほ師教の思致ぞと遠流の旅に出で立ちにけり

蓮如上人

わらじの緒足にくいこめば　ありがたきみだのめぐみと微笑み給う

如来は光明なり　光明は智慧なり
智慧はひかりのかたちなり――一念多念證文《しょうぶん》――

信の一念　行の一念　ふたつねれども
信をはなれたる行もなし、行の一念をはなれたる信のいちねんもなし
――末燈抄――

○

信を得ている人の和やかさは

明るい光である
うつくしく　輝いている自然の光！
究りのない光
無碍光なり
そは仏の光であり
如来であり
私のもとめる人の世の知恵である

――昭和17年　新春――

＊證《しょう》――「証」の旧字体、真実であることの証明、さとり
＊無碍《むげ》――とらわれがなく、自由自在なこと

獄中で仏教に傾斜して生きる指針にしてきたことを、新年にあたってこれからの生き方の指針にしようとしたのであろう。（残念ながら、私には、その意味するところは、無学で理解できない）

ノートには、短歌が三〇首ほどきれいに清書されている。短歌の最初は「所感」とされ三首書き記されている。

所感
大いなるもののおん手にすがりつつ
　生きんとぞ思う罪ふかいわれは

たまゆらの空しきかげをふみやぶり
　心しずかにみこえいただく
＊たまゆら（玉響）――ほんのしばらくのあいだ。一瞬。

掌あわしてみ仏をおもう眼《まなこ》とじて
　たらちねをおもうおのれをおもう

保釈され、これからどう生きるかを自分に言い聞かせているかのようなことばである。
俊太郎は仮住まいの自宅に帰ってきた。一月の山形は真冬だ。

ふゆ空に　軍用飛行機の音たかし　スキーのる子等はそら仰ぎたり
ひさびさに　街に出づれば　鈴ならし　馬橇来れるに道よけにけり

春から夏にかけて、保釈後の俊太郎の心境と家族との生活が垣間見られる。

しぐれする川辺の家は暁の　川音たかければさわやかにさめつ
まむかいの山の新緑の明るさに　こえはすみたり閑古鳥なく
まはだかに水にひたりて川魚とる　子らはひねもす思いなからむ
雨そそぎ伏す山吹の花のもと　でんでん虫をさがす子どもら
茄子つくりすと苗を手植えてわが妻は　竈《かまど》の灰をとりかけにけり
はやもなれる茄子のひとつに喜びて　水をかけ居り妻と子どもら

結核の病は一進一退であったが、家族とともにする生活のなかでやすらぎを感じる俊太郎がいた。一九四一年長男宏、四二年に次男哲が山口村国民学校に入学している。俊太郎は、その宏と哲のために童謡などを書き留めたり、自分でも作って書き留めている。

保釈後の教え子たちとの交流

四一年一二月三一日に保釈されて家に帰った俊太郎を、正月の二日には、金子静江は、母と一緒に訪ねている。まだ治安維持法が厳しく「思想犯」を取り締まり、保釈されても監視下におかれていた俊太郎を訪ねることは勇気のいる行動だったに違いない。教え子たちが訪ねてきたのはこの時期である。

教え子であった草苅マサはその時の様子を次のように語ってくれた。

三七年（昭和一二年）・三八年（昭和一三年）に尋常小学校の五・六年と担任してもらい三九年三月に卒業しました。卒業して三九年四月からは一年生を担任していました。弟の和司を受けもってもらいました。そして、一年生を担任していた四〇年の二月に検挙されたのです。

私たちは金子さんと女学校には行かなかったので高等科にいましたが、先生が検挙されたと言うことは学校では分からなかった。弟の和司は先生は休みだったといっていました。最初は分からなかったが、そのうちに少し分かってきました。私と金子は高等科にいたので、いろいろ話し、他の先生に「なんで村山先生がいなくなったのか」を聞いたが教えてくれませんでした。「アカだったんだと」とうわさがたっていた。高等科の担任の先生は私たち（金子さん）に冷たかった。

多分、警察から戻ってこられてから、金子さん宅に私の名前と二人宛に「家にいる」というはがきをもらった記憶があります。寒い日でした。燈火管制があり、金子さんが夜私の家にはがきを持ってきました。金子さんの家の人が、はがきを夜持っていけと言っていました。警察から戻ってきたとは書いてはなかったですが、「家にいます、遊びに来てください」と書いてありました。真っ暗ななかで金子さんと二人で泣きました。私は泣かない方だったのにその時は泣きました。

二・三日後に、二人で先生を訪ねていきました。先生はとてもやせていて、おにぎり先生とあだ名があったほど丸々とした姿ではありませんでした。

そのあと、いろんな方が訪ねていったと思います。私たち教え子が村山先生を訪ねていこうとしても、今思うと親たちは「いくな」と止めませんでした。そして、帰ってくるとどうだったときいてくれた。

金子静江の手紙（四五年三月五日）には次のような回想部分がある。

「（略）むかしの手紙などをいじっている中に、先生のペン書きの封筒を見つけました。三つ揃ってあるのでいつ頂いたものかと、うらを見ましたら、先生が十七年の暮、山口村へおかえりになられたときの便りと、正月の二日だったか母ちゃんと私で原崎へ尋ねて行った時のお返事と東根にいらして、私と佐々木さんに遊びに来いと書かれたお手紙なのでした（以下略）」（正月二日とは一九四三年のこととおもわれるが、その時訪ねたのは東根で原崎ではなかった――筆者）

四二年四月、一家は、山口村原崎から同じ村の川原子に転居する。兄、哲の記憶によれば、二階建ての大きなしっかりした家であった。二階に俊太郎が休んでおり、一階では子どもたちがすもうをとって遊べる広さがあった。さらに一家は四四年の四月に同じ川原子内の小屋を改修したみすぼらしい家に転居している。俊太郎は、終戦までそこで療養していた。

俊太郎は家族とともにある安らぎを歌に詠んでいる。

うつそみのわが病みをればわが子らは川魚とり来てわれにたべさす
いろのよき大輪の花開きたり吾子育てし朝顔の花　（三一－二九〇）

教え子や同僚の訪問が俊太郎の生活にどんなになごみをあたえたことだろう。
時代の教え子や同僚であった椰野榮造らがたびたび訪れて、河原に下りて、芋煮会などをやっている。
草苅マサは、「天童の河原子に行きましたね。何度も行きました」とかたっている。また、第八小学校
その時期にも、教え子たちは、何度か訪ねてきて、俊太郎と話し、長男宏や哲と一緒に遊んでいる。

士郎登場

筆者である村山士郎は、一九四四年六月一一日に四男として誕生した。著者は先に紹介した川原子の大きな家で生まれたことが、この間の聞き取りでようやくわかった。『著作集三巻』の戦前編の最後に「士郎の歌」が収めてある。士郎の登場である。

士郎の歌　初誕生日を迎えて（昭和二十年）

初夏のあら草花のしろじろと咲きいでて吾子すこやかにあり
柿若葉日に日に色のまさりゆくひかりをあびて吾子伸びてゆく
幼子は天に顔むけ手をあげて爆音おいつつ眼光らせて

おのが指乳房がわりに吸いにつついねし吾子に柿若葉かぜ
幼子は畳の上をはいそめぬつかれて泣くかき抱きけり
春陽さすあらき筵《むしろ》におさなごとはらばいていて蟻とあそびぬ　（三－二九一）

そこには、病で床に伏していた俊太郎が士郎の日々成長する生きる力にはげまされる穏やかな日常があった。

〈注〉
（1）村山ひで『明けない夜はない』（労働旬報社、一九六九年、四四頁）
（2）ひでの日記は、四〇年二月六日から四〇年六月までのものが残されている。村山ひで『愛するものたちへ――獄中への手紙・日記――』（新生出版、一九七六年）五～六頁
（3）前掲書、四頁
（4）前掲書、二七～二八頁。文中、田中は、田中新治。
（5）同前、三〇頁
（6）前掲『開けない夜はない』、四七頁
（7）前掲書、四四頁
（8）中澤俊輔著『治安維持法』（中公新書、二〇一二年）一六九～一八一頁参照
（9）清野高堂『風雪を越えて』（一九九六年）九一頁
（10）同前、九二～九三頁
（11）前掲『愛するものたちへ』、二三四頁

(12) 清野前掲書、九六～九七頁
(13) 同前、九六頁
(14) 前掲『愛するものたちへ』、一一三頁
(15) 国分一太郎は、年表によれば、三八年『教室の記録』の内容により教職を免ぜられる。三九年一月（三九年一〇月まで）に南支派遣軍報道部員として広東にわたり、「宣撫」の仕事に従事する。「宣撫」とは、辞書によれば、占領地域の住民に占領政策を理解させて人心を安定させることである。戦地での見分、観察、経験をルポルタージュ風に子ども向けの読み物として『戦地の子供』（四〇年六月）を出版する。

津田道夫は、「『戦地の子供』について、「おだやかな語り口ではあるが、『東亜新秩序建設』の建前を子供向けに解説しているのだ。国分は、こういうイデオロギー的前提のもとに、広東の子供たちの生きざまを観察し、レポートしている」（津田本二四六）と評している。あるいは、『戦地の子供』には、「国分固有のヒューマニズムの脈打ちを感得することができる」が、「侵略者の銃剣にかこいこまれたところの無自覚な傲慢さが、（略）ベッタリと付着している」（津田道夫『国分一太郎』、社会評論社、二〇一〇年、二五七～二五八頁）と書いている。

四一年五月に刊行した国分の『外国権益』は、やはり戦地で執筆されたものとされているいくつかの作品を収録したものである。津田は、そこで「前面に登場してきているのが、日常生活のなかにまでしみ透ってきた『聖戦イデオロギー』なのである。」（同前、二六七頁）と評し、次のように総括している。

「国分における『教労からの転向』『政治運動からの転向』について、（略）これをいわば第一段階の転向といえた。これにたいして、状況の悪化のなかで国分は徐々に、転向第二段階を閲《けみ》しつつ（経過

しつつ――著者）あったが、それは、『国策への転向』ということであった。」（同前、二七七頁）

(16) 前掲『愛するものたちへ』、五二頁

(17) 同前、一三三頁

(18)「海ゆかば」の歌詞は次のようなものである。

　海《うみ》行《ゆ》かば　水漬く屍《かばね》
　山行かば　草生す屍
　大君の　辺《へ》にこそ死なめ
　かへりみはせじ

詞は万葉集にある大伴家持の歌から採られている。意味は、以下のようである。

海で（戦いに）ゆくなら、水に漬かる屍ともなろう。
山野を（戦いに）ゆくなら、草の生える屍ともなろう。
天皇のおそばにこの命を投げ出してもけして後悔はしない。

ひでが「海ゆかば」を肯定的に取り上げ、「私は、子どもたちがどこで死のうと、この歌を歌わなければならない自分であることをひしひしと感じています」と書いていることをどう読むか。ひでの心境も大きく揺らいでいた。

(19) 前掲『愛するものたちへ』、一三九頁

(20) 同前、一四一～一四二頁

(21) 前掲『愛するものたちへ』、一九〇頁

(22)『思想月報』九一号（昭和一七年一・二月号）、七四～八二頁。『思想月報』は、一九七二年六月文

生書院から復刻。

(23) 文部省教学局「生活主義教育運動の概観」一九四三年、二〇八頁

(24) 山本有三「ペンを折る」(一九四〇年六月二〇日)『定本版・山本有三全集九巻』新潮社版、三五五頁

(25) 前掲『愛するものたちへ』、二二七頁

(26) 同前、二二八頁

(27) 村山俊太郎『北方のともしび』(山形県児童文化研究会、一九五七年)二三七〜二三八頁

第六章
戦後、激動の時代を生きぬいた俊太郎

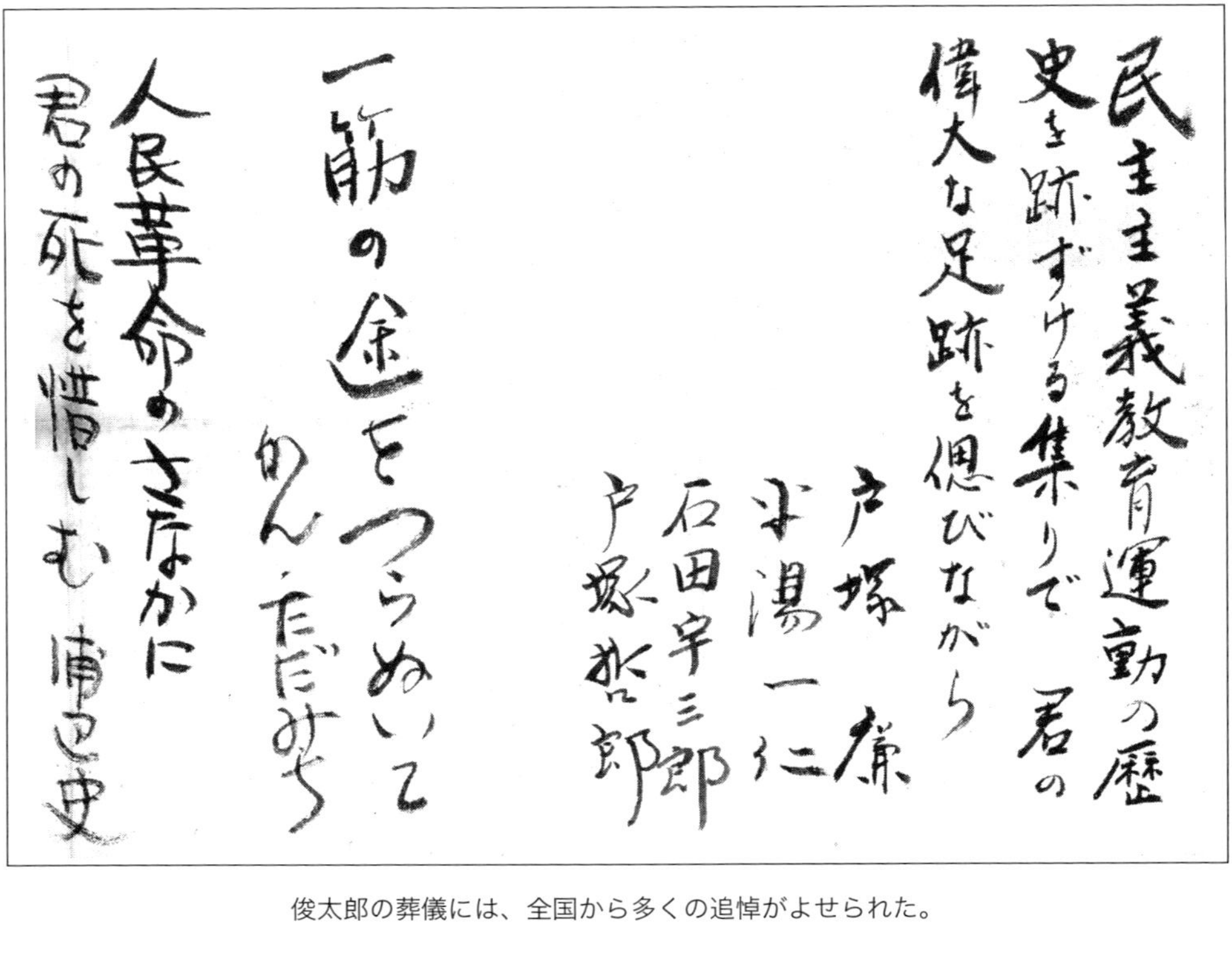

俊太郎の葬儀には、全国から多くの追悼がよせられた。

1　敗戦と教育文化再建構想

（1）戦後の解放感と初期教育民主化構想

一九四五年八月一四日、日本はポツダム宣言を受諾、翌一五日、天皇の終戦詔勅放送が流れた。俊太郎は、敗戦のニュースを北村山郡山口村（現天童市）川原子で聞いた。妻ひでは、八月一五日のことを次のように書いている。

「天童市から仙台に通ずる関山街道に面した、（略）川原子という部落のそまつな小屋で私たちは終戦をむかえた。（略）

夫俊太郎が生活綴り方事件で投獄され、そのため結核の病床につき、行けども、行けども果てしない暗やみの戦争の中で生きてきた私たちに、その苦しみの根元である強大な天皇制の権力がどっとくずれ、一度に太陽がさんさんと照り輝いた八月一五日であった。（略）その夜、村山が、暗いが管制のとかれた電燈のもとで、ゆっくりと宏たちをいとおしみながら、『今度は、父ちゃんの病気もよくなるよ、もう戦争はやめたからな』といった」[1]

その日のことを、俊太郎は、一年後「あの日この日」（『山形新聞』四六年八月一五日）で次のように回想している。

「ああ、重苦しい曇天のまひる。ラジオの金属的なひびきの前に病みつかれたからだを緊張させ、ともすればバラバラになりそうな感情のゆるみを意識していた。予想していた終戦のざわめき。敗戦意識をのりこえて、ぐんぐん進んでいく新しい感情のたかまりを意識しながら『生きるんだ！』と床にうつぶして涙をのんだことだった。

神風はとうとうおとずれなかった。幾日も訓練した竹槍も役に立たなかった。そして私が何よりもホッとしたのは人間爆弾の必要がなくなったことへの感情だった」（三―四〇二）

俊太郎の周辺は、八月一五日以降一変し、多くの旧友、教え子、報道関係者、出版社たちとの関係が復活し、川原子の自宅を訪問する人も増えた。それを物語る、この時期に俊太郎へ届いた多くの手紙が残されている。

戦後、文部省が、日本の教育の今後の在り方を示そうとしたのは「新日本建設の教育方針」（四五・九・一五）である。そこでは、「今後ノ教育ハ、益々国体ノ護持ニ努ムルト共ニ、軍国的思想及施策ヲ払拭シ、平和国家ノ建設ヲ」を目標にして、「決戦教育ノ体勢タル学徒隊ノ組織ヲ廃シ、戦時的教育訓練ヲ一掃シテ、平常ノ教科教授ニ復帰スルト共ニ、学校ニ於ケル軍事教育ハ之ヲ全廃」することを指示した（読みやすくするために句読点を入れた）。この文部省の方針は、戦時教育の一掃を掲げながらも国体の護持を保ったままでの平和国家建設を示していた。

俊太郎が戦後再び公の前に姿を見せたのは、『山形新聞』四五年一〇月二一日である。「県最後の左翼史飾る　思い出の教壇闘争　今は病床に　天日仰ぐ村山氏」として、俊太郎とひでのインタビュー記事を六段抜きで報じている。

記事は、冒頭、「村山俊太郎（四二）氏は国内の民主主義化が約束されたいま、恩赦の喜びに浸る一人である。かつて氏は市内における最も優秀な初等教育者の一人であった」と書き出し、二度にわたる検挙を紹介している。俊太郎は、検挙、獄中のことを「北方性教育の問題にしろ、自分の著述にしろ、その中に共産主義的な主張はなにもなかった。官憲にはただ自分等の進歩的な自由な（略）態度が気に入らなかったのです。（略）米沢刑務所にいたとき遂に肺をやられ、身体を考えるとき止むなく妥協して生きるより途はなかった。」と回顧している。そして、保釈後、戦後の状況について次のように語っている。

「病に打ちひしがれようと空爆があろうとも学への情熱は失うまいと子供等と誓い合ってきました。日本の教育界始め各方面が余りにも情勢順応的であり、学を忘れ、良心を失って来たのです。今民主主義を受け入れるに当たってても何の良心的な反省もなくただ押しつけるままに急いでこれに食い付く人々が多い。アメリカ化しなければならぬと云われると、もう日本の風土、気候、それを基いた民族性に根ざす日本文化というものに一顧だに払おうとしない有様です。もっともっと深い考察と批判と反省が必要だと思う。（略）若しも健康が許すならば軍国主義に凝り固まって沈滞し切った県教育界の改革に積極的に参加したいのですが、最後に今後我々が如何に思想を異にしようともお互いに人間の温かさだけは過去の体験に徴《しる》して飽くまでも失いたくないものだと思います」

この記事には、妻ひでの談話ものっている。

「（略）この時代まで生かして置いて良かったと思います。主人は唯一筋に生きぬ抜いてきました。一六年暮保護出獄になって出てきた時など十八貫（約六七キロ）あった体重が十三貫（約四九キロ）に痩せ、あんなに元気であった主人も小さなトランク一つ持てぬ程になっていました。雪の中主人は実家（山口村原崎《ばらざき》）にも帰れず東根の私の実家に落着いたのもその時です。（略）凡ゆる学を研究し蓋《おお》したいという態度で『不平を云うことや過去に執着することは真理探求者のすべきことではない』と云って誰も怨まず、ささやかながら五人の子供と共に明るく生きて来ました。主人など大した主義者ではなかったのですけれど、それでも無智な人々から罵言を浴せられたり、色々辛いこともありました。それにしても本当に主人を生かして置いて良かったと思います」

俊太郎が「如何に思想を異にしようともお互いに人間の温かさだけは失いたくないもの」と語り、ひでが「無智な人びとから罵言を浴びせられたり、いろいろ辛いこともありました」と語っていることには、差別を受けてきた二人の本音があらわれていたのだろう。

「新教育の構想」

俊太郎『著作集』で見る限り、戦後の最初に教育についての全体的な考えを示したのは、「新教育の構想」（一九四五年）である。「新教育の構想」は、手稿のまま保存されていたもので、メモ書き風のものである。しかし、著作集を編集する際に、四五年とは特定したが、何月に書かれたものであるかは特定していない。「新教育の構想」は、戦中の教育における「ファッショ的要素の清算」など戦時教育を反省し、自らも実践に加わった「大戦以前の民主主義的教育」の遺産を再吟味して新教育確立に継承するとしている。

「1、旺盛なるロマン精神の導入による新生活文化建設への志向
2、生活組織に於ける民主主義的要素の摂取　自治、科学、生産、技術
3、科学教育の生活的、生産的、技術的な総合組織化
4、民主主義的倫理観の確立
・民族人としての独自性の把握と国際人としての道徳観の徹底
5、民主的公民教育の建設（公民学のうえに立つ）」（三―二九七）

そこでは、「新しい世界観に立つ教育科学の建設」をかかげ、具体的に「学校教育の新構想」を述べていた。注目しておきたいのは、「各教科上の主要問題」のなかで、「（ハ）国史による国体護持教育の徹底」と書き入れていることである。俊太郎は、少なくとも四五年の秋段階では、戦前からの「国体護持教育」の思想から抜け出せずにいたことがわかる。

このことについては、草苅（旧姓佐々木）マサが、筆者のインタビューに答えた中で、俊太郎が戦後組合の活動で山形の教育会館に泊まっていた時に訪ねて行った時に、「私は天皇制までも否定していたわけでない」と語っていたことを証言している。それは、戦前の天皇制国家と軍国主義がいかに強固に国民の思想に食い入っていたかを示しているあかしでもある。

「新教育への構想」について、『著作集三巻』の「解説」は、「敗戦直後にこれだけの構想をもちえたことは歴史的に意義深いことである」（三―四四六）と評している。

俊太郎は、四五年秋から冬にかけて、児童向け創作「栗の花」（未発表）を書いている。「栗の花」は、戦後の農民の生活を描きながら、農民組合の「土地をはたらく農民へ」の戦いを描いたものである。その作品の中に、ある教師が、農民の集会で発言する場面がある。

「今まで、ぼくらのような学校の先生は、農民組合をわるくいったり、じゃましたりさせられてきました。しかし今こそ、ぼくらも労働者だということにめざめました。そしてわたしらも組合をつくりました。われわれ労働者とはたらく農民であるみなさんが、ほんとうに手をむすんで、村の教育を民主化させるためにがんばりましょう」（三―三八五）

また、「よみがえった平和を、ほんとうに働く人びとのための真の平和にするために」とも書いており、この時期の俊太郎の時代を生きようとする息吹が作品を通して表現されている。

(2) 俊太郎の復職

連合国総司令部（ＧＨＱ）は、四六年一〇月から一二月にかけて、「教育に関する四大総司令部指令」を発する。それらの「指令」は、「軍国主義的及ビ極端ナル国家主義的イデオロギーノ普及ヲ禁止スルコト、軍事教育ノ学科及ビ教練ハ凡テ廃止スルコト」を命じた。そして、治安維持法などで弾圧を受けた教育関係者に次のように命令した。

「自由主義的或ハ反軍的言論乃至行動ノ為解職又ハ休職トナリ或ハ辞職ヲ強要セラレタル教師及ビ教育関係官公吏ハ其ノ資格ヲ直ニ復活セシメラルベキコトヲ公表シ、且ツ彼等ガ適当ナル資格ヲ有スル場合ハ優先的ニ之ヲ復職セシムルコト」

俊太郎は、四五年一〇月一七日づけで赦免の令状をうけとっている。この令状は俊太郎もひでも大切に保管していた。

検発第一号

本籍　山形県北村山郡山口村大字山口七百三十六

住居　同県同郡同村大字川原子

族籍

昭和十七年六月五日　山形地方裁判所言渡　村山俊太郎

治安維持法違反ノ罪

右ハ昭和二十年勅令第五七九号　大赦令ニ依リ赦免セラル

右通達ス

山形地方裁判所　検事正　伊藤信道

＊大赦《たいしゃ》とは、「恩赦の一種。政令で定めた罪に対する刑罰の執行を赦免すること」赦免《しゃめん》とは、「罪を許すこと、過失を許すこと」

この赦免の令状は、治安維持法という悪法によって俊太郎を二度も投獄しておいて、罰したことが誤りであったことに一言も触れず、罪の存在はなかったという論理ではなく、赦免「罪を許す」という形での権力にとって何の反省もないものであった。その姿勢は今日まで変わっていない。

復職にあたり、資格審査委員会がもうけられて、その審議の結果、俊太郎は、復職になった。資料は残っていないが、ひでが生前に語っていたのだが、俊太郎の復職を審議する委員会の委員のひとりにひでが選ばれていたという。(2)

俊太郎は、四六年四月、東村山郡天童町の天童国民学校に復職する。俊太郎は、住まいを川原子から天童町の駅に近くの老の森に移し、戦後の本格的な活動がはじまる。この天童の家には、筆者にもかすかな記憶がのこっている。それは、ある時、大水があって、裏の庭が水浸しになり、外にあったトイレに水が流れ込んでしまった記憶だ。下駄などがぷかぷか浮かんで流れていた。(何年何月のことか定かではない)

復職した天童国民小学校には、四月に長女せつも一年生に入学し、宏、哲、惇、せつの四人と俊太郎が通っていた。

学校に復職した時期、俊太郎の考えていたことを書き残した論文がのこっている。山形文学会編『雪国』(四六年四月創刊号)」に書かれた「文化再建の理念」である。俊太郎が戦後、教育や文化にまとまった考えをのべた最初のものである。俊太郎は、論文を次のように書き始めている。

「わが国の文化は、いま戦争と敗戦という現実によって恐ろしい危機に直面している。(略)この政治的混乱と経済的窮乏によってもたらされた文化の荒廃は、外部から強いられたできごとであったというよりも、もっと内面的なヒューマニズムの崩壊であるといえよう」(三一一二九八)

そのヒューマニズムの復権は、「新しい生活形式を生み出す努力」、「現存のあらゆる軍事的、封建的状態に対して、はげしい憤怒と憎悪に裏づけられてこそわれわれの真に求めるヒューマニズムのパトスが成立する」（三ー三〇〇）とした。この「はげしい憤怒と憎悪」という感情こそ、俊太郎を苦しめた戦時・治安維持法体制に向けられたものであった。そして、俊太郎は、「およそ自由のない文化、民衆のうえにそのリアリティーを獲得していない文化はともに幽霊文化」であるとし、ヒューマニズムの復権を基底とし、「文化再建の問題も、（略）人間の文化的解放の問題に直結し、人間の個性の自由な発展を妨げているあらゆる障害を除去するところに出発する」「正しい文化、力強い文化は、自由を自らのものとする民衆のなかにのみ正しく育成する。（略）そして自由を求める民衆の人格と自由を確保する政治組織こそ、民主政治であり、民主的政治経済エネルギーのうえにのみ民主的文化が開花する」（三ー三〇〇）と文化の再建を社会・経済・政治の改革と不可分に結びついているものと論じていた。

この論文の中で、俊太郎の戦前の活動、政治思想にかかわって一つの反省が語られている。それは、プロレタリア文化についてである。プロレタリア文化は「ある程度まで大衆性をもち、社会的リアリティーをもって民衆の心をとらえた」としながらも、それは「いちじるしく一面的な、公式的階級性のうえに文化を組織しようとした」と分析し、次のように結論している。「そこに新しい人間の構築を目ざしながらも、ヒューマニティーを喪失した文化活動の一面性がそれ自らの文化活動を衰退させる一原因となってしまったのであった」（三ー二九九）

俊太郎は、戦前自らも参加したプロレタリア教育・文化運動をすでに戦前の論文で公式主義と総括している。かといって俊太郎は戦後の新しい情勢のもと、マルクス主義や階級運動をを否定するのではなく、積極的に参加していた。

この論文が発表された四月、戦後第一回の衆議院選挙があった。俊太郎は、生まれ育った山口村で、かつて若かった時、代用教員として教師生活の第一歩をふんだ北村山郡山口村国民学校の雨天体操場で、日本共産党候補工藤惣吉の応援演説に立っている。この時の演説の草稿（手稿）「共産党に投票しよう」は、著作集には収録されずに残されていた。

共産党に投票しよう

村山俊太郎

一　今次総選挙の意義

1．敗戦によるポツダム宣言受諾による日本民主革命の第一歩であること
民主革命とは人民の多数の利益を考えて実行する世の中をつくることである
2．世界の人々が監視している中で、国際信用を得るか否か、即ち興国か亡国かの選挙なのである
3．従って直接我々の生活を明るく幸せに豊かならしめるか否かという問題に直結していること
4．成金候補（戦時利得犯罪人）と反動主義候補（軍国主義者）に対応　真偽の審判を国民の手によってなす最●な選挙であること
5．婦人と青年の力を政治に直結した選挙であり　国家再建の熱情を要求している意義

二　共産党は如何なる党か――すぐれた点三つ

第一のすぐれた点
学問的にも、多年の闘争経験の上からも、築きあげられた信念を持っていること（略）
第二のすぐれた点
人民の利益、生活の向上のために激しい闘争心・実行力と熱くもっていること（略）
第三のすぐれた点

人民の生活安定と幸福のための正しい政策をもち、現在政治の先頭を切ってその実現に努力していること（略）

三　共産党の農村政策

1. 働く農民に土地を与えろ
2. 肥料と農具、塩と衣料の即時配給
3. 小作料の徹底的減免　即時全面化
4. 供出の官僚的強制反対——農民委員会を通しての民主的供出
5. 遊休土地の農民への分配
6. 地主の土地取上反対、土地耕作権の確定は、土地を働く農民へ党の修正
   - ・大地主の土地は無償で没収
   - ・小地主の土地は有償買収
7. 反動農業会の糾弾、農民委員会をつくれ（以下八、九、10略）

治安維持法で弾圧され、病気になり生まれ育った山口村に帰ったとき、「アカ」とよばれ、村八分的な扱いを受けた俊太郎は、戦後早い時期に共産党に加わっていたと考えられる。俊太郎の残された戦後の資料の中には、彼が共産党の組織活動に熱心に参加していたことを示す多くの資料を見ることができる。著作集の年譜には、俊太郎は、「もの静かに共産党の政治、文化、教育の政策、考え方について語りかけた。村の人びとは『すばらしい先生だ』と感嘆したという」（三ー四六六）と記されている。

四　我が村の民主化のために　（略）　（カタカナをひらがなに直してある）

四五年八月から四六年にかけて俊太郎は何を考え、何を学んでいたのだろう。その資料が二つでてきた。一つは、一九三九年の第八小学校の『授業日案』をノート代わりに使い、書き付けたものである。書きとめていたものから、俊太郎は、教育における自由と権威の問題に関心を寄せていたことが分かる。自由に関しては、先の論文「文化建設の理念」において、「正しい文化、力強い文化は、（略）自由を自らのものとする民衆のなかにのみ正しく育成する」と結論していたように、俊太郎の重要な関心事であった。

俊太郎は、「ノート」の中で「政治的武器としての教育は、若しわれわれが子供の権利を尊重するならば、存在し得ない。若しわれわれが子供の権利を尊重するならば、われわれは独立の意見を形成する必要な知識と心的習慣とを彼等に与えるように教育すべきである」と書き記し、教育を子どもの権利の視点から捉えている。そして、「自由は教育に於いては教授と両立し得る程度に於いて尊敬さるべきであり、また在来与えられて来たよりも遥かに多くの自由が教授を損うことなしに許され得るのである」とし、子どもの権利としての教育は、子どもたちに大幅な自由を許すものであらねばならないと考えていた。

また、俊太郎は、教育に於ける自由を権威との関係で捉えていた。

「教育に於ける権威は或る程度まで避け難いものである。そして教育する者は自由の精神に従がって権威を行使する方法を発見しなければならない。

権威が避けがたい場合において必要とされるものは尊敬である。権威的な杓子定規の制度を、即ち軍国主義的ファシズムや一切の反動主義者が強制的に人間の精神を閉じこめようとするものに欠けているものは他人に対する尊敬である。尊敬は想像と活きた温情とを要求する。尊敬を有しない教師、尊敬の念を有しない官吏は、これらの外面的な劣等のために、子供を無造作に軽蔑する。この進化した不自然な型は、子供に残忍と嫉妬とひねくれた性質を有する人間は若い者を『型にはめる』ことを彼等の義務とは考えないだろう」

さらに、「思想の自由を抑圧することによって獲得できる闘争に於ける成功は、一時的のもの」でしかなく、「人間への尊敬」を欠いたところに根本的な原因を求める戦前の軍国主義教育への反省を読み取ることができる。

その「ノート」には、霜田静志の本からノートを取りながら思索していたことを見ることができる。

「我々は日本の現下の道徳教育の根本的な革新への巨弾を投ぜんためにこの書を送る。

原著者のもつ児童心理学 ―― 精密な臨床的実践、堂々たる方法論の樹立 ―― による尊敬の科学的研究、協同の社会関係、教育的情熱等を通して、子供の道徳観を理解することを以て日本の教育社会に一つの働きかけをしようとしているのである」

「自由教育は当時の児童心理学によって拍車をかけられたのであるし、又、かくの如き児童研究のキソがあったからこそ、自由教育はあれ程の華々しさに発展したのであった」

「道徳教育は権威を押しつける教育ではなしに、相互的尊敬による共同精神の立場に立って為さるべきである」「仕事が子供の発意と自発的活動とを多く含むにつれてのみ教室内の自治的且内部的訓練は可能となる」「子供をして外部的拘束によって仕事せしめず、子供が自発的に仕事する学校においてのみ、教室での協同とデモクラシーとを実現することができる」

教育における自由の問題を俊太郎は、教育方法としての討議法に関心を寄せて詳細な研究をしていた。

そこでは、過去の討議法は、「教師中心主義に出発し、学習に興味をもたせ、学習効果を確実」にするねらいがあったが、今日の討議法は、「自分の思っていることを誰にでもいつもかたれる。また人の意見もきくという民主的態度に出発する」としていた。

この時期の俊太郎のもう一つの「ノート」がのこされている。それは、市販ノートに書き付けたものである。これは最初の頁が、四六年四月に復職しての学校の打合会（職員会）の議事が書き留められているので、四六年四月以降のものと思われる。

書き出しの頁は、「四月十六日　職員会　后一時」となっている。俊太郎は、四六年四月一日より、天童の国民学校に復職している。その時の職員会議のメモである。どのようなことが議題となっていたのであろうか。

四月十六日　職員会　后一時

司会　石山教官

一、科学研究（自然・人文）奨励金申請ノ件

1．理科教育ニ於ケル自由学習ノ系統的研究

2．新教育ニ於ケル教授様式ノ実応的研究

3．ぶよの生態研究

4．たにしの人工ハンショク

二、歓迎会開催の件

十九日　子供トノアイサツ　校長

二十八日　職員歓送会
（　）町民合同歓送会
三、県議候補、エビナコウタ氏応援の件
四、教員組合選挙資金キフ募集ノ報告

戦後「学校教育法」が制定されるのは四七年三月であるが、興味深いのは四六年四月に「科学研究（自然・人文）奨励金申請」の件が話題になっていることである。裏を返せば、俊太郎の赴任した小学校では、戦後初めての新学期を迎えた学校の職員会議（その次の職員会議でも）で、これまでの学校教育を反省するような形跡はまったくなく、その学校教育改革の具体的問題などへの疑問なども全く議題にされていなかったことがわかる。

この「ノート」には、この時期に俊太郎は、尾崎秀実の「獄中書簡集」（世界評論社、一九四六年）を読んだと思われる記録が残されている。
四一年に検挙され、四四年一一月七日に絞首刑になったことに「四三年六カ月、悲劇的生涯」と書き入れている。「通信」（書簡）については、「一貫した目的」として、「妻と娘に自分の思想を理解させ、自分の行動に共感させること」「生活記録であること」と書き留めている。そして、第一信から「当時十三才の長女に『楊子よ　どんな苦しいことがあっても　いつも元気で　お母さんのいうことをきいて』・・・と結んだ」と書き留めている。さらに、俊太郎は、「書簡」から六つの文を書き留めている。そのひとつは、「往々にして人の運命は冬枯れの日の果樹の姿に似ている。その冬枯れた枝の姿から何人かやがて来る春に青葉し花咲き実を結ぶことを想像し得るだろうか」である。自らの体験を重ね合わせていたのだろう。
この「ノート」のなかでもう一つ興味深いのは、俊太郎は、戦後まもなくマルクスやレーニンを読み始めていたことがわかることである。俊太郎は、「フォイエルバッハに関するテーゼ」から次の個所をノートに書き留めている。
「環境と教育との変化に関する唯物論的学説は、環境が人間によって変化され、また教育者自身が教育されなければならぬことを忘れている。（略）
環境と人間的活動との変化の合致或いは自己変化は、ただ革命的実践としてのみ捉えられ、且つ合理的に理解されることができる。」（三木清訳　岩波文庫）
そのあとに、俊太郎は、「バッハ的唯物論に基く人間学、社会学の方法→マルクス的教育観へ」と書き留めている。
再び、俊太郎の戦後の学習と闘いが力強くはじまっていた。

2　教員組合運動づくり

第二次世界大戦後に日本を占領下に置いた連合国軍最高司令官総司令部（GHQ）は、「民主化の一環」として一九四五年一二月に教員組合の結成を指令した。既に一一月には京都や徳島で教職員組合が結成されていた。一九四五年（昭和二〇年）一二月一日、神田教育会館で、「全日本教員組合」（全教、翌年より「全日本教員組合協議会」）が、全国から五百名の現場教師を集めて、結成大会の旗をあげた。また翌四六年、教員組合全国同盟（教全連）が結成された。

全日本教員組合結成大会の「結成要綱案」は、「封建的なる支配の強力なる手段として奉仕して来た教育を人民自らの手に取り戻すべき時機が到来した」とし、そのために、教師の組合が必要となっているとしている。そして「我々教師が、今日教育に課せられたる偉大な任務を達成せんが為には、先ず自力に依って、全国四〇万の自らを大同団結し、その組織の力として、民主主義的教師の立場を主張し、正常なる生活を獲得せねばならぬ(3)」と宣言している。

一九四六年五月三日　全日本教員組合第一回全国大会が四谷第四国民学校で開かれた。全教機関誌「Nippon　Kyoiku　Sinbun」（五月三日号）は、大会を大きく報じており、俸給令の改正、学校管理問題、教育民主協議会の設置などが議論されたとされている。その二日前の復活メーデーには、五〇万の参加があり、全教も子どもも含めて、約五千人の隊列で参加している。そこには山形県の代表も参加していた。

教員の生活困窮が緊急の課題とされ、五月一九日には飢餓突破全国教員大会が開かれている。六月二日、全国四三組合代表が参加した全国教員組合大会では、全国の単一化をめざすこととなり、全教は発展的に解消して、日本教育労働組合準備会として出発することとなった。この準備会には、山形県連合教員組合も参加している(4)。日本教育労働組合の結成大会は、六月二六日に開かれている。中央委員には山形から西村力弥がはいった。

戦後、山形県の教員組合づくり

四五年一〇月ころから、戦前の教労関係者が、山形県の教員組合の組織について準備をはじめている。俊太郎が組合の組織にかかわったのは、四五年のＧＨＱの指令の直後からであるとおもわれる。

戦後、全教を組織していった状況や俊太郎が教員組合組織にかかわるエピソードを、加藤周四郎は『わが北方教育の道』で語っている。加藤は、福島で敗戦を向かえる。一〇月一四日にマッカーサーから「集会結社政治活動の一切の自由を認める」といういわゆる「解放指令」を受け取っている。俊太郎もこの時期に、同じような通達を受けていたと考えられる。加藤によれば、秋（多分、一〇月一四日以降ではないか）に、北村孫盛から電報を受け取る。「教員組合をつくるからすぐに上京」してほしいという内容だった。

「そこには、『教労（教育労働組合）』や雑誌『新興教育』や、そして『綴方生活』や生活綴方をやってきた多くの人々が集まっていた。われわれはヤミ市のイモやこんにゃくを喰いながら、東京中をかけまわっては、教員組合運動の組織作りにとりかかった。（略）山形の村山俊太郎は、訪ねていった私の説得に快く応じ、山形県全教組結成に立ち上がってくれた。(5)」

加藤の手記によれば、かれは、教員組合組織の東北地方担当のオルグとなり、各県の知人をまわっている。加藤の証言からは、戦前、共に北方性教育運動を展開した仲間のなかにも、組合運動に参加することを躊躇する人もいたことがわかる。

西村力弥は、次のような回想を残している。

「十月のはじめ不破幸三（当時朝日新聞山形支局記者）と教員組合結成について話し合い、連れ立って村山俊太郎を川原子（現天童市）の茅屋に訪ねた。不破君、村山君はともに昭和七年三月治安維持法に引っかけられた仲であり、村山君は指導者だった。（略）過ぎた日のこと、これからの希望を三人は話し合った。」

西村は、そこで、梛野《なぎの》栄造を俊太郎から紹介されたことを書き留めている。

「そのとき梛野栄造君（現寒河江南部小学校校長）を彼は紹介した。梛野君は思想的に同じだというのではないが、二回目の弾圧で獄舎にある村山君を見舞い激励してくれた八小の同僚であった。累が及ぶのをおそれて、おおくの人が遠ざかる中での梛野君のあつい友情と人間性は忘れられなかったのだろう(6)」

一九三七〜四〇年まで俊太郎と同じ学校で働き、俊太郎を尊敬して一緒に学習したことのある梛野栄造からの手紙が残っている。

梛野栄造は、四六年一月一一日の俊太郎にあてた手紙で、「組合が必要かどうか？　もし作るとすればどのような性格の組合か？」と問い、次のような現状を報告している。

「学校の事ですが、時勢の波は恐ろしいものです。最も保守的な我が職員も近頃漸く組合の結成は必然的な運命？　と云えるようになったようです」と書きながら、一四日に結成準備委員会をつくることになったことを報告している。さらに、「兎に角、教員はばらばらで団結する事をしらない、熱意もない様だ。そして実にカタツムリみたいな所がある。それを大同団結させる事は不可能だろうか。何か名案はありませんか」と書いている。

当時、多くの教師にとって、組合をつくるといっても、組合のイメージがわかない教師たちもたくさんいた。組合とは何かというところから学んでいく必要があった。

俊太郎は、梛野の一月一一日の手紙に早速返事を書いたようである。梛野は、一月一八日の手紙には、「本日御手紙誠に有り難く拝見」と書き出している。梛野は、準備委員会では「消費組合、研究団体と共に労働組合的色彩が相当強く加味されて結成が約束されています。この準備委員会の決議により、各層各校代表の委員が正式に本日（一八日）決定した筈です。勿論これは選挙により決定したものです。それで漸く委員も選挙されたので、近日中第一回の委員会を開き、正式に組合の性格を決定し、法的根拠を持つしっかりしたものを作らねばならぬと考えています」と報告している。

ここでも、組合的性格をいれるかどうかが論点であり、その性格が入ったことを報告している。そして、梛野栄造は、四六年二月二二日の手紙で「本日御陰様で教員組合も結成されました。規約並に宣言綱領を同封しました。ご覧ください」と伝え、「今月二五日には、県教員組合結成の為の会合がある予定なので、案外早くまとまるのではないかと思っています」と、全県の組織化が進んでいることを報告している。

山形県における教員組合の結成

『山形新聞』（四五年一二月一日）は、「南村山郡西部地区の各国民学校、青年校では学園民主化と教員、児童双方の厚生問題解決のため教員組合を結成することとなり」と結成準備会が開かれたこと、そして、一二月一五日には、県の各地で教員組合結成が進んでいることを報じている。

四五年一二月三日、南村山郡西部教員組合が誕生する。

「綱領」は次のようなものであった。

「一、我等ハ軍国主義的極端ナル国家主義封建主義的教育ヲ払拭シ教育ノ民主化ヲ図リ平和日本再建ヲ期ス

二、我等ハ自主的識見ト主導的努力ニ於テ教育ノ民主化ヲ達成センコトヲ期ス

三、我等ハ教員組合ヲ結成シ教育革新ノ基礎タラシメ教員ノ社会的地位ノ確立ヲ期ス」

（『山形新聞』、四六年一月二七日）

四五年一二月中に、米沢市教員組合、南置賜郡教員組合が結成され、翌年の三月までに、東村山郡教員組合、山形市教員組合、西田川郡教員組合、最上郡教員組合、西置賜郡教員組合が結成されていった。そして、各地域の教員組合を統合して、三月八日、山形県連合教員組合の結成大会が行われている。しかし、連合教員組合の役員は、ほとんどが校長であり、御用組合的性格がつよかった。西村力弥らは教員組合刷新同志会を結成し、山形県の労働委員会でも原則学校長の組合参加を認めない方針が下ったこともあり、五月新しい役員を選出している。

組合長に柿崎美夫が選出された。俊太郎は、四月に天童国民学校に復職し、東村山郡教員組合の組合長となり、六月には、山形県教組の副組合長に就任している。西村力弥は総務部長、戦前第八小学校で

同学年を組んだ梛野栄造は指導部長についた。

山形県連合教員組合は、全日本教員組合（全教）傘下に入るが、六月一日、全日本教員組合は、戦線の統一の必要を感じ、五千名をあつめた席上で「全教」の発展的解消と全国単一組織確立のため「日本教育労働組合（日教労）」準備会の結成を決定した。四六年六月二六日、全日本教員組合から日本教育労働組合（日教労）が結成され、山形県教組は、日教労に条件付きで加入した。組合の準備会に五千名をもあつめていることが、当時の組合運動の高揚を示している。

東北地区の各県の教員組合は、北海道を入れて、四六年七月一五日山形市で第三回協議会を開き、青森県・秋田県・山形県が「日教労」参加を決定し、声明書を全国各県におくり、単一の教員組合結成に拍車をかけていった。(7)

この会には加藤周四郎も参加しており、副委員長であった俊太郎と路線問題ではリードをとっていったのではないかと予想される。

「組合員諸君に檄す」

この時期に書かれたのが、俊太郎論文「組合員諸君に檄す」である。

論文では、冒頭、敗戦からの一年を「封建的抑圧権力の重苦しい圧迫から解放されて、ひろい人間的な、美しい真実なるものを創造し得る自由解放の喜びは、なんとはげしい歓びであり、まぶしい太陽の光であったろうか」とふりかえっている。政治や社会の民主主義革命にとって「民主主義的啓蒙教育を実践すること」が不可欠であり、その役割を教員組合運動がはたしていかなければならないとしている。

俊太郎は、教員組合運動は出発から幾多の困難に直面しているが、「その根本原因は、われわれ教育者自体の教養の貧困に根ざすものであった」と指摘している。そして、労働組合に対して、一方では「行き過ぎ」論がだされ、教育者の団結権、争議権に制限を加えよう」としていること、他方では、労働組合の活動は経済問題に限定されるべきとして教育の自由獲得の戦いを制限しようとする動向が強められていることを指摘している。

こうした状況のなかで、俊太郎は、郡下の教員に向けて、組合運動を「経済主義的偏向に基づいて理解している人びとはいないだろうか」、また、「教育、文化面だけを強調する文化主義的偏向に立てこもっている人びとはいないだろうか」と問いかけ、「組合運動の真精神は、この二つの立場の止揚されたところにある」と整理して、「なによりもまず教師自体が、個人主義的利己観より脱却して、協同と連帯と責任に生きる組合道義、即ち新倫理観を実践的に把握すべきである」とし、次のような提起をしている。(三―三〇三～三〇六)

「かくてわれわれは、まず何よりも新しい教育創建のために、教師人間としての責務と自覚とに於いて旺盛なる教育活動を自主的に展開しようではないか。あくまでも、われわれの周囲に於ける封建制と虚脱感を一掃し、教育サボはわれわれ自体の手によって克服しよう。そして、町村に於ける勤労民衆ならびにいっさいの民主団体との提携による新教育の建設のために、われわれは速やかなる姿勢をとりもどそう。かかる真理探究への若々しい情熱こそが、教師としての正しい世界観を把握させ、そこから教育観ならびに方法観が創造されよう。われわれの生活権の確立のうえに、この民主主義的世界観の三位一体的把握をなすことによってのみ、われわれの教員組合運動は正しい発展が約束され、再建日本の原動力としての教育者の使命が達成されることを確信する」(三―三〇六)

再び体調の悪化

この時期、俊太郎の病状は悪化する。それを物語る一通の手紙が残されている。それは、三七年三八年と同じ学校で同学年を組み、戦後、組合運動に参加していた梛野《なぎの》栄造の手紙である。

村山先生

今日は一筆苦言を呈したいと思います。

結論からいうと教組長及教組の重要なるポストから一時退陣して戴きたいと思っています。理由は申すまでもなく身体です。先生の身体は先生が一番知って居られる筈です。若しこのまま無理を続けられたらどうなるか結果はあまりにも明白です。

今日も、●川さんが第七校に来て大変心配して居りました。そして私なんかいくらいっても村山先生は「うんうん、わかったわかった」といわれるだけで少しもきいてくれない。毎日毎日教員組合の仕事ですっかり健康を害してゐる。就職された時と今と比べるとすっかり様子が異なる。肺も真黒で危険状態に近い、大部痩せた。と言っていました。

先生は仕事をゴマ化せない性質だから重要なポストに居れば必ず無理が付きまとう。教員組合も大事だが、先生の身体はその為に半年やそこらで失われたら大変な事になります。

来る十月十一日の理事会代議員会（新庄）にも副組合長か誰か代理を出して下さい。

兎も角、半年か一年位静養して健康を取戻してから存分の御奮闘を御願いします。

くどい様ですが是非ここ数日中に静かな環境に帰られる様（一日一～二時間授業位又は一週間五時間位の仕事）御願いします。

六月七日　　梛野生

村山先生　　（一文字不明）

俊太郎の病状の悪化は、あとでふれるが、四七年の二・一スト闘争のあとと伝えられているが、椰野の手紙は、四六年六月段階で周囲の人達も気遣うほど悪化していた。

3　教育民主化と学校改革・教育実践構想

（1）教育民主化への構想

四六年四月には、「アメリカ教育使節団報告書」、五月に文部省「新教育の指針」、六月頃からは、新教育の様々な学習指導法が広げられていく。

『著作集三巻』に収録された「教育民主化への構想」は、編集過程でいくつかの手稿をまとめたもので、俊太郎がまとめたものではない。あらためて「教育民主化への構想」を読んでみると、俊太郎も参加した戦前の教育実践運動へ目を向け、「過去における生活教育運動」と題して戦前の総括している。

そこでは、生活教育を主張した郷土教育、労作教育、勤労教育、作業教育、生産教育などは、教育の地方化による中央集権性の打破、教育の具体化による教育の観念性打破、教育の生活化による教育の画一性打破をめざしたが、それらの主張の多くは、学者による「直輸入的なもの」であり、「生活に対する認識が生の哲学に立脚」しており、「生産生活から遊離した小ブルジョア的インテリゲンチャのイデオロギーを反映する小市民的教育理念」に基礎があった。「そのために実践部面においては、小市民的消費生活の立場が重くみられ、消費生活に基礎をおく生活教育は特殊な実験学校以外の発展をしなかった」（三ー三二一）と総括している。

その生活教育運動の弱点を克服しようとした運動として、俊太郎は、二つの歴史的な教育運動をあげている。

その一つは、三〇年代初頭の「下からの生産者の立場に立つ新興教育運動と教員組合運動」である。俊太郎は、当時の新興教育運動と教育労働運動が掲げたスローガンを紹介し、その先駆性を示そうとしている。

「1、教育費の全額国庫負担

2、教育者の生活権擁護確立のため俸給不払いの絶滅

3、教育の封建性、画一性打破、自主権の確立

4、教育者の政治的関与、学問研究の自由

5、欠食児童を救え

6、男女同権 による待遇の改善 」(三一―三二)

俊太郎は、四七年になって「山形県教育労働者組合について（1）」(『教育と文化』一一月号）を執筆している。残念なことに、この論稿は途中で「以下原稿紛失」となっており、俊太郎が四六年段階で、戦前の新興教育運動と教員組合運動をどう評価していたのかはわからない。しかし、紹介した六つのスローガンは、戦後の教員組合が掲げたスローガンに引き継がれたもので、俊太郎等が組織した一九三一年の教員組合のスローガン（三章一節参照）の歴史的意義を継承しようとしている。

もう一つの実践運動は、三四年、東北、北海道の教育実践人によって、凶作克服を契機として展開した生活主義教育運動である。俊太郎が、北日本国語連盟を中心とする北方性教育運動としてではなく、また生活教育運動としてでもなく、生活主義教育運動としているところに注目しておく必要がある。

「生活主義教育運動は、わが国の教育実践界を、正しく生産性の方向に向かわせ従来人間的生活のボーダーライン以下におかれていた農山漁村の ―― 生産階級の解放と結びついて教育の封建性打破運動を

展開した」（三一―三二）

この定義は、一部の教育史の中で一般化している「生活綴方を中心とする北方性教育運動」とする歴史像と異なる。とりわけ、「生産階級の解放と結びついて教育の封建性打破運動を展開した」とする歴史観は、教労・新興運動と北方性教育運動としての生活主義教育運動を連続的にとらえようとしたものである。三章の三で詳細に論じた国分一太郎の心情主義的自己総括である「教労・新教の教条主義↓自己批判↓生活綴方運動↓北方性教育運動」の図式を取り入れた駒林や中内の教労・新教と北方性教育運動の断絶を主としてとらえる歴史観とは異なるものである。

こうした歴史総括は、あくまでも戦後の社会的政治的情勢のなかでの総括であり、三〇年代半ばに実際に運動にかかわっていた時代の認識とは同じではないのかもしれない。しかし、三〇年代の二つの教育運動を一元的に意識して参加していたからこそ、戦後の総括の視点も明瞭に提起できたとも見ることができる。俊太郎は、検挙後に獄中で書いたとされている「プロレタリア教育の理論」には、新興教労運動と北方性教育運動とを連続的に把握した総括がなされていたのかもしれない。

俊太郎がこの一九四六年の時点で描いていた「生活主義教育運動の実践形態」とは、どのようなものであったか。

「㋑生活意欲を昂揚させる新綴方教育運動
㋺生活科学を中心とする科学教育と技術教育との結合
㋩教育封建性の揚棄と自由獲得運動
㋥国民学校案ならびにファシズム的教育思潮への批判活動
㋭国語国字の合理化運動
㋬農山漁村の新文化建設と児童文化運動

ⓣ　生産技術教育の具体化
ⓒ　学級活動の組織（自治的活動――筆者）」（三―三二二）

ⓘにみられるように、戦後いち早く新綴方教育運動に光を当てていたことに注目しておきたい。こうした歴史的総括を考えながら、俊太郎は、「今、民主主義日本の建設に当たって、これら教育展開から何を学び、何を批判すべきかを明確に把握する必要がある」（三―三二二）と呼びかけていた。

（2）学校改革・学級実践の具体的改革案

俊太郎は、学校改革や学級実践で、どのような具体的案を持っていたのだろう。一九四六年に書き留めたとみられる手稿をいくつか残している。『著作集三巻』には、「民主主義教育の実際――まずこんなところから改造していこう」、「国語学習の組織」、「学級教育の基本問題」、「四、五年生の綴方指導案」などが収録されている。

「民主主義教育の実際――まずこんなところから改造していこう」（三―三一〇～三一一）は、四六年に書かれたものとされているが、この時期の学校教育の改革構想を具体的に展開したものとして注目される。

第一は、「封建主義、軍国主義、官僚主義をのぞくしごと」をあげている。具体的には次の一〇項目を示していた。

学校では　1　教職員の頭の改造
　　　　　2　合議制による学校の運営
　　　　　3　学校活動の自主的改造

4　男女または上下の別による待遇改善、発言の自由をとりもどす。
5　軍国的色彩の一掃　――教材の研究――

教室では　1　先生と子どもがともに学びともに伸びるという態度をつくる
2　押しつけ教育をなくす
3　懲罰制度の改革
4　民主的生活訓練の重視
5　自主的児童活動の徹底

ここでは、学校を、合議制、自主性、自由による民主主義的改造を提起していると共に、教室では「先生と子どもがともに学び、ともに伸びる」とする教育実践の基本的視点を提示している。

第二は、「個性をのばす。人権を尊重するためには」である。

学校では　1　教職員の教養組織に個性を生かさせる工夫
2　各教師の特性による教育経営の尊重
3　自主的学校活動の尊重

教室では　1　質問や批判活動の自由な教室
2　体罰をなくす
3　個性伸長の自由教育

ここでは、個性と人権を子どもの教育に生かしていくだけでなく、教師の個性や人権を尊重する問題としている点が注目される。

第三は、「自由をとりもどすために」である。

学校では　1　責任ある言論または行動の自由を職員室に生かせ

2　自由活動の時間増加
3　教職員の研究、言論活動、団体活動の自由確立

教室では　1　生活規律のなかに自由性を与えよ
2　低学年児童の自由と高学年のそれとの自覚的成長
3　自由研究時間の設置

ここでは、子どもたちの生活規律の自由、自由研究時間の設置として学びに自由をくみいれることを提案しているだけでなく、教師の言論と行動、研究や団体活動の自由の問題としても提起している。

第四は、「公民教育の徹底による文化人の育成」とし、「文化人、文化団体との提携」「自主的児童組織活動」をあげている。

第五は、「合理的精神の徹底」とし、「教職員はまず合理精神に生きよ」とよびかけ、子どもたちには「正しい批判精神をつねに養う」ことを訴えている。

「学級教育の基本問題」（三―三一三～三一五）は、学級経営の基本方向を述べたものである。そこでは、「児童性の再吟味を、新しい民主主義の要望する人間性のキソのうえに検討し、学級教育の基本態度を樹立する」とし、学級教育に目的的計画性、自治的組織性、研究的組織性、能率的協同性の原則をあげている。全体として、学級に自治の精神と協同的精神で貫かれることが強調されていた。

「国語学習の組織」では、題材そのものの協議から入り、「探求する問題の決定、問題探求方法の語り合い」をおこない、そこから、「探求学習」「批判学習」「総括学習」をへて、「問題の新しい発見」「発展的創造的学習への計画」にいたる、新鮮な授業案を提示していた。さらに、「四、五年生の綴方指導案」では、「いろいろの角度から生活を見させ、その美しさ、ゆたかさを味わわせ、生活感情を豊富にする」「生活の計画、内容、判断などの態度を正しく育てる」ことをめざして、具体的に表現力を養っていくことを

「取材」「記述」「推敲」「鑑賞」「発展」にわたり、指導の実際を示した。

俊太郎は、この時期に次々と発刊された教育雑誌を県内に広げる地道な活動をおこなっている。その集金や出版社への送金にかかわるはがきや手紙が多く残されている。明るい学校社からは、「明るい学校」四七年五・六号誌代二二〇円入金、九号誌代として六月一一日二〇〇円入金した旨のはがきが届いている。さらに、七月一四日には、一〇号代として四〇〇円の入金があったことが届いている。青年タイムス社からは、四八年一月　不足金二六二円の催促が届いている。四七年一二月二二日には、日教組文化部より、学習帳「冬やすみ」の代金六冊分、六〇円の領収書が届いている。こうした民主的な出版物を県内に配送し、集金し、東京に送金していたことがわかる。

そこから、俊太郎が民主的な出版物を広げることを教育運動者としての大切な活動としていたことがわかる。同時に、俊太郎の整理や実務能力の高さを示している。

母ひでが語っていたことであるが、俊太郎は、本棚の整理などは見事であったらしい。子どもに本を探してきてもらうときなどは「何段目の左から何冊目」と指示できたくらい整然としていたらしい。

4　山形県における四六年一〇月闘争から二・一ストへ

戦後労働運動の高揚

敗戦直後の当時、多くの国民は、激しいインフレによる生活苦に悩まされていた。特に、民間労働者の賃金水準にはるかに及ばなかった官公労働者の不満は極限に達していた。

四六年秋、官公庁労働者は最低基本給六〇〇～六五〇円アップ、越年資本金本人一二〇〇～一五〇〇円支給などの要求をそれぞれ各官庁に提出、一一月には国鉄、全逓、全教組、全官公労協、全公連の五組合一五六万人が全官庁共同闘争委員会（共闘、議長伊井弥四郎）結成し、ゼネストを構えた。これに対して時の政権吉田茂首相は「年頭の辞」でスト指導者部を「不逞《ふてい》の輩《やから》」と非難した。これに対して労組はいっせいに反発し、賃上げなどを求めて一月九日には全官公庁労組拡大共同闘争委員会がゼネラル・ストライキ（ゼネスト）実施を決定した。

怒りは官公労働者のみならず、民間の労働者まで広がり、一月一五日には、総同盟、産別会議、全官公など三〇組合、四〇〇万以上の労働組合員から組織された全国労働組合共同闘争委員会（全闘）が結成され、一八日に、二月一日に二六〇万人が参加する全国一斉のゼネスト突入を宣言した。

その「ゼネスト突入宣言」である。

「（前略）われわれはわれわれの祖国を限りなく愛し敗戦日本民族の復興を熱願する情切々、ここに血涙をのんでついに建設的大手術を断行せざるを得ざるの止むなきに至った。われら二六〇万の全官公労働者は二月一日午前零時を期して決然として起ち全国一斉にゼネストに突入し全要求の貫徹するまでは政変の如何にかかわらず断乎として戦うことを宣言する。」

政府は、官公庁労働者の給与を暫定に一・五倍に引き上げると発表、ＧＨＱもスト計画に警告した。だが、全官公庁共闘はこれを拒否した。一月二八日に日本労働組合総同盟（総同盟）、全日本産業別労働組合会議（産別会議）など全国労働組合懇談会の主催の皇居前広場で開かれた「吉田内閣打倒・危機突破（生活権確保）国民大会」には実に五〇万を超える組合員が集まった。この日、中央労働委員会は、現給与の約二倍の平均月一二〇〇円の調停案を共闘・政府に示したが、双方とも拒否し、ゼネストは必至になった。

しかしマッカーサーは、同月三一日午後、「余は現下の困窮かつ衰弱せる日本の状態において、かくの如き致命的な社会的武器を行使することを許容しない。従ってかような行為を助長することを断念するよう彼らに指令した。」とスト中止命令を声明した。強大な権限を持つGHQの命令を前に、結局、全官公庁共闘議長伊井弥四郎は、同日スト中止指令を泣きながらラジオ放送せざるを得なかった。

山形県における一〇月闘争と二・一スト

山形県の教員組合の一〇月闘争はどのように戦われたのだろうか。そこで俊太郎はどんな活動を行ったのであろう。

俊太郎は、山形県教員組合の名で、この一〇月闘争の意義を県下全友誼団体と全県下父兄あてに「おねがいの書」（四六年一〇月二八日）を書いている。そこでは、「ポツダム宣言によって民主主義日本の建設を口にする文相は（略）団体交渉権をふみにじりわれわれの基本的人権を無視した非民主主義の態度をはっきりとみせたのであります」と批判し、「諸会社の平均給が千百円なのに教員の最低六百円の要求はまことに正当なもの」とし、田中文部大臣に提出した以下の七つの要求をあげている。

「一、最低俸給六百円を支給すること
二、地方差をなくすこと
三、男女の差別待遇をなくすこと
四、特別地域に特別勤務地手当を五割支給すること
五、かく首を絶対になさざること
六、五百円のわくをなくすこと
七、勤労所得税のキソ控除額を千五百円に引き上げること」（三一三二八）

そして、教師の決意を次のように語っている。

「われわれ教員がこのような行動にでたということはこれまでの古い考えからみればヒナンされることのようにも考えられますが、正しい民主的な人間教師に生まれかわって、正しい民主教育に挺身したいという決意をかためています。われわれがこのように生活安定をねがうのも、われわれにあたえられた教育のしごとに精魂をうちこみたいからにほかなりません」（三―三二八〜三二九）

俊太郎のこの時期の教員組合運動の課題として、常に、生活防衛闘争とともに、教育民主化の要求が据えられていた。『著作集三巻』には「十月闘争について」として整理された手稿が収録されている。十月闘争の要求項目には、「学校制度、教育制度の民主化」の項目があり、そこでは、次のような課題が列挙されていた。

「教育費の全額国庫負担、組合による教員任免権の確立、視学制度の廃止、学園の自治権確立、校長公選、学校委員会の確立、教科書の編集、研究ならびに教育活動の自由」（三―三二五）

俊太郎は、また、二・一ストに向けて「一斉罷業実行計画」をも作成している。学校において教師がいない間、児童たちがどのように生活するかについては児童の自治組織によって様々な活動を実施すること、保護者たちはどうするかについてもていねいな方針をつくっている。

さらに「父兄のみなさん」においては、「われわれはこの闘争をつうじて、はっきりと正しく父兄のみなさんと握手をしたいのであります。（略）村の先生が村の農民組合の悪口を言ったら、また父兄のみなさんがわれわれを信頼していただけなかったりするようでは、本当の教育ができるものではありません」と連帯を呼びかけ、組合としてはあくまでもできればストは回避したいとし、次の三点を示している。「第一、あくまでもストを避けるため十分な手段をつくす、第二、あくまで教育は放棄せず、第三、われわれの自主的な民主教育の再建を期す」、そして「最後まで子どもたちをすてません。教育をすてません」（三─三三二）と訴えている。

残された俊太郎の手稿には、メモ書き「全国父兄大会」がある。そこでは、教員のストに向けて地域、県、全国レベルで父兄大会（各地の一般的父兄、農民組織、漁民組織、地区労組、教員家族、地区内の各民主文化団体）を組織しようとしていた。この父兄会を持つにあたり、俊太郎は「父兄会の持ち方について」という一問一答の手引き（外部には㊙の闘争資料）もつくっている。そこで取り上げている「問」をあげてみよう。

問　ワレワレノ七要求貫徹運動デ父兄会ガナゼ大切ナノデスカ

問　ワレワレノ闘争ニツイテ父兄ノヨロントイウモノハ、ドノ程度ニ大切デスカ

問　父兄会ヲイカニモッテ行クカニツイテオキキシタイ

問　父兄会ヲ開クニアタッテ、ドンナ注意ガ必要デスカ

問　父兄ガ心配シテイルノハ教員組合ハ共産党ニ操ラレテイルノデハナイカトイウコト

問　ワレワレノ要求ニヨッテインフレガ招来スルヨウナ結果ニハナラナイカトイウ不安ガアルヨウデアルガ

問　闘争トイウ言葉ニツイテ誤解ガアルヨウダガコレハドウデショウカ

問　父兄大会ノ持チ方デ注意スベキコトハドンナコトデショウカ　（三─三三四〜三三七）

組合の闘争をはじめて体験する地域の住民へ、労働運動の基本を丁寧に説いている。

その中で、「最悪の場合、ストを決行スル時、児童ヲドウスルカトイウ点デアルガ、マズ即急ニ児童ノ自治的組織ヲ持ツコトガ必要デアル」とし、「児童生活ヲ、手段ニマキコマナイトイウコトガ絶対デアル」との子どもへの配慮についても解説している。（右にあげた「問」への「答」は、『著作集三巻』

三三四〜三三七頁に全文収録されている。）

『著作集三巻』の解説を書いた海老原治善は、「教育労働者のゼネスト中、生徒たちの自治組織や地域の民主団体、父母による学校の自主管理の構想さえ立てていたことは、まことに注目される考え方である」（三ｌ四五〇）と評している。

一九四六年　各地で開かれた父兄大会

俊太郎が書いている「父兄会の持ち方について」は、単なる想定問答ではなかった。四六年の秋、山形県では、組合のスト支持をめぐって、地域住民、父兄の集会が各地で開かれている。その父兄会をどう持って行くのかは、運動上の緊急の課題であった。当時の『山形新聞』は、その状況を報じていた。

「山形新聞」（四六年一〇月二二）

新庄で開かれた父兄集会では、「授業放棄をさけることを条件として、教組闘争を絶対支持することを決定」している。

米沢市では、父兄大会に５００人が集まり、教組の七つの要求は先生たちだけの要求でなく、「我ら父兄の切なる願いであるとの決議文をつくり全面的応援を決定」している。

「山形新聞」（四六年一二月三日）

東田川郡山添村と7村では、４００名の教師と父兄があつまった。父兄側は組合を全面的に支持し「場合によれば児童を進んで休校させる用意あり」と決議した。また、酒田市第二国民学校でも父兄会が開かれ組合を全面的に支持することを決めた。

「山形新聞」（四六年一二月九日）

「あくまで先生支持　山形で市・県民大会」の見出しで、七段の記事を掲載している。山形市の大会でも「われら山形市民は一団となって教員組合の要求貫徹のため最後まで支持する」旨の決議文を文相と県当局におくることを決議した。酒田の父兄大会にも５００人が集まったと報道している。
「山形新聞」（四六年一二月二〇日）

東置賜郡沖郷村の父兄大会では、組合を支持し「もし最悪の事態にいたった際は村民が教員の生活を保障する」ことを決議している。

こうした中で、北村山郡校長会は、一〇項目の声明（四六年一二月一三日）を出している。その校長会の声明は、「本県の組合指導者中に極左的人物がいる。産別会議にはいっているのは共産党になったためだ」ときめつけ、野坂参三のメッセージをうけとっているとか、赤旗を掲げている、闘争という言葉を使うなどと理由を挙げている。さらに、「父兄会に同意を強要しているのは、共産党の平和革命」をひろげるためともいっている。そして、ストは絶対反対であるとし、「単一組合より脱退して第二組合をつくり、運動すべきである」と組合の分裂を呼びかけるものであった。（三一―三四二）

これに対して組合側の見解は、「一部校長の軍国主義的イデオロギーの頑健さの存在は教育民主化の最大の敵である」とし、「県組合はかかる頑迷なるしかも分裂を策する分子を断固除名すべき」と反論している。（三一―三四二）

単独組合の単独ストライキは合法といわれたが、山形県教員組合長柿崎美夫は、ストライキ中止の声明を出さざるをえなかった。後日、柿崎は、「ぼくは何回も軍政部に呼び出された。スト指令を取り消せということだった。最後には、拳銃をちらつかせながら『軍の命令に従わなければ逮捕だ』とおどされた」と語っている。(8)

二・一ゼネストは、ＧＨＱの中止命令によって中止を余儀なくされた。

ひでは、その日のことを次のように記している。
「短い生命をこの日本の民主革命にささげていた彼にとっては、この中止は致命的な打撃であった。闘争本部を整理して帰宅した俊太郎は、私に『ボクたちの教員組合運動は、二度とも成功しなかった。しかし若い人たちがこの後につづくであろう』とせつない嘆きと希望をポツリと語っただけであった。俊太郎はこの闘いに残っていた生命をつかい果たしたように、病床についた」（『明けない夜はない』一〇九）
ひではこの闘いの意義を次のように書いている。
「わたしたちはこの闘いに勝利することは出来なかったが、吉田内閣をたおした。わたしたちの想像以上にこの闘いのもつ民主運動の歴史的意義は大きく、日本の労働者が権力と闘ったスケールの大きさ、闘いのはげしさ、強さ、組織力の偉大さはわたしたちを大きく労働者として成長させた。」「私たちの願いであった男女平等の賃金がこの闘いの後に実現した」（『明けない夜はない』一〇九〜一一〇）

5　二・一スト後の教育運動と民主主義教育論

闘いの日々にも穏やかな気持ち　――四七年新春を迎える――

一〇月闘争の闘いの日々、俊太郎には、昂揚した闘争心のなかにおだやかな気持ちがながれている。この時期に詠んだ歌である。

・朝な朝な顔を洗いて童髪　梳きなでやりて妻はたのしむ
・のこり陽のみどり明かるき青樫の、葉かげ一ぱいひぐらしの声

・たたかいの勝利うたがわずさざん花の、すがしき朝を寒しぐれふる
・あたらしき国のいしずえたてんとす、きよらなる怒り炎と燃えし
・寒しぐれ音してふれば忘れいたる　吾子おもえりたたかいの中に
・わがたたかいのビラに明るき村の辻に、人ら集いてひきしまりおり
・清若きいのち燃やして起ちにける　美しきかな青年行動隊
・正しきがとほらざる世にいきどほり　炎ともえてわれらたちにけり

昂揚した闘争心のなかにおだやかな気持ちがながれている。

二・一ストにむかって激しい闘争が続いていた時期、俊太郎は、四七年新春にむけて、随筆「子どもの世界」(『農民解放』四七年一月号)を書いている。「ぼくの病気も解放された心の明るさに伴って一枚一枚皮をはぐように気分のよい日がつづいた」と綴っている。

学校からかえった長男が上級生に「キョウサントウ、キョウサントウ」ってからかわれ、「キョウサントウって何だや」とたずねるので、「それで、なんといったの」ときくと、「ンダズー(そうだよと肯定する方言)」と答えたと朗らかに笑っていたエピソードを紹介している。「キョウサントウ」といわれて、どれくらい苦労したのかを思えば、「ンダズー」と答えて笑っている長男のなかに、俊太郎は、民主主義の息吹を感じている。

そして、次のような心境を語っている。

「自由をたたかいとるために、ながい苦しみを味わってきたこの父であるが、それにしても、わが子に自由を与えることのいかにむずかしいことか。ともすれば、封建的な権力をふりかざして子どもに接し、

あとでぞっとするのである。わが家の言論の自由は、子どものためにこそ伸ばさなければならないのである。考えて見れば、子どもたちばかりの社会であったら、どんなにのびのびと心たのしい明るい社会をつくるだろうと思うのである。」（三ー四〇六）

そして、新春の気持ちを語っている。

「どうやら私には、このようにして待ちこがれた春が訪れようとして、光がやわらかに私のからだにさしはじめたような気がする。だが私の愛する教育の世界、それにもましていとおしむ子どもたちの世界にはいつになったら春が訪れることであろうか」（三ー四〇七）俊太郎にとって、「待ちこがれた春」と書いているように、一九三一年に最初の弾圧を受けて以来、何年ぶりにあじわう安らいだ新年だったのだろう。

俊太郎　校長当選

この時期もうひとつ記しておかなければならないことがる。それは、俊太郎と校長公選についてである。「山形新聞」四七年一月二七日は、県の六・三制の実施にともない、「六・三制対策委員会」は、「校長は原則として本年度は公選制によること、公選の形式は別に定める」校長の公選を導入することとしたと報じている。

俊太郎は、「教育革新への構想（二）」（四六年）には、「学校職員会の民主化」とならんで「視学の廃止、校長公選」が入っている。四六年一〇月闘争の記録「闘争の基本原則」において「視学制度の廃止、学園の自治権確立、校長公選、学校委員会の確立」をかかげ、学校の民主化を展望していた。また、「県教育界の刷新要綱」（四六年）において、「教育行政官、学校長の公選」を要求していた。俊太郎の教育革新構想では、一貫して学校民主化のなかに「校長の公選」が位置づけられていた。

校長の公選は、組合の要求でもあった。山形県教組では、四七年二月六日の代議員会に校長公選の件が提案され、校長の公選に関する九項目の実施方針が確認されている。南村山郡支部では公選による具体的方法として、選ばれる数は小学校、中学校の合計数、選挙は直接選挙、任期は三年など一三項目定めている。その結果、当選者三五人が第一次候補当選者となっっている。(9)

一枚のはがきがみつかった。

祝　校長当選

二月二十一日

中村大蕨国民学校　大山義雄

消印は四七年二月二三日となっている。ほかに何も書いていない。これによると、俊太郎の勤務学校である天童国民学校のあった東南村山郡においても校長公選が実施され、俊太郎は当選したのであろう。その報道をみた大山義雄が、お祝いのはがきを送ってきたものと推測される。大山義雄がどのような友人であったのかは不明である。

俊太郎の年譜には、一九四七年二月、俊太郎、校長公選で校長候補に当選と書き足していく必要がある。

「教育サボを追放せよ」

二・一スト以降、組合に対する反動攻勢が強まる中、俊太郎は、病床から、民主教育運動の推進を論じている。

「教育サボを追放せよ」（手稿、四七年）は、教員組合運動が困難に直面していた時、その困難の思想的根元にさかのぼって追求し、展望を語ろうとしている。俊太郎は、基本課題として「速やかに平和な日本を建設する途は、半封建的な軍国主義的文化に抗して、民主的平和的な教育文化の速やかな創造と建設をなすことによって可能である」とし、教員組合運動のかかえる弱点を「一つは、われわれ教師の生活や肉体を支配している封建的イデオロギー、他の一つは現在の日本資本主義が内包している政治経済的社会的な矛盾の表現としての反動的な勢力である」としている。組合運動を阻害している原因も「教師自体の無教養に基づく、政治性を骨抜きにした経済主義的偏向と文化主義的偏向に基づくものといえる」（三―三五五）俊太郎がこの時期にめざしていたのはあくまでも日本の民主主義的革命であった。俊太郎は、その社会改革理念から教育の課題を次のように提起していた。

「現在のわれわれの教育の理念を規定する方向も、働く人びとの根本権利の解放の問題と不離の問題であり、わが国の労働運動や農民運動の解放の諸問題とかけはなれた教育理念はあり得ないと信ずる」（三―三五六）

そして、当面する教育民主化の課題を五つに集約していた。

「1、教育民主化最大の障害である教師自身の封建性からの脱皮と権威への服従意識の清算

2、封建的官僚教育機構のわれら自身による解放

3、新しい民主社会人としての基礎理念に基づく労働観と技術観との統一の問題

4、あらゆる階級、民族性など区別なく教育を受ける権利の確立

5、教育の根底を社会発展の過程をも規定する社会科学的基礎のうえに教育科学を建設し、もっとも科学的なもののみが、もっとも具体的であるということを基礎づける」（三―三五六～三五七）

同じ時期に書かれた「教員組合と文化運動」では、二・一スト後の情勢の中で、日本の民主化の推進力は労働組合運動であり、「その労組運動を正しく成長させるための重要な仕事の一つは、組合員の、い

いかえれば勤労者全体の文化的向上である」とし、「組合の民主化の徹底と、教育文化活動とは、別々の途を歩む方針ではなく、一本の縄のように強く固くよりあってこそ、一本のつよさをなすもの」(三―三五八〜三五九)と論じていた。しかも、教員にとって、文化の創造は、「日々の教壇実践の生活から遊離したものではない、それらのうちにこそ、もっとも根強く民主主義文化が育成される」(三―三五九)とのべ、教育実践と文化創造の統一的把握を示していた。

俊太郎は、四八年一月、「民教協(日本民主主義教育協会)」の結成にあたり、『あかるい教育』(四八年三号)の「民教協結成大会報告号」に、「組織は何をするか」(三―三六八〜三六九)を書いている。そこでは、敗戦から三年目をむかえる教育界、教師の意識を分析している。敗戦直後には、教師のなかにあった「何かしらやらねばならぬような実践的な起ち上がりへの意欲」が衰退している状況を指摘している。たとえば、「進歩的な講演会には見むきもしない」のに、教員の再教育のための講習会には「校長の命令だから」といって出席し、「半数以上は居ねむりと雑誌読みで時をつぶし」ている状況を嘆いている。教師たちに長年巣くっている封建意識と権威への事大主義が根づよく残っており、それが復活してきていることがあらたな課題になっていると分析している。俊太郎は民教協運動に新たな期待を寄せていた。

新教育への批判 ——綴方をどうすすめるか——

俊太郎は、流行のように広がっていた新教育へも批判的な目を向けていた。

「ラジオでは討議学習が放送され、教室では自由学習の様式として机の配列が一年から高等科まで一律に分団的に配列された。児童の自治会があちらこちらでも流行っており、すこし進んでは問題法や児童の自治学習組織が考えられ始めた。ところがこれらの方法は、たいていの場合、教師自身のディスカッションの過程を通過しない辞書的借りものであるか、模倣である場合が多い。なかには真剣な自己批判と探求のうえに苦悶の実践を展開されている人びとは少なくないが、大部分は、まだこのような形式模倣の域にとどまっているようだ。机の配列を分団的にしても、子どもの自学的組織や訓練はまったく省みられず、また自治会をやる過程が一向自治的な訓練を経ていない一夜造りであったりする。」（三ー三五八）

俊太郎は、「われわれは、一年や数年で民主教育の完成をのぞむような愚かさはもたない。ただ、われわれ教師がもっともっと自主性を把握して、良心的に教育問題の探求に情熱をとりもどしてほしいことである。子どもにディスカッションを強制する前に、教師たちの自主的な討議がほしい。」（三ー三五八）と結びの部分でのべている。

戦後、俊太郎は、生活綴方をどのように考えていたのだろう。俊太郎は、『山形新聞』に「詩の教室」（四七年七月から九月）を三回連載している。

冒頭、「日本の子どもはせんそうのなかで、のびのびとあかるいひろばでうたをさけぶことも、グイグイと力をこめて作文をかくこともわすれてしまったのではないかと思いさびしいきもちになっていたのでした」と書き、また子どもたちがのびのびと力強く作品を書き始めたことに「こうした子どもこそが民主日本をつくりあげていく力になるのです」（三ー四〇八）と期待感をあらわしている。

作品批評のなかで気を引くのはつぎのような批評である。

「みなさんの作品をよんで思ったことは、つよくものごとをかんじた心のひびき（こころのデンキ）がひくいということです。そのために形をととのえたり、ちょうしをよくしたりすることに力を入れてい

ることです。もっともっとピンとひびいてきた心のたかまりをとらえて形にとらわれずにかいてごらんなさい」（三ー四一二）

この「心のデンキ」は、三七年四月から担任した教室での指導にでてきており、不動の指導観を持ち続けていたことがわかる。興味深いのは、次の二つの作品への批評である。

つり橋

初六　大泉　玉

もやがはれて
つり橋がだんだん
川ばたの
つゆっぽく光った
風といっしょに
水のながれがきこえてきた

青空

初五　佐藤義也

草とりの手をやすめて
空をみた
風といっしょに白い雲が
東の方へながれている
雲の間から青空がみえた
青い青い色が
目にしみこんでいたいようだ

「『つり橋』と『青空』はいつわりなく自然ととりくんでいるところ、『つゆっぽく光った』『目にしみこんでいたいようだ』などのとらえ方がこの詩を生かしています。しかしほんとうの詩はこのような『かんかく』のあらわし方をのりこえてもっともっとつよいものをさけばねばなりません」（三ー四一二）

「かんかくのあらわし方をのりこえる」とはどのようなことを指していたのだろう。生活の視点からのとらえ方を要求していたのではないだろうか。

「綴方教育をどうすすめるか」（四八年三月）は、戦後、俊太郎が書いた綴方に関する数少ない論稿である。俊太郎は、まず、綴方を次のように定義する。

「綴方は、子どもが子どもの人間性を生活を、自主的につくりあげていくための具体的な現実認識のための生活技術であり、集団的協同的に社会生活をしていくための能動的な文化技術であります」（三―三七二）

俊太郎は、「民主教育の推進者たるべく自覚した教師たちは、なによりも児童のことばと文の表現を大切に考えて討論や綴方教育をおしすすめています」「この芽生えた綴方への教育を大きく推進するための組織活動」の必要を訴え、綴方が「社会科を中心とする新しい教育に血をかよわせるために大切な仕事だ」と訴えている。さらに、「これからの綴方の教育は、民主主義の達成による人間解放のための生活技術として、文化技術としての体系的組織のうえに立つこと、総合的な児童組織のなかに位置をとってこれまでのような教科意識から脱けでること」（三―三七三）の必要性を主張していた。

教師たちに向けて

俊太郎は、病床にありながら、多くの青年教師と交流し、若い先生たちに具体的な指導を惜しまなかった。新しい環境で新教育の流行についていけず、子どもたちの指導に苦労していた若い教師たちに、あたたかい励ましを与えてるのが「石をしょわずに――若い女教師の自殺――」（『教育生活』四八年二月創刊号）である。

筆者が大学院生になったころ母ひでが語ってくれたのだが、この論文は、もともと、ひでが書き始めていたものだったらしい。うまくまとまらないでいたら、俊太郎がまとめて雑誌社に送ってしまったのだそうだ。

論文は、「昭和二三年七月二十日の朝、T村小学校の若い女教師が、通勤の途中にある淵に投身自殺をした」と書き始めている。妻の教え子、K子だったので、よく家に来ていて教育ことなど話していたという。「子どもたちのけんかがもとで、有力な父母から、新教育なんていったって、しつけひとつできないじゃないか」といわれたことがきっかけになっていたらしい。

俊太郎は、K子の自殺の背景要因のひとつに、複式三・四年をもって、学級・学校での悩みを誰にも相談できないでいることをあげている。

「毎日のように、子どもたちのけんかがある。一時間じっと学習することができない子ども。学用品のない子ども。平がなのかけないたくさんの子ども。九九をしらない子どもの多いこと。シラミの多い女児の頭。語ってきかせても、叱ってみても、反応のない野生の子どもたち・・・」さらに「自然観察はどうするのか。四年は理科、三年は自然観察という複式のなやみ、また自然観察の系統はどうあるべきか。参考書は、教案は?」「学校という組織体で相談する人もなく「学校の中の先生方が孤立していて協力的でない」現実が若い教師を追い詰めている。(三一一四二〇)

もう一つの問題は、若い教師たちの教養の不足をあげている。教育の問題だけでなく、自分の教えている地域で何が起きているのか全くわからないことなどである。

K子は、農民組合の青年が訪ねて来て、俊太郎との話を聞いていた。

「むかし戦闘的だったO村の農民組合の現在の状況や、農地改革にたいする農民たちの関心のうすいこと、小作農が自作農になりたがらない気持 —— などの分析をやったり、日本経済をつつむヤミとインフレにより形だけの富農が発生しつつあること、農村支配が地主層からこの富農層へうつりつつあること、日本の独占資本とこの富農との結合方向がみえていることなど最近の農地農民の問題を語り合った」(三一四一九〜四二〇)

Ｋ子に「今の話わかる」と聞くと、まったくわからないという。俊太郎は、Ｋ子の悩みを「教養の貧困と非科学性」を指摘し、それは多くの教師の共通する問題であるとしている。

そして、俊太郎は、ある若い女教師が「Ｋ子さんが、わたしたちの学校にいたら、石をしょわずにすんだと思うの」と話してくれたことを紹介している。

「この教師のいる学校には、すでに民主の風が職員室のすみずみまで流れていた。若い教師たちの発言が自由に、しかもつよい位置をしめ、子どもの問題も、教育の問題も、教養の問題も、ともに語りともに苦しみ、ともに解決するための組織ができていた。教師たちの生活を守り、民主教育をおしすすめるための組合運動についても正しい理解をもち、教師たちの新しい教養、読書会、研究会をわかい人びととの推進によって活発におこなっている。このわかい教師たちは、自分たちの不幸や、苦しみをうちやぶるものは、自分たちの頭脳や倫理や生活を自らの力によって民主的にきずきあげること以外に方法はないということをはっきり自覚している」（三–四二一～四二二）

このような積極的建設の道が、「石をしょわずにすむ」方法であると展望していた。若い女教師の自殺にかかわっての俊太郎のコメントは現代の教師たちにも通じるはげましとなっている。

6　時代を生きる教え子たち

教え子たちは、俊太郎の保釈後、山口村の自宅を訪ねたりして俊太郎との交流を持っていたが、戦争の真っただ中を生きていくことになる。多くの教え子からの手紙が残されている。そこから、佐々木（草苅）マサや金子静江等の教え子たちが、戦中、敗戦、戦後をとおして、何を考え、どう生きたかをたどってみたい。

軍国少年・少女として

四五年一月二日、佐々木マサの新年の手紙である。

佐々木は、一九三九年（昭和一四年）三月に卒業して、高等科に二年間いって、そこを出てから体調を悪くして休み、そのあと、県の農業会の経理課に勤めた。そこで簿記を教わり、珠算の検定を受けた。同級生だった金子静江は市の農業会で働いていた。当時、真壁仁は、市の農業会に関係していたようである。

「先生、比の間は、いろいろお世話になりました。

年も明けて、おめでとうございます。先生も一つ、年をとられたことでしょう。（せんせいごめんなさい。だれだって、年をとるのに、こんな事をかいてしまって）良く晴れた空、とても元旦らしかったですね。

先生にお習ひしていた頃は、まだ、一三くらいでしたが、私も一九になりました。本当に月日のたつのは早いものです。その間、自己をかえりみて、何一つ進歩せず、毎日、ただボンヤリすごしている自分を考えると、ムシャクシャに腹がたってきます。

先生にお便りしようと思いながら、一度も差上げないでごめんくださいね。何を書けばいいのか、私には分からなくなってしまうのです。（以下略）」

このあと、佐々木が卒業してから俊太郎に担任された弟のこと、みんなで同級会を開いたことなどが楽しく綴られている。一九四五年、一月教え子たちは一九歳（今で数えると一八歳）になっていた。

佐々木の手紙には、戦争の緊迫性はないが、「自己をかえりみて、何一つ進歩せず、毎日、ただボンヤリすごしている自分を考えると、ムシャクシャに腹がたってきます」と書き、「何を書けばいいのか、私にはわからなくなってしまうのです」と学ぶこと、友と語り合う事を失った生活にイラダチを示している。

教え子たちは、時折、同窓会を開いていた。それは、同級の男たちが召集されて、いつ戦地に向かうかもしれない事情があったのだろう。

佐々木は、私のインタビューで、同窓会のことについて語っている。

「（同窓会は）学校の部屋を借りたり、増永さんの家（お寺）を借りてやったと記憶しています。村山先生は、一度、戦争が終わらない時に、着物を着て参加してくれました。それがいつだったかは定かでありません。学校の教室ではなくて学校の応接間だったかもしれません。警察から帰ってきてからしばらくたってからでしたが、弱々しかった。少し歩けるようになってからでした。」

佐々木の四五年三月三〇日の長い手紙も残っている。

この手紙によると、四四年一二月に佐々木、金子、髙橋都志郎の三人が俊太郎を訪ねている。都志郎が満州に行く事が決まっていたのかもしれない。

手紙の中には、「今や本土も戦場となりました。日本人たる己を信じて戦っています。宇宙の核たる日本は、必ずや勝ちます」との決意を示し、続けて次のように書いている。

「妹は、軍需工場へ行っております。油だらけのまっくろな顔、少年を見ると、私も農業会なんか、やめようかしら、と思う事があります。又、女子整備員などとでていると、私も志願したくなります。私達、女子も特攻隊として、敵陣深く突入していけたらどんなに良いであろうと考えます。でも、この考えはまちがっているでしょうか。」

教え子たちも戦争を勝ち抜くという大きな流れの中で懸命に生きていた。

都志郎は、四五年三月に満州に渡り、手紙（四月五日）を送ってきている。

「（略）義勇隊三ヵ年の訓練も過程し、三月一日先遣隊として当地に団建設に入植し、早一カ月を過ごして、此の間本隊を迎えました。今迄、東満の山岳地区におったのに今度当地の一望千里の大原に立ち、始めて満州に来たような感じです。「赤い夕日の満州で」の唄の通り、朝夕の太陽、真赤に焼けて、大原より大原野に落ちていく様は、全く壮観そのものです。土質はアルカリの砂質で、草丈の短いのと、所々に白く点々とアルカリの吹き出しているさまは、当地に来て最初に驚いたわけです。しかし、原住民は、立派に畠を作ってやっているのですから、大いに学び、研究改良を加えて行く事が、我々日本民族大陸定着の大きな使命であると思います。私たちの二代三代後には、木一本ない此の地には大地のような、美しく新緑化され、畠には防風林が立ち、半畜半農の形にでもなっていくでしょうか。

入植当年より、建設のかたはら、県より十割増産を要求され、決戦下の私達の使命、又大きくなって参りました。（以下略）」

そこには、満州の大地で「大きな使命」をいだいて、決戦にむけて入植の仕事に精を出す都志郎がいた。四五年八月、敗戦を直前にして、教え子たちは戦争の勝利を信じて必死で戦っていた。佐々木マサの敗戦直前の二〇年八月三日の手紙が残されている。佐々木は勤労奉仕で缶詰工場で働き、金子は陸軍造兵廠で働いていた。

「（略）この時局下工場員として、生産増強につとめ、お国に少しでも御奉公しようとがんばっております。そして、この動乱の大世界の正道を歩むため、日夜、心身の修養に鍛錬に身をもってぶつかっております。今まで、幾多の大困難を立派に突破して三千年の光輝ある歴史をつくった祖先に負けぬよう大東亜戦争を勝ちぬき　遠き栄光にむかって突進しております。私達は、皇国の女子青年として強く強く生きぬかん覚悟です。」

敗戦を前にした八月三日の手紙である。皇国の女子青年を自認し、「三千年の光栄ある歴史をつくった祖先に負けぬよう、大東亜戦争を勝ち抜き遠き栄光にむかって突進しております」の意気込みが書かれている。

金子静江からは、敗戦三日前の八月一二日付けのはがきが残っている。

「先生、お身体は如何ですか。宏ちゃんやサトちゃんセッちゃんも、みんなお元気の事と存じます。私も佐々木さん、朋ちゃんも、元気で働いて居ますから御安心ください。深瀬さんが、此間應召しました。政市さんも一月ばかり前に征きました。それから進さんも。級友は雄々しく銃をもって戦ふでしょう。都志郎さんは満州の部隊に入った便りをくれましたが、ソ聯の対日戦参加に満州の地に戦っているかどうか。おとといの空襲に先生の村は何の被害も有りませんでしたか。基地に舞い下りる敵艦上機を見つめて、口惜涙をこぼし、きっと、この仇は討つぞと誓いました。ソ聯が闘いに参加して来たとて、何でしょう。日本は不滅です。私達は神国の民である限り、戦って、戦って、そして散らばもろとも、ああ何と美しい国に生まれたことでしょう。」

空襲が山形をもおそっている。級友の深瀬、政市、進らは戦地に向かったことを報告している。ソ連の参戦で満州に行った都志郎に思いをはせている。最後の「私達は神国の民である限り、戦って、戦って、そして散らばもろとも、ああ何と美しい国に生まれたことでしょう」の決意は、決して彼女だけのものではなかったろう。

この時期のことについて、佐々木は次のように語ってくれた。

「時局のことなどは、先生に聞いてはいけないとおもっていた。あとで考えてみると、そういう話は先生には言ってはいけないような気がしていました。先生は、私たちが軍国少女になっていくことに、良くないいかんがえだとかは一度も言いませんでした。手紙にあるように『私達は、皇国の女子青年として強く強く生きぬかん覚悟です』こんな手紙を先生には書いていけないのかなとは思っていたが、書かないではいられなかったのです。軍国少女になりきっていたので何も考えませんでした。」

戦後の教え子たちの模索

佐々木は、インタビューで「敗戦については新聞記者から事前に『負けた』と聞いていた。八月一五日前に、戦争は終わったんだよと新聞記者が言っていた。一五日、金子さんは鋭い人だったから天皇の詔勅を聞いたあと、反対側の建物にいた私のところに飛んできて、二人で口惜しいと言って防空壕に入って泣きました。」と語っている。

敗戦後、教え子たちの手紙で残っている最初のものは、佐々木マサ（四五年八月二一日）のものである。便箋は、彼女が勤めていた「山形県農業会」のものを使っている。

金子さんより皆様の御無事をきき、何よりとお喜び申し上げます。

大詔くだりてより早五日、何として暮らしたか、自分でもわかりません。悠久二千六百有余年の歴史のうちで、私達程の不忠者があったでしょうか。衣生活でも、食生活でも、住生活でも、私達は、戦争の苦しさをどの位味わったか。

歴史に、清い歴史に、しみを残してまで、私達は子孫に残さねばならないのでしょうか。無条件降伏、すべてを捧げて大困難に赴き、国体を護ってきた私達の祖先に、私達はなんとお詫びすべきか。如何にしても、あきらめることはできません。一日一日、胸をかむ思は、深くなるばかりです。我が国体は傷つけられた。如何に美句を並べても、敗戦したのだ。私達は何のために此の世に生まれてきたのか。今からどうして生きていくのか。未だかつてない混乱に、日々をくらしています。

最早、涙もでない昨日今日です。

如何にして、この仇を討つべきか。皇国三千年の歴史を守り通すか、否かは、私達の決意一つと存じます。日本女性として、生きていきます。

そのうちに金子さんと二人、先生の家へお伺い致すつもりです。　かしこ

佐々木　マサ

先生へ

敗戦から五日後の佐々木の手紙には、こころの空白を呆然としてすごすさまが綴られており、「無条件降伏、（略）国体を護ってきた私達の祖先に私たちは、なんとお詫びすべきか」と問い、「如何にして、この仇を討つべきか」と敗戦への悔しさがにじみ出ている。

戦後、金子静江の最初の手紙は、九月二二日のものが残っている。手紙の中には、次のような率直な思いも綴られている。

「私は申し訳ない位、何も勉強して居ません。そして、今から何を学べばよいかにも迷っています。迷っていると言えば、何にもかにも迷っていると言えるでしょう。何を信じ、何のために、どうしていくべきか、如何に生きていくべきであるか。先生教えてください。（略）いつも心の中に雲が湧いてきたり、霧が真白く渦を巻いていたり、炎が燃え上がって来たり、私自身めまぐるしくいろんな思いのとりこになって、考えたり悩んだりしています。誰か、このあいまいな心に断を下して呉れないものか、これだ！お前はこの道を進んで行け、この旗を持て、あの光の許に進め、力強い声でささやいてくれる人はいないだろうか。」

敗戦後一ヶ月の激変の中で、「何のために、どうしていくべきか、如何に生きていくべきであるか」と自問しながら、「先生教えてください」と書き送っている。

金子は、四五年一一月二三日になって、俊太郎に長文の手紙を送っている。

「（略）心の成長には必然的に悩みや迷ひはつきまとふものであり、悩みや迷ひそのものが心の成長を意味するものであること、私たちの年頃では心身共に発育期であるため、苦悩の中に道を見出さうともがきくるしまねばならぬこと、ことさらに破局の日本の中にあって、いかに生くべきかを真摯な態度で考へねばならぬこと等々、私は思っています。今まで最も正しいと信じ、そしてその信念の許に努力してきたものにとって、あまりにもみじめに裏切られたときの非情は何んにたとへましょう。私たちは何んにも知らなかったとはいへ、どうしてもっと目ざめていなかったのだらう、と残念に思ひます。

今ですら、何を信じ、何によって生き、そして何が真理であったかを追究し、そこに新しい解決の鍵をにぎるべきか、いろいろ考へては苦しんでいるのです。この民族の興亡をかけた戦いに於て、私たちが身を以てたたかひとったものは一体何だったのでせう、結局、負けて幸ひであった、アメリカから神風が吹いた、神罪だ、などと言ふが、そんな人々は今まで、戦ひは断じて勝つべきであり、神風は必ずおこり、戦ひは正義のためであり、人類の幸福のためにである、と国民を導き、或ひは国民の中にあって、叫んで来たのです。負けた方がよいなどとその結果を予想して言っていた人はいたかどうだったかわかりませんが、戦ひに負けたときの悲惨さのみいやと言ふほど教へこまれた私たちはどうしたって勝たなければいけない、敗れれば滅亡あるのみと思ひこんだのは仕方のない話でした。

敗戦の旗のもとには民主主義、自由主義国家の再建の建設工事があるなどとはとても思ひもつかないことなのでした。軍閥といひ、官閥といひ、ここまで日本を破壊しつくしたものだとあきれざるを得ません。

それでも私はこの様な時代に丁度青春を持ち得たことに何らの不幸も不満も持つものではありません。みがかれずば光なしで、苦しみ多い、それも国家的な苦しみのさ中に生きて行くことは次の理想的国家を美しくつくりあげるために血みどろの闘争をしなければならなくても、私はよろこびを感じます。今こそ、私たちのほんとの意味での出発ですね。人類の永久の平和と幸福をうるために、虚無感のなかからたくましい意志と生命力をつかんで立ち上がるべきです。私自身、もっともっと内面的にも苦悩の道をあへぎつつ、自己の向上につとめなければならないと思ひます。

それにしても若き生命をこの国の将来にかけて散華した幾多の特攻隊員を思へばどうしても胸がはれません。世の中の人々は何んと卑怯なことでしょう。都合のいいときには神の存在だの、生ける神だの、特攻魂の一億特攻だの、その特攻魂といふものは、本土に敵来襲の危機迫ったそんな場合の条件のときだけ用ひる精神の在り方だったのでしょうか。神の位置にまで生きながらに高められたといふ特攻隊員の人々の真実の心はどうだったのでしょう。死の直前には何を念じ、何を思ったでしょう。一の真理にまで達した精神ならば、人々はその精神を学びとってのち、一億特攻を叫ばねばならなかったのです。言葉だけの特攻魂では結果に於て自己ギマンの空勇気づけであり、何の力もそこからは湧いては来なかったのでした。真理は不滅です。戦争のなかに見出す真理は平和にならうと光明にみちて輝くはずです。（以下略）」

軍国少女として一心に勝利を信じて戦ってきた金子たちの新しい生活への生みの苦しみが綴られている。金子は、それまで正しいと信じてきたものに裏切られ、身を以てたたかい取ったものは何であったのかと問うている。金子は、そこにとどまらないで、「虚無感のなかからたくましい意志と生命力をつかんで立ち上がるべきです」と歩み出そうとしている。

金子は、さらに、四五年一二月一九日にも、便箋六枚にびっしり書いた手紙をおくっている。

「（略）今夜、『ドイツ戦歿学生の手紙』といふ岩波新書をよみました。清い知性と若々しい感激とを倶へた学生達の陣中書簡はもっとも忠実な戦争の記録です。凄惨を極めた戦争の最高の緊張のうちに神の平和をあこがれ、永遠の生命をたたへ、そしてまた無頓着に負傷者を越えて突撃し、痛憤と激怒に世界全体を打砕くことが出来たらと思ふ学生たち、明日の生命も知らぬ掩蔽部の中で戦友とゲーテの詩を朗読して感激する学生たち、将来のある青春を愛する祖国に捧げ死をほほ笑みつつおくる学生たち、そして訳書の最後の書簡に『こんなに比類なく勇ましく戦った国民が滅びなければならないといふことは信ぜられない』とあるのをみて、私は、感慨無量でした。（略）ドイツの学生たちの宗高なる愛国心、そして悩める魂の叫びに、私の心はいつのまにか一しょになっているのを気づきます。（以下略）」

金子は、ドイツの学生の戦争記録の「悩める魂の叫びに」に共感している。

佐々木の四五年一一月一四日の手紙は、戦後間もないころの教え子と俊太郎の交流を垣間見ることができる。その手紙によると、四五年一一月の第一週に、金子ら同級生達と村山宅を訪問している。俊太郎の自宅には、予定外の知人や新聞記者などが訪問があったことを知ることができる。

敗戦から三ヶ月後の一一月に、山形では、人形浄瑠璃の公演会があり、一般市民が鑑賞に出かけていることも初めて知ることである。山形での戦後まもない時期の生活を垣間見ることができる。

四六年一月には、金子は、俊太郎を訪問している。そして、三月には同窓会を計画している。金子の四六年二月五日の手紙である。

先生、先月はごちそう様になりました。手紙を出さずに居て本当に失礼致しました。不悪ずお許し下さい。幾年かぶりになつかしい先生のお顔を拝見し、声を聞いて本当に嬉しう御座いました。先生が思ひの外お元気でしたので安心致しました。宏ちゃん達と面白くあそんで本当に愉快でした。（中略）先生、三月の休みにぜひ同級会を開きとう御座います。それまでに同志をつのっておきます。きっとみんなまじるでしょう。なつかしい五六年のお友達とそろってお話をするのを考へただけでも嬉しくなります。ここらには私達の級の人が大勢居りますから相談して居きたいと思ひます。私が数へて見ましたらまじるやうな人が男女十人位づつ居るようです。

会費三十銭

米　　自分の茶わんに一パイ半

その位で私達女の人が家事室をかりて五目飯かちょっとしたものを作りその他菓子・ミカン等を出したいと思ひます。場所は作法室でもよいし亦は六年の時勉強した教室をかりてもよいでしょう。九時頃まで集合、帰りは四時頃。かくし芸などしたいと思ひます。これが私の考へたプランです。先生よろしゅう御座いますか。御返事下さい。（以下（略））」

二月五日

金子静江

村山俊太郎先生

同窓会には、米を持参しなければいけなかった当時の状況を示している。卒業後長い戦争の時期をこえて、俊太郎をむかえて、当時の級友たちと一日をたのしくすごせる喜びがにじみ出ている。なぜか、四六年、四七年の教え子からの手紙はほとんど残っていない。思うに、それぞれが、激動する社会の中で新しい生活に必死でむかっていき、手紙を書くゆとりもなかったのかもしれない。

教え子たちの旅立ち

佐々木マサの四七年一二月三一日の手紙は、佐々木の新しい心境が語られている。

一九四七年もあと何時間かで過去になろうとしております。

先生もお元気で新年をお迎えになられる事と思いつつ、最後の（随分御無沙汰してしまいましたが）お便りを書いております。

東根へお移りになったのだそうですね。二日に、新年の御挨拶にお伺いいたします。この一年をかえりみて、働く者としての自覚に生きてきた事に喜びを感じます。先生の歩まれた道も、少しづつ判ってくる様な気が致します。などというのはおこがましい事でしょうか。

今年は目ざめの年でした。けれども来年は苦しみの中からつかみだしたものを育むことに努力します。

金子さんも明ちゃんも元気ですからご安心下さい。いつも、御無沙汰ばかりしていますが、皆先生の事をいろいろ思い出しては話し合っております。その中、同級会をしたいなどということも話しております。今夜は、金子さんその他の人々と夜明かしをする予定です。ではお元気で皆様に宜しく。

佐々木マサ拝

はがきの中で「働く者としての自覚に生きてきた事によろこびを感じます。先生の歩まれた道も、少しづつ判ってくる様な気が致します」と書き、今年は「目ざめの年」だったと伝えている。社会に目を向けて歩き始めた年だったと思われる。四八年の正月には金子と新年のあいさつにいっている。

佐々木の四八年一月一八日の手紙である。

「（略）今、私たちの外に、金子さんや奥さんにお習いした小関さんやその他の志のある人々が集まって、伊藤さんのお宅で週一回研究会を開いております。今党宣言をしております。まだ、やさしい様な、むずかしい様な感じです。

今日は、明一八日の北海道東北地区県農青年婦人協議会に出席するため、も一人の婦人部委員と盛岡にきました。（略）

共産主義というはっきりしたものをもち始めたのは、去年の四月頃からでした。全農の人や相馬さんから道を示されましたが、本当に私の心の底を流れておったのは、先生からの感化だったのだろうと今思っております。常に何かを求めて苦しんでいた自分、本当に生甲斐を見いだした今は幸福です。がしかし、いろいろな不安や怖れなどが、思想そのものに対してでなく、それをおもう外的なものに対して涌くものです。また、自分の歩む道に対してすら懐ぎ的になって、何だか目の前が真暗になってしまうこともあります。けれど、先生始め私の尊敬する人々が、直接、間接に私をむちうち、励まし力づけて下さいます。この様な人間的弱さをもちつつも、それを克服して大きな理想にむかってすすんでゆかねばならないのだと思うのです。（以下略）」

盛岡の出張先から書いている。佐々木は、親友の金子等とともに、尋常小学校の友人たちや知人をさそって学習会をもちはじめていた。手紙で「党宣言」とあるのは、マルクスの『共産党宣言』である。「共産主義に関心、生きがいを見出した」と新しい人生を踏み出そうとしている佐々木の決意が率直に語られている。

その後も、教え子たちとの交流はつづいている。当時は、同級会が頻繁に持たれていたようである。四八年二月に企画された同窓会の案内が残されている。

相変わらず寒さもおとろえぬ様ではございますが、春立つと暦は告げ、どこか春の気配が思われます。皆様には如何お暮らしでございましょうか、お伺い申し上げます。
さてこの度卒業生一同が親しく集う第４回同窓会総会を開催する運びになりました。
就きましては、お忙しい処恐縮ではございますが、何卒御臨席下さいます様ご案内申し上げます。
・二月十一日　后一時　母校講堂に於いて
・総会議事終了後　同窓会五有志による演芸会
山形市第七小学校同窓会

余白に、佐々木マサの書き込みがある。

「先日は、愉快にすごさしていただいてほんとに嬉しうございました。毎日、寒い日が続きますが、お身体大切に御すごし下さいませ。おいで下さればまことに嬉しいのですが。いらっしゃれない時は、結果報告いたします。ではお元気でお暮らし下さいませ。」

俊太郎は、四八年には病状が一段と悪化していたが、教え子たちとの交流にどんなに癒やされたことだろう。また、俊太郎がどのような活動によって二度にもわたり検挙されたこと、戦後の組合活動に全力で取り組んだことを理解してくれる佐々木のような教え子が育ったことにどんなに励まされたことだろう。

7　最後の訴え、そして、再び帰らぬ人に

俊太郎は、四七年一一月、天童からひでの実家のあった東根町（現東根市）に引っ越したが、床についたままであった。『著作集三巻』の年譜には「病床にて北村山郡内の青年教師、農村青年、山形大学学生、郡内の日本共産党細胞を指導」とある。兄・哲の記憶によれば、県内や地域の青年、党民、教師たちの訪問は多く、病床のなかでも熱心に話しこんでいた。

俊太郎が病床にあったときに、自分の子どもたちとはどのように接していたのだろう。長女・せつは、学校から帰るとその日の学校で会ったことを報告し、宿題（算数の計算問題など）がつくられていて、その宿題をやってからでないと遊びに行けなかった。家庭でのお手伝いのメニューも書かれていたと回想している。次男・哲の話では、夏休みになると、父のつくった学習ノートがわたされた。さらに、観察や調べ学習なども課題として出された。そして、毎日日記は書いていた。学習だけでなく生活もしっ

かりと送るように指導されたようである。俊太郎は、とにかく、教えたがりやであったのかもしれない。教職を病気で休むと、子どもたちの教材作りや学習プランを次々とつくり、課題として与えていたようである。幸か不幸か、筆者は一度も俊太郎の学習指導を受けたことがない。

二・一スト以後の資本家陣営からの組合攻撃が強まり、組合・民主運動は、反動攻撃にさらされていった。アメリカの占領政策は、労働戦線の分裂を画策し、組合内に共産主義者を排撃することを扇動する「反共」攻撃を強めていった。四七年三月、社会党政権から変わった芦田内閣は労働運動への干渉・圧迫を強めた。そして、七月には「政令二〇一号」を出して、公務員から団体交渉権と罷業権を奪った。その攻撃によって労働組合が妥協的な路線に走り、弱体化していく。

そのような情勢の中で、山形県では、軍政部が県教組委員長をはじめ幹部四名（柿崎、西村、椰野、鎌田）を組合役員をやめさせて、現場復帰を命令した事件がおきている。しかも、その真相は組合員にも伝えられなかった。

この事件を知って書いたのが「県下の全教員組合員に訴える ―― 教員組合の危機克服と教育復興闘争について ――」（ガリ版刷B四、二枚）である。この時期の俊太郎の危機意識である。

「民主的に自覚した一部組合員や幹部の血のにじむような苦闘にもかかわらず、単一化ははばまれ、団体協約で得た労働者としての既得権は骨抜き状態に奪われ、さらに、組合創立当初から、一身の利害をすてて組合の先頭に闘ってきた組合長以下最高幹部の左遷問題にまで発展し、今や、われわれの教員組合は、全労働者の信を失い、まったくの危機に直面した」（三一三七〇）

同時に、そこには、組合側の「組合運動に対する客観性を欠き、闘争回避の事なかれ主義」に陥っていたことも批判している。

教組幹部の左遷・追放とは、二・一スト以降、占領軍の組合圧迫は中央だけでなく、各県でも顕著になる。『著作集三巻』の解説では、「山形でも、軍政部は、県教組組合長を始め幹部三名の組合役員をやめさせて、現場復帰を命令するという干渉に及んだ。組合員には、その真相が伝えられず流言飛語が飛んだ」と説明している。さらに「県教委は、教員再講習会出席の受講者に、組合員であるかどうか履歴書に書かせるということをやった」（三―四五三）

俊太郎は、「組合の機関は、納得のいく報告をなさず、当の幹部たちは、謹慎中と称して語らない。だからわれわれはこの問題や産別脱退の問題については真に民主的な納得をえられないでいる。組合はこれでいいのか。」と問い、組合員に次のような呼びかけをしている。

「われわれは各職場において納得のいく討議をし、各都市の、そして全県下の教員大会を開き、全労農父兄とともに、民主的な組合をまもるために、村山知事に責任ある回答を要求する一大抗議運動を組織しよう。

日和見や傍観は、組合破壊への道である。（略）この問題を組合員ひとりひとりの問題として正しく把握し、教員組合の危機克服のためにたたかいをもりあげよう」（三―三七二）

そして次のように結んでいる。

「この問題を組合員ひとりひとりの問題として正しく把握し、教員組合の危機克服のためにたたかいをもりあげよう。このたたかいこそが、教師の生活権をまもり、教育復興を促進し、日本民主化への大道であり、ポツダム宣言の履行であることを確信する」（三―三七二）

戦後、俊太郎らがつくった教員組合、教育の民主化と教員の生活防衛に正面から取り組んできた組合への攻撃に、組合幹部自体が戦えなくなっている現実、教員組合の変質に、俊太郎は、ひとり、病床から、ガリ版刷りの「県下の全教員組合員に訴える」を書き、闘いを訴えたのであった。

四八年、俊太郎の病状は快方に向かわなかった。

ひでは著者『明けない夜はない』のなかで俊太郎の病状を語り、最後の想いを伝えている。

「昭和二三年七月五日、俊太郎は幼い四男士郎にせがまれて、トマト畑をみにゆく途中、家の前の川端で多量の喀血をした。（略）暑い夏の陽に、高熱がつづき、なかなかその鮮血はとまらない。庭に咲いた百日草よりも紅い血に私の胸はさわいだ。（略）私は病気の危機を直感した。もうこの人は死ぬのだ。最後をしっかり見てやりたい。[10]」

当時、俊太郎の住んでいた家は、ＪＲ奥羽線に沿って走る国道一三号線から仙台に通じる県道に入ったすぐのところにあった。玄関を出てその県道をわたったところに小さな田んぼがあり、そのあぜ道を二〇メートルほどいくと土手になっていた。その斜面に小さな畑を作っていた。ほんとうに僅かばかりの畑にトマトやナスやニラなどを育てていた。むかしからの大きな柿木が一本たっていた。父と私は、その小さな畑を毎日のように見に行っていた。多量の喀血をした時、私は四歳になったばかりだった。道路沿いに流れていた細い川にうずくまって血を吐いた父の姿をかすかに記憶している。

秋になっても、俊太郎は快方に向かわなかった。

「彼がおもしろがってきいていた日曜娯楽版の番組もきけなくなり、原稿もかけず、鉛筆でメモをとるくらいになってしまった。（略）たのしい子どもたちとの食膳にもでることができなくなり、子どもたちはひっそりと食事をとるようになった」

木枯らしの吹く一一月がすぎて、一二月七日、その年はどっと雪がつもった。

「食事も進まず、温かいクズ湯をのみたいという。クズ湯は俊太郎の少年時代、勉強のあいまに、彼の母がよくつくってくれたものらしい。もう最後が来た。お湯に入りたいという。それも私はきいてやった。歩くこともようやくな俊太郎を私は風呂に入れ、体を洗ってやる。とうとう俊太郎は立ち上がれなかった[11]」

俊太郎は、四八年一二月九日、〇時五五分、時代を全力で生き抜いたドラマに満ちた生涯を閉じた。葬儀は、一二月一一日だった。

「葬儀の列は、にわかに借り受けた西舘の西興寺に向かって、赤旗を先頭に進んでいった。町の人びとは、ものめずらしいこの葬列に目を見はった。(12)」

「借り受けた西興寺」とあるのは、西興寺は、母ひで方の荒木家の墓のあったお寺である。葬儀は、労農葬として行われた。当時の社会情勢をあらわしている。

筆者・士郎は、今、数えてみると四歳と六ヶ月だった。この葬列の一部分だけは鮮明に記憶している。大きな赤旗が数本道幅一杯にひろがり先頭に立って行進していったので、筆者は、それを列の前にでて見ようとして止められた。

お寺では、葬儀の途中であきてしまい、お寺の庭にでていた。読経があったのかは知らない。ただ、最後に、参列者が本堂でスクラムを組んで歌っている大きな声が記憶に残っている。長女せつと次男・哲は、それぞれ八才と一二才であったが、葬儀のときには参列者といっしょに「インターナショナル」や「赤旗」のうたをうたったと記憶している。いつ、どこでおぼえたのか知らないという。当時、村山家にあつまっていた人々からおぼえたのであろう。

『著作集　三巻』には、葬儀で読まれた、五つの弔辞が収録されている。

残念なのは、教え子代表として金子静江が読んだ弔辞が抜けていることである。金子の弔辞は、その場から国分一太郎が貸してくれと東京に持ち帰り、そのままかえしてもらっていないと金子静江が証言している。参加した教え子たちはとても感動的な弔辞でみんな涙したと語っていた。こんな時山形弁では「もったいなかったなぁ」という。

金子は、一九五七年になって「思い出の中から」という短い文を書いている。それは、きっと弔辞で語った思いを現しているのではないか。少し長くなるが一部を紹介しておきたい。

思い出の中から

金子静江

教室の中で、先生と生徒として向き合っていたのは、たったの二年間だったが、それは私にとって決定的な意味と方向づけをもつ二年間だった。村山先生は、その短い間に、しっかりと私の心をつかんでしまい、私はもう死ぬまで先生のことを考え、慕いつづけていくことになってしまった。

あの頃、先生が全くわけのわからない消え方をして、私たちの耳にいろいろなデマがとび込んで来たとき、私は先生だけを信じて、ひそかにすべての大人たちに抵抗していた。

先生と同じように苦しめられていた多くの人の存在を、その頃は知るべくもなかった。病気になり、先生は帰って来た。私たちは朝の三時に起きて、冬の北山形駅に切符のために並んでは、いくどもたずねて行った。まだ戦争がつづいていて、私たちに「余り行かない方が良い」と注意してくれる人もいた。先生も自分から「先生の処に来るとニラまれるよ」と云ったりしたものだ。私たちはムキになって「おらだの先生だもの、先生に会いに来てどこがわるいのや」などと甘えかかった。

川原子の小さなボロ小屋の、火を燃やしたりする粗末な長火鉢の向こうで、綿入れの丹前を着たヒゲだらけの顔が「オオ、来たな、早く入れ」と笑いかけてくれる。その顔がもうやたらとなつかしくて、どうあろうと、とても出かけないではいられなかった。

それでも、しっこい咳がつづけざまに先生をおそうので、見ているのがとてもつらかった。「私たちの先生をこんなにしてしまって!」そっと見合わす友達の眼の中に同じ思いを読み取って、何ものか激しい憎しみが湧いた。

川原子の河原はなつかしい。いつかの秋、水のほとりで芋煮会の同窓会をひらいて、先生がとても喜んでくれたことがあった。男の人たちは山形から自転車に、里芋から鍋までつけて運んで行ったのだった。私たちは先生の検束されている間に評判になる位、いく度も同級会をもっていた。

敗戦の秋、先生の実家の葡萄畑の斜面に坐っていた時、弱いまだらな日射しの中に、青白く細った腕を見せて先生は云った。「俺の体をこんなにしてくれて、どうしてくれるんだ。こんなバカげた戦争をして！　戦争は終わってもこの体はもと通りにはならない。戦争中網笠をかぶせられ、裁判所の前では菊の御紋におじぎをしろとこづかれた。俺は網笠をかぶったまま頭を下げたのだ」

その鋭い悲しみと憤りの声が、まだ十九だった私の心をつきさして、今も耐えがたい思いがする。あの時、先生は迫っていた死を知っていたのかもしれない。

しかし、新しい時代は、先生に新しい使命を求め、病気も良くなったように見え、間もなく先生を必要とする活動の中で働くようになった時、私たちは、ひどく誇らしく、嬉しかったが、正直に云うと私たちの先生を奪われてしまったような淋しさを感じていた。私たちだけの、たき火の炎のような透明な思い出の日々は、先生の深い苦悩に裏打ちされていたのだったことを知りながらも。

そして今の私は、先生と仕事の仲間や友人として交際されていた人びとがうらやましくてならない。しかし考えてみると、すばらしい実践者だった村山先生を、教師としてもつことができた私たちが一番幸せだったのではないかと思う」（以下は五・六年の教室の思い出が綴られている。以下略）

金子の思い出からは、どんなに俊太郎を先生として慕っていたかがほとばしりでている。教え子たちからこのようなことばをもらえることは、教師として何よりの宝だ。

俊太郎論の最後は、やはり、妻ひでのことばでしめくくりたい。ひでは、「村山にささげるうた」として詩「百日草」を残している。

百日草

あなたは死んだ
つめたくなっていく手をとりあいながら
わたしも、あなたもないた瞬間もすぎて
ふたりで斗った十五年
ふきちぎられるような嵐であった
迫害と病気とびんぼう

はげしくでるせきと
日ごとにおしよせる高い熱と斗ながら
あなたは少年のように
世界にたかまる
人民解放のこえに
心をおどらせ
もう一度立ちあがる日を願ったのでした

（中略）

わたしはあなたの遺骨をいだき
あなたの残した子どもたちをつれて
あなたの斗いのあとを
なおもすすんでいく
あなたの光栄ある斗いの歴史を
わたしたちは輝かしい成功でかざるであろう(13)

俊太郎の死後一年も経たない一九四九年一〇月二四日、ひでにもまた「官庁事務の都合により休職を命ず」という辞令が発令される。レッドパージである。人権と民主主義が保障された新憲法のもとでの新しい思想弾圧であった。戦前の治安維持法下での二度にわたる父俊太郎への弾圧だけでなく、新憲法下での母ひでへの弾圧をも決して許すことはできないし、忘れてはいけない。

〈注〉

（1）村山ひで『明けない夜はない』労働旬報社、一九六九年、七一～七二

（2）俊太郎の教職員適格審査に関しては、ひでが『明けない夜はない』のなかで語っている後日談がある。それによれば、四六年七月に教職員適格審査委員会で、「村山俊太郎を再審査せよ」と占領軍から命令が出たというのである。しかも、占領軍の代表が、審査会の会議の席にも現れたという。この山形の審査委員会の趣旨は戦争責任者を審査するのであり、なぜ、弾圧を受けた村山俊太郎につい

て審議されたのかはわからない。ひでがかたるところによれば、俊太郎については、適格九名、不適格〇名であった。村山ひでは「わたしは、アメリカの民主主義に深い疑惑を持ちはじめた。占領軍が日本の労働運動の発展を決して支持していないことを直感し（略）戦争責任追求が占領軍の態度の激変の中であいまいにされて」いったと回想している。（『明けない夜はない』、一〇三～一〇四頁）

（3）宮原誠一他編『資料日本現代教育史1』三省堂、一九七四年、四三四頁）
（4）全教機関誌「Kyoiku-Rodo」（四六年六月二一日号）
（5）加藤周四郎『わが北方教育の道』無明社、一九七九年、一二八～一二九
（6）山形県教職員組合『山形県教職員組合四十年史』、一九八七年、五九頁
（7）加藤周四郎　前掲本、一三九頁参照
（8）前掲『山形県教職員組合四十年史』、一二三頁
（9）前掲『山形県教職員組合四十年史』、一二四～一二七頁
（10）前掲書『明けない夜はない』、一一三頁
（11）同前、一一八～一一九頁
（12）前掲書『北方の灯とともに』、二五三頁
（13）同前、二五五～二五六頁

あとがき

私自身、父俊太郎の研究を自覚したのはかなり遅れて六〇歳を過ぎてからである。本格的に研究に着手したのは大学の定年を間近に控えた七〇歳前である。この数年間、俊太郎研究に集中して取り組めたことは、実に充実し、楽しいものであった。研究生活に集中できるという点では、大学院時代以来であった。私は父俊太郎がなくなった時、四歳であったので、父から何かプレゼントのようなものをもらったことはない。「村山俊太郎研究」は、私が父からもらった最初で最良のプレゼントであったのかもしれない。

私にとって俊太郎は、父であるが、父として実感して育ったことが記憶にない私にとって、それは研究上好条件であったのかもしれない。そのことによって、俊太郎の評価に関わるいくつかのデリケートな問題についても、客観的な研究対象として冷静に対応することができた。

俊太郎の全体像を復元するには、残された文献資料の他に、肉親や友人、教え子などの証言なども極めて有効であるが、月日がたっており、俊太郎の両親、妻ひで、肉親関係者、一緒に活動した仲間や同僚の方々、教え子のみなさんらはすでに他界している人が多く、不十分なインタビューしかできなかった。それは仕方のないことではあれ、もう少し早く研究をはじめていたら、生きた証言をもっと盛り込むことができたのにと残念である。

俊太郎の歴史的研究という視点からいえば、本研究においてまだ残された課題は少なくない。残されている課題の多くは、一九二〇年代から戦後にかけての日本教育実践理論・運動史を解明していく課題に連動発展するものである。その意味では、詰め切っていない論点も少なくない。ある意味では終わりのない研究対象でもある。

筆者は、この研究を当初はライフワーク的な研究テーマと考えていたのに、詰め切れてない論点を多々残しながら、このたび出版に踏み切ったのは、私なりの勝手な理由がある。

それは、二〇一七年、憲法改悪が政治日程にのせられ、「教育勅語」の亡霊が再び不気味に復活しそうな日本の教育の危機的状況が進行する中で、俊太郎をその情勢の中にもう一度立たせてみたいという、非研究的動機からである。勝ち気で戦闘的であった俊太郎ならきっとこの日本の情勢の中にもう一度立ってみたいと思ったに違いないと考えたのである。

本研究を進めるにあたっては多くの方々の協力・応援・援助があった。ここで一人一人のお名前をあげることはできないが、深く感謝申し上げたい。とりわけ読みにくい研究草稿をていねいに読んでいただき、貴重な助言を寄せてくれた多くの友人にも感謝したい。原稿を書きながら、数十人の読者ができ、章ができると読んでくれて感想や励ましをいただいた。その応援にはげまされて仕事を進めることができたことは大変幸せなことであった。

本の泉社の比留川洋社長には快く出版をお引き受けいただき、わたしのわがままをきいていただいた。あらためて感謝したい。

最後になるが、この本ができたら一番読みたかったであろう俊太郎の妻ひでと俊太郎研究に多くの示唆を与えてくれたであろうが早くに亡くなった長兄宏に読んでほしかったことを記しておきたい。

二〇一七年九月　村山士郎

●著者略歴

村山 士郎（むらやま しろう）

1944 年　山形県に生まれる
1977 年　東京大学大学院教育学研究科博士課程修了、教育学博士。
現　在　大東文化大学名誉教授

主な著書
『ロシア革命と教育改革』（労働旬報社、1980 年）
『生活綴方実践論』（青木書店、1985 年）
『素顔を見せない子どもたち』（大月書店、1988 年）
『豊かさ時代の子どもと学校』（新生出版、1991 年）
『子どもの心の叫びを聞け』（学陽書房、1994 年）
『いじめの世界が見えてきた』（大月書店、1996 年）
『子どもの攻撃性に潜むメッセージ』（柏書房、1999 年）
『ソビエト型教育の形成と学校コミューン』（大月書店、1999 年）
『現代の子どもと生活綴方実践』（新読書社、2007 年）
『いじめで遊ぶ子どもたち』（新日本出版、2012 年）
『子どもたちを再び戦場に送るな』（新日本出版、2014 年）
『村山士郎教育論集（全６巻）』（本の泉社、2015 年）

村山《むらやま》俊《とし》太郎《たろう》 教育思想《きょういくしそう》の形成《けいせい》と実践《じっせん》

二〇一七年 一一月 九日 第一刷発行

著 者 村山 士郎

発行者 比留川 洋
発行所 本の泉社
〒113-0033
東京都文京区本郷二-二五-六
Tel 〇三（五八〇〇）八四九四
Fax 〇三（五八〇〇）五三五三
http://www.honnoizumi.co.jp/

DTP：杵鞭真一
印刷 （株）新日本印刷
製本 （株）新日本印刷

ISBN978-4-7807-1637-5 C0037

村山士郎教育論集：各巻紹介

この著作集は、現在の子どもの教育のあり方を考える宝庫です。

1巻　子ども論・それでも子どもは未来志向

70年代以降、日本の子どもたちは社会生活の激変にともなって劇的な変化をとげました。その子どもたちをどう捉えるかを探求した論文を集めています。

2巻　現代の子どもといじめ事件

80年代後半から、つぎつぎといじめ自殺事件が起きるたびに調査をふまえた論文を発表してきました。時代と共に変化するいじめについて、代表的な論文が収録されています。

3巻　社会病理としての少年事件

80年代後半から、衝撃的な少年事件が多発しました。その事件の少年少女たちの病理の特徴を解明し、その叫びに共感してきた論文を集めています。

4巻　生活を耕し、心を解き放つ生活綴方

生活綴方は、日本の教師たちが生み出した世界に誇る教育方法です。しかし、60年代、形式的・技術主義的な指導に陥りました。それを批判した論文も収録しました。

5巻　教師の生き方と教育実践の創造

戦後書かれてきた多くの教育実践記録をどう読むか。そこに、今日の教師たちの方向性を見出すヒントが隠されています。

6巻　日本の学校づくりとロシア学校史研究

日本の学校づくり実践研究の諸論文を収録。博士論文のテーマであったロシア・ソビエト研究が日本の教育にとってどのような意味があったのか。

全てA5判・上製・280〜304頁：本体2500円（＋税）